Martin Claßen

Spannungsfelder im Change Management
Veränderungen situativ gestalten

IMPRESSUM

Spannungsfelder im Change Management
Veränderungen situativ gestalten

Martin Claßen

Handelsblatt Fachmedien GmbH
Toulouser Allee 27
40211 Düsseldorf
Tel.: 0800/000-1637, Fax: 0800/000-2959
Internet: www.fachmedien.de
E-Mail: hbfm-kundenservice@de.rhenus.com

ISBN: 978-3-947711-09-3 (gedruckte Ausgabe)
 978-3-947711-10-9 (eBook)
 978-3-947711-11-6 (Bundle aus gedruckter Ausgabe und eBook)

Layout und Prepress: Grafikbüro Silberberg, Rheda-Wiedenbrück
Personas: freepik.com/pikisuper, freepik.com/katemangostar
Druck: Grafisches Centrum Cuno GmbH & Co. KG, Gewerbering West 27, 39240 Calbe

Dieses Werk einschließlich aller seiner Teile ist urheberrechtlich geschützt. Jede Verwertung außerhalb der engen Grenzen des Urheberrechtsgesetzes ist ohne Zustimmung des Verlags unzulässig und strafbar. Dies gilt insbesondere für Vervielfältigungen, Übersetzungen, Mikroverfilmungen und die Einspeicherung und Verarbeitung in elektronischen Systemen.

© 2019 Handelsblatt Fachmedien GmbH
www.fachmedien.de, info@fachmedien.de
Printed in Germany
September 2019

Die Deutsche Nationalbibliothek verzeichnet diese Publikation in der Deutschen Nationalbibliografie; detaillierte bibliografische Daten sind im Internet über www.d-nb.de abrufbar.

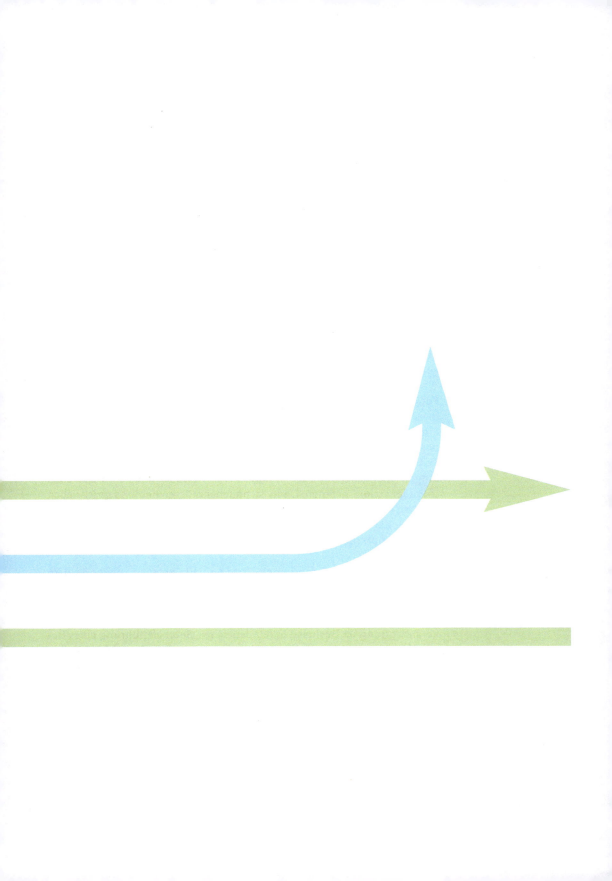

Vorwort

Dies ist nicht mein erstes Change-Buch. In die beiden Vorgänger habe ich alles Wissen hineingepackt, das ich damals hatte, und sie sind ziemlich dick geworden. Damit wurde eine Reflexionsfläche geboten, also „food for thought". Weil ich an mündige Leserinnen und Leser glaube, die mit Anregungen etwas anzufangen wissen und für ihre Wandelvorhaben keine kochbuchartigen Anleitungen brauchen.

Für ein mündiges Publikum schreibe ich immer noch und möchte ihm mit diesem Buch 15 Spannungsfelder vorstellen, die sich bei Wandelvorhaben ergeben, und jeweils die Argumente für die eine Position und ihre Gegenposition darlegen. Dazu stelle ich für die Spannungsfelder erfolgswirksame Leitfragen, beantworte diese und ziehe eine Bilanz mit konkreten Empfehlungen (möglichst ohne Wenn und Aber). In diesem Buch wird also auch „food for action" geboten. Denn Fachbücher müssen heute so geschrieben werden, dass sie den Käuferinnen und Käufern einen konkreten Nutzwert bringen, der über das Wissen hinausgeht, das mittels Google und Wikipedia auf Knopfdruck abgerufen werden kann.

Woher stammen die Erfahrungen? Bald 60 Jahre eigenen Lebens, in dem ich verändert wurde und verändert habe. Eine immerwährende Auseinandersetzung mit anderen Meinungen durch Diskussionen und Lektüre. 30 Jahre professionelle Beratung von Veränderungsprojekten. Ein Jahrzehnt Verantwortung im Business, in der deutschen Geschäftsführung eines Beratungskonzerns. Vier Change-Studien (2004–2010) sowie weitere Publikationen. Die freiberufliche Chefredaktion des Fachmagazins „Changement" in der Handelsblatt Media Group (2016–2019). Übrigens: Zur Vertiefung einzelner Themen wird in diesem Buch immer wieder auf Praxisbeispiele und Theoriekonzepte im Fachmagazin verwiesen.

Gerne gebe ich zu, liebe Leserin und lieber Leser, dass diese Erfahrungen mich geprägt haben und daher meine eigene Disposition beim ein oder anderen Spannungsfeld durchschimmert. Was keineswegs bedeutet, dass sie für jedes Veränderungsprojekt richtig ist. Es ist immer gut, wenn

Change-Leader (und Buchautoren) fähig und bereit sind, sich selbst gelegentlich zurückzunehmen, wenn die Umstände bessere Lösungen als die persönlich präferierten erfordern. Vermutlich deswegen hat es lange gebraucht, ehe ich mich an dieses Buch herangewagt habe, weil es Ratschläge enthält, die von mir derzeit als nützlich für die Praxis empfunden werden. Die aber manche Manager und Berater mit unterschiedlichen Einstellungen und Erfahrungen nicht teilen. Was auch der Grund ist, warum zum Change Management schon andersgeartete Bücher geschrieben wurden und künftig geschrieben werden. Wobei die Denkfigur der Spannungsfelder ein eleganter Kniff ist. Denn sie lenkt den Blick weg vom Dogma, Königsweg, Allheilmittel und hin zum Kontext und damit zu einem leidenschaftslosen Abwägungsprozess, bei dem sich zeigt, was momentan gut und richtig ist. Morgen kann es schon wieder anders sein.

Als Quintessenz eines langen Lebens meinte der Philosoph Hans-Georg Gadamer, der auf Offenheit, das Bewusstmachen eigener Vorurteile und die Bereitschaft zum Gespräch über Wahrheiten setzte: „Der andere könnte recht haben." Fachbücher mit dieser Haltung zielen auf die Gedanken, Gefühle und Gesinnungen ihrer Leserinnen und Leser. Erst damit wird das Eckige, das jedes Buch hat, zu einer runden Sache für die eigene berufliche Tätigkeit.

Freiburg und Basel, im Juni 2019
Martin Claßen

Inhalt

I Es kommt darauf an!   7

II Spannungsfelder bei Transformationen   13
    1 Vorgehen und Format: disruptiv (Change-Projekt) // evolutionär (ständige Veränderung)   15
    2 Bezugsgruppen: wertschöpfend (Shareholder) // wertschätzend (Stakeholder)   23
    3 Ansatz und Haltung: mechanisch // systemisch   32
    4 Beweglichkeit: agil // bürokratisch   45
    5 Umfang und Weite: umfassend // fokussiert   53
    6 Sorgfalt und Tiefgang: wesentlich // ganzheitlich   59
    7 Vielfalt und Breite: vereinheitlicht // maßgeschneidert   68
    8 Geschwindigkeit: schnell // behutsam   76
    9 Wagemut: zuversichtlich // vorsichtig   83
    10 Anspruch und Niveau: perfekt (maximizing) // gut genug (satisficing)   93
    11 Entscheidungen: hierarchisch // partizipativ   101
    12 Begründungen: quantitativ (rational) // qualitativ (emotional)   116
    13 Offenheit: vertraulich // freimütig   129
    14 Kommunikation: digital (high tech) // analog (high touch)   137
    15 Methoden und Tools: traditionell (Oldie but Goldie) // innovativ (New Work)   147

III Kontext von Transformationen   155
    1 Ausgangspunkt kennen: Erst denken, dann handeln   156
    2 Ausgangssituation: Ist-Zustand   159
    3 Zielsetzung und Veränderungsthema: Soll-Zustand   162
    4 Leadership: Rolle des Change-Leaders und Veränderungsbereitschaft im Management   164
    5 Mitarbeiter: Veränderungsenergie und Bindung ans Unternehmen   181
    6 Organisationskultur: Purpose und Diversität   189
    7 Ökosystem: Branchentrends und Stakeholder   201

IV Umgang mit Spannungsfeldern   205

Es kommt darauf an!

Es gibt einen Spruch, der bei jeder Business-Transformation zu hören ist: „Es kommt darauf an!" Manche Change-Experten sagen auch „Es hängt davon ab" und bei internationalen Vorhaben heißt es „It depends". Nun habe auch ich diesen Satz schon oft gesagt, um zu verdeutlichen, dass die jeweiligen Umstände eine maßgebliche Rolle spielen. Und weil die situative Anpassung die wohl wichtigste Weisheit bei Veränderungsprojekten ist. Dieses Buch dreht sich also um den Satz „Es kommt darauf an!" und stellt dabei zwei Fragen: Was ist eigentlich das „Es"? Und wovon hängt dieses „Es" ab?

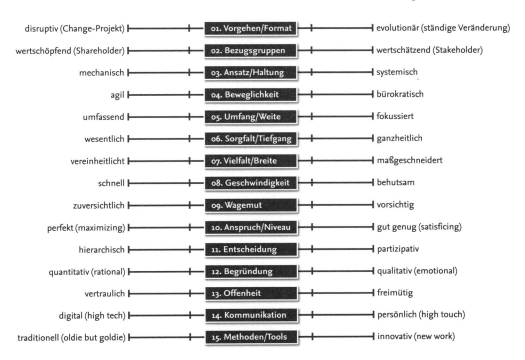

Abbildung 1: Spannungsfelder erkennen, abwägen und aushalten.

Zur Beantwortung dieser Fragen werden im zweiten Kapitel 15 Spannungsfelder entfaltet (das „Es"), die bei Wandelvorhaben eine wesentliche Rolle spielen *(siehe Abbildung 1)*. Zunächst werden jeweils die beiden Pole aufgespannt und bewusst einseitig beschrieben, um dann entlang von Leitfragen zu einer zweckmäßigen Empfehlung für jedes Spannungsfeld zu kommen, die auf praktischen Erfahrungen und theoretischen Erkenntnissen basiert. Bei Transformationen weisen die ersten drei Spannungsfelder einen strategischen, elementaren Charakter auf. Die folgenden zwölf Spannungsfelder bekommen mehr und mehr ein operatives, taktisches Naturell und können von den Leserinnen und Lesern bei konkreten Fragestellungen für das jeweils aktuelle Veränderungsprojekt vorgezogen werden. Das dritte Kapitel vertieft die wesentlichen situativen Aspekte von Wandelvorhaben (das „Wovon"), also den Kontext *(siehe Abbildung 2)*. Das vierte Kapitel zeigt die verschiedenen Möglichkeiten zum Umgang mit Spannungsfeldern, die nicht nur erkannt, sondern auch ergebnisorientiert angepackt werden wollen.

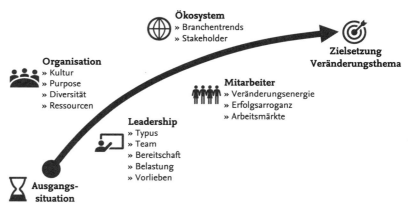

Abbildung 2: Kontextanalyse

Kontext statt Dogma

In Spannungsfeldern bewegt man sich zwischen gegensätzlichen Polen. Beispiel: Gestalten wir den Wandel disruptiv oder doch besser evolutionär? Zweites Beispiel: Gehen wir wagemutig ran oder eher mit dem Prinzip Vorsicht? Der Change-Leader[1] kann die Spannung ausblenden oder ausleben. Oder er wird sie – was nach seiner Abwägung meist am besten ist – aushalten und eine gesunde Balance finden.

1 *Mit Change-Leader ist immer auch das Change-Team mitgemeint, da heute kaum mehr eine einzelne Lichtgestalt die Veränderung allein voranbringen kann.*

Doch was ist gesund? Von den beiden Extremen eines Spannungsfelds wirkt eines meist attraktiver, weil es dem Zeitgeist entspricht, etwa agil, digital, holistisch. Solche Buzzwords monopolisieren einen der beiden Pole. Als ob es nur noch auf diese Art und Weise ginge und nicht mehr anders. Dabei gibt es bei Veränderungsprojekten immer wieder Situationen, die besser nicht agil, nicht digital, nicht holistisch bewältigt werden. Bei Wandelvorhaben geht es keinesfalls darum, was lautstarke Influencer und ihr mediales Echo zur Patentlösung erklären (Best Practice), sondern um das, was sich für eine bestimmte Organisation in einem bestimmten Moment am besten eignet (Best Fit). Denn: Es kommt darauf an!

Mich regt dieser Spruch auch auf – und zwar dann, wenn er zur Floskel wird. Denn manchen „Experten", die keine praktikable Lösungsidee haben, dient er als faule Ausrede. Mit ihrem Verweis auf die jeweilige Situation drücken sie sich vor einer klaren Empfehlung und spielen den Ball an den Change-Leader zurück, der es gefälligst selbst richten soll, weil es ja seine Verantwortung ist. Dennoch stellen professionelle Dienstleister, ob Change-Coach, Transformation-Consultant oder auch Anwälte und Professoren, für den Kommentar „Es kommt darauf an" sogar noch eine satte Honorarrechnung.

Andere Ratgeber sagen das Sprüchlein auf und steuern dann doch unbeirrt auf die einzig „wahre" Zauberformel zu. Es gibt nämlich „Es hängt davon ab"-Sager, die dennoch zu einem rigiden Fazit kommen, anstatt die Vielfalt an Möglichkeiten in unserer uneindeutigen Welt zu schätzen. Beispielsweise: „Aber unbedingt partizipativ". Natürlich wird ein solcher Keynote Speaker, der auf einer Konferenzbühne den Kontext mit seinem Dogma ausschaltet, stets Applaus finden. Obwohl es in jedem Einzelfall darauf ankommt und hierarchische Ansätze gelegentlich die bessere Option sind. Ich finde, wer das Chaos der VUCA-Welt[2] benennt und sich für die Diversität von Individuen und die Pluralität in Organisationen ausspricht, der oder die kann nichts anderes sagen als: „Es kommt darauf an!" Das ist keine Wahrheit, aber ein weiser Spruch, weil er den Kontext über das Dogma stellt. Und weil er die empirische Evidenz und die Einschätzung erfahrener Experten ernst nimmt. Das ist aber auch eine anstrengende Maxime, weil sie den Change-Leader und seine Begleiter ermahnt, vor jeder Entscheidung neu zu überlegen, wie es denn nun am besten ist.

2 *Das Akronym VUCA steht für Volatility, Uncertainty, Complexity und Ambiguity.*

Transformationen bewegen sich im breiten Spektrum zwischen Social Engineering (mit ökonomischen Zielen, kognitiv-rationalen Ansätzen und instruktiven Instrumenten) auf der einen Seite und Social Utopia (mit Betonung der People-Dimension, ethischen, emotionalen und manchmal sogar esoterischen Interventionen sowie spirituellen Impulsen) auf der gegenüberliegenden Seite. Diese Bandbreite ist der Grund dafür, dass es bei der Gestaltung des Wandels vielfältige Standpunkte interner Manager und unterschiedliche Leistungsangebote externer Experten gibt. Alle bisherigen Anläufe für Change-Management-Standards sind gescheitert und auch künftige Versuche werden misslingen. Denn für jedes Weltbild gibt es eine spezielle „Theorie".[3] Mir jedenfalls sind die Extreme zu dogmatisch, weil sie das eigene Narrativ überbetonen und die fremden Argumente unter den Tisch fallen lassen.

3 *z. B. Kristof, K.: Models of Change, 2010; Claßen, M.: Change Management aktiv gestalten, 2013, S. 61–110*

Spannungsfeld als Denkfigur

Weil bei Veränderungsprojekten die einseitige Betrachtung mehr stört als nützt, habe ich dieses Buch geschrieben. Denn wenn wir heute, was kaum jemand bestreitet, in einem mehrdeutigen Zeitalter des Sowohl-als-auch und nicht mehr, wie vor der Aufklärung, im Entweder-oder und dessen grundsätzlicher Eindeutigkeit leben, entstehen Spannungsfelder. Selbstverständlich ist es klug, den Mainstream im Blick zu behalten. Aber ab und an fließt er in eine unpassende Richtung.

„Jedes Projekt ist anders. Jede Ausgangssituation muss neu bewertet werden. Für jede Veränderung gibt es einen individuell passenden Prozess, der erarbeitet werden muss. Eine generelle Gebrauchsanweisung für Wandel gibt es nicht," meint Michael Heinz, Konzernvorstand von BASF (Changement 6/18, S. 41). Der Change-Leader muss für seine Organisation und Situation einen Pfad durch den Dschungel der Veränderung finden, mit den dunklen Bäumen, den tiefen Sümpfen und den wilden Tieren. Diese Spur führt meist über Mittelwege, denn an den Rändern gibt es selten Lichtungen, sondern eher Abgründe.

Im Vergleich mit den eindeutigen Extremen erscheint der ausgewogene Mittelweg als einfallslos. Zumal Medien und Change-Szene eine Zuspitzung erwarten. Bietet man Journalisten oder Moderatoren eine balancierte Darstellung an, werden die meisten sie als langweilig ablehnen und stattdessen die klare Kante bevorzugen. Mit Unbehagen höre und lese ich Sätze, die mit „alle" beginnen und im fordernden Ton fortfahren: „Alle können nicht mehr anders, als soundso zu sein." Das gehöre jetzt zum guten Ton, zumal es die derzeitigen Vorzeigefirmen beweisen würden. Wobei man dafür in einem Buch besser keine realen Beispiele nennt, weil diese „Best in class"-Unternehmen womöglich schon kurz nach dem Erscheinungstermin ihren Glanz verlieren werden. Und „alle" (im Sinn von „jede und jeder") bedeutet auch „immer" (im Sinn von „von jetzt an, aber sofort"). Denn sonst sei der Rückstand im Wettbewerb nicht mehr aufzuholen. Um die Möglichkeit von seltenen Ausnahmen, die sogenannten schwarzen Schwäne,[4] zuzulassen, werden die pauschalen Forderungen allenfalls durch Disclaimer wie „meistens" leicht abgemildert. Sämtliche Abweichler vom Zeitgeschmack gelten jedoch als schwarze Schafe und müssen schon sehr gute Gründe für ihre Andersartigkeit vortragen.

[4] Taleb, N. N.: The Black Swan: The Impact of the Highly Improbable, 2007

Ablehnung von pauschalen Lösungen

Die Einseitigkeit in einem Spannungsfeld hat zwei Nachteile. Erstens missachtet die ausschließliche Beachtung eines Pols den jeweiligen Antipoden, der sich als Gegentrend automatisch ergibt und der im Einzelfall womöglich die bessere Lösung bietet. Zweitens wird die Organisation gewöhnlich, wenn sie es wie alle macht, und vergibt die Möglichkeit zur Differenzierung im Wettbewerb.

Außerdem zeigt die Statistik, dass „alle" und „immer" ohnehin falsch sind. Denn die meisten Merkmale sind entsprechend der Gauß'schen Glockenkurve normalverteilt *(siehe Abbildung 3)*. Wobei dieses Theorem auf Zufallsereignisse eingeschränkt ist. Aber genau dies, die Zufälle und das Unplanbare von Wandelvorhaben, möchten die „Alle"- und „Immer"-Sager beseitigen. Aus lauter Sorge, das Allheilmittel zu verpassen, wollen sie durchgängig etwas ganz Bestimmtes erreichen, etwa die Agilität und andere Must-haves. Als gäbe es künftig nur noch dieses Eine und nichts mehr sonst, und als wäre alles andere rasch auszumerzen: Management dient dann dazu, die Normalverteilung zu beseitigen und die einzige Wahrheit durchzusetzen. Und wenn sämtliche Firmen gleich geworden sind, können wir das Merkmal abschaffen und zum Denkmal erheben.

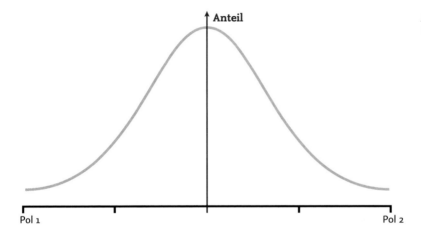

Abbildung 3: Normalverteilung als Regelfall

In einer kapitalistischen Ökonomie gibt es allerdings keine Denkmale. Stattdessen bedient man sich aus dem ganzen Spektrum der Möglichkeiten, sucht bei Widersprüchen das am besten Passende, wägt die Pro- und Contra-Argumente ab, findet goldene Mittelwege, vermeidet Superlative und setzt auf Kompromisse. Was deutlich schwieriger ist, als seinem Dogma zu frönen. Transformationen brauchen einen Sinn für Maß und Mitte. Es geht um eine stimmige Balance und ein anpassungsfähiges Vorgehen.

Damit befindet man sich in keiner schlechten Gesellschaft. Die Denkfigur der Spannungsfelder ist ein Klassiker in der Literatur.[5] Bereits Homer ließ Odysseus zwischen den Meeresungeheuern Skylla und Charybdis hindurchmanövrieren, dabei verlor dieser übrigens einige seiner Gefährten. Im Business gibt es dieselbe Logik: Henry Mintzberg, der kanadische Managementguru, pocht auf das Spannungsfeld, das aber auch eine Pflicht zum Umgang mit Dilemmas zur Folge hat.[6] Roger Martin, derzeit die Nummer eins im globalen Ranking der Businessdenker (Thinkers 50), setzt ebenfalls auf diese Denkfigur.[7] Andere auch, es werden immer mehr nach einer Phase einseitiger Parolen.[8]

5 *Synonyme sind Zielkonflikte, Widersprüche, Dilemmas, Dualitäten, Paradoxien und Antagonismen.*
6 *Mintzberg, H.: Managen, 2010*
7 *Martin, R.: The Opposable Mind: How Sucessful Leaders Win Through Integrative Thinking, 2007*
8 *Lebrenz, C.: Das Dilemma mit den Dilemmas: Warum Zwickmühlen das Leben in Organisationen bestimmen und wie wir besser mit ihnen umgehen können, 2018; Bauer, T.: Die Vereindeutigung der Welt: Über den Verlust an Mehrdeutigkeit und Vielfalt, 2018*

Natürlich gibt es die ewigwährende menschliche Hoffnung, Spannungsfelder könnten bewältigt oder gar beseitigt werden *(siehe Kapitel IV)*. Der Change-Leader kann sich ihnen aber auch stellen. Denn Leadership bedeutet, einen geländegängigen Umgang mit den Dilemmas zu finden. Selbst wenn sie eine ziemliche Zumutung sind, weil Manager ihre Vorlieben und Abneigungen hinterfragen und auf voreilige Automatismen verzichten müssen.

Und natürlich gibt es im Business die Sehnsucht nach eindeutiger Positionierung. Besonders Strategen warnen vor einer großen Gefahr: „stuck in the middle". Der Mittelweg sei Durchschnitt und dieser würde zum Wischiwaschi. Ist aber das, was sie für die Produktmärkte propagieren, auch die richtige Empfehlung für die Gestaltung von Wandelvorhaben? Nein! Die Kunst im Change Management besteht darin, eine abgewogene Herangehensweise zu wählen und eine durchdachte Balance zu finden. Diese Grundidee – zweipolige Spannungsfelder und stimmige Mittelwege – wird uns durch das ganze Buch begleiten. Ich finde, es geht bei einer Transformation darum, wie der Spurhalteassistent in modernen Autos, den Fahrer darauf aufmerksam zu machen, wenn er zu weit links, im Gegenverkehr, oder zu weit rechts, in der Randböschung, von seiner Vorwärtsbewegung abkommen könnte. Aber wie auf der Straße bleibt die letzte Entscheidung und volle Verantwortung natürlich bei der- oder demjenigen im „driver's seat".

Es bleibt jedem Change-Leader anheimgestellt, sich für die situative Ausbalancierung von Spannungsfeldern oder eine konsequent einseitige Herangehensweise zu entscheiden *(siehe Infobox „Egozentrisches Change Management")*. Neigt man freilich ständig einem der beiden Pole zu, wächst die Gefahr, erfolgskritische Aspekte auszublenden. Vermutlich wird dann die übernächste Veränderung, die ohnehin über kurz oder lang ansteht, umso rascher und heftiger erforderlich werden. Dies ist dann eben so.

9 Remer, A.: Management: System und Konzepte, 2004 (2. Aufl.), S. 448

Egozentrisches Change Management

Der situative Ansatz, der in diesem Buch gewählt wird, entstammt selbst einem Spannungsfeld. Denn das von einer Organisations- und Umfeldorientierung geprägte Best-Fit-Vorgehen hat einen Gegenpol: die selbstbezogene Ignoranz, die eine Best Practice zum Königsweg erklärt und sich auf eine endgültige Wahrheit beruft.[9]

Diese Bevorzugung eines situativen Vorgehens ist erlaubt, da zumindest in Wettbewerbsmärkten egozentrische und fast schon autistische Transformationen nicht vorstellbar sind. Manche Monopolisten, Verwaltungen und entsprechend veranlagte Change-Leader agieren allerdings weiterhin sehr selbstbezogen und blenden das Umfeld weitgehend aus.

Spannungsfelder bei Transformationen

Die 15 Spannungsfelder *(siehe Abbildung 4)* werden in derselben Weise dargestellt und unabhängig voneinander beschrieben. Daher kann bei der Lektüre auch mit dem Spannungsfeld begonnen werden, das für die Leserin oder den Leser gerade am spannendsten ist.

Abbildung 4:
Die 15 Spannungsfelder und ihre Pole

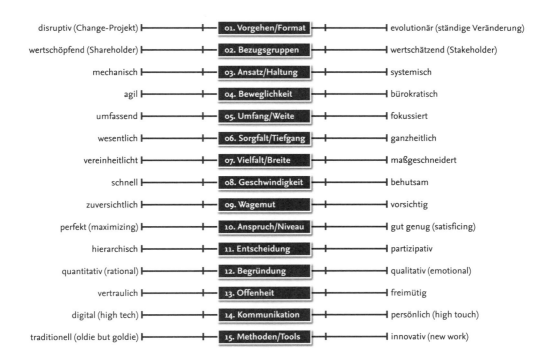

- » Zunächst wird das jeweilige Dilemma in Grundzügen charakterisiert und es werden verwandte Begriffe und Konzepte für die beiden Pole im Spannungsfeld genannt.

- » Dann kommen zwei Personas zu Wort, also fiktive Protagonisten, die sich auf die Seite eines der beiden Pole im Spannungsfeld schlagen, jeweils in einer bewusst eindeutigen Weise, die eigentlich keine Zweifel zulässt. Dazu bringen sie ihre Kernthesen und Glaubenssätze vor und zeigen ihre mentalen Modelle und Konzepte. Zudem liefern sie Begründungen, die ihre Weltsicht untermauern. Diese beiden Statements blenden die jeweils andere Perspektive weitgehend aus.

- » „Es kommt darauf an": Deshalb werden in den Spannungsfeldern sechs bis elf Leitfragen gestellt, die auf die jeweils wesentlichen situativen Kontextfaktoren eingehen. Diese Fragen werden auch beantwortet, womit dem Change-Leader konkrete Fingerzeige gegeben werden, die aus Theorie, Empirie und der organisatorischen Praxis abgeleitet sind. Zur Vertiefung einzelner Themen dienen Infoboxen, die teilweise Links zu Artikeln aus dem Fachmagazin „Changement" enthalten.

- » Zum Abschluss jedes Spannungsfelds steht ein zusammenfassendes Fazit, das einen Empfehlungscharakter hat, der sich auf die Erfahrungen des Autors stützt. Dennoch bleibt in jedem Kontext und fast schon in jedem Moment eines Veränderungsvorhabens die situative Abwägung der Spannungsfelder anhand der Leitfragen die wichtigste Empfehlung.

Vorgehen und Format

disruptiv  **evolutionär**
(Change-Projekt)   (ständige Veränderung)

Spannungsfeld

Braucht die Organisation überhaupt ein bewusst durchgeführtes Wandelvorhaben, also ein Veränderungsprojekt, mit dem das Bisherige für überholt und etwas Frisches für überlegen erklärt wird? Oder erfolgt die Erneuerung als kontinuierliche Verbesserung im betrieblichen Alltag, was lediglich niedrigschwelligere Maßnahmen erforderlich macht? Das sind die beiden Ausgangsfragen. Beide beruhen auf der Idee einer „schöpferischen Zerstörung" des österreichischen Nationalökonomen Joseph Schumpeter, der dies bereits vor über hundert Jahren in seinem Buch „Theorie der wirtschaftlichen Entwicklung" mit der menschlichen Freude am Gestalten erklärte. Die disruptive Zerstörung wirkt martialischer, die evolutionäre Zerstörung verfährt subtiler.

Inzwischen wird die Gleichzeitigkeit von Disruption und Evolution unter dem Dach einer Organisation für möglich gehalten. Dafür steht das Innovationskonzept der Ambidextrie (Beidhändigkeit):[10] Immer wieder werden disruptive Umbrüche mit Projektcharakter erforderlich, die auch als Exploration und damit als Entwicklung von etwas Neuem betrachtet werden. Oft reicht aber auch der evolutionäre Fortschritt aus, die Exploitation, mit der das Bestehende von der Linienorganisation in kleinen Schritten weiterentwickelt wird. Für den Paradigmenwechsel ist ein anderer Managementstil erforderlich als für die Optimierungen im Rahmen eines kontinuierlichen Verbesserungsprozesses. Das Spannungsfeld ergibt sich aus der Frage, welches Vorgehen und Format jeweils angemessen ist.

Da digitale Geschäftsmodelle immer mehr zunehmen, neigt die mediale Öffentlichkeit derzeit dem disruptiven Umbruch zu und wendet sich von der iterativen Anpassung ab, weil ansonsten der Anschluss an „the next big thing" verpasst werde. Besonders traditionelle Unternehmen müssten ihre Komfortzone verlassen und zu neuen Ufern aufbrechen.

10 *March, J. G.: Exploration and Exploitation in Organizational Learning, in: Organization Science, 2. Jg., 1991, H. 1, S. 71–87; Tushman, M. L./O'Reilly, C. A.: Ambidextrous Organizations: Managing Evolutionary and Revolutionary Change, in: California Management Review, 38. Jg., 1996, H. 4, S. 8–30; Kotter, J. P.: Die Kraft der zwei Systeme, in: Harvard Business Manager 12/2012, S. 22–36*

Verwandte Begriffe & Konzepte
disruptiv: innovativ, revolutionär, reinvent, Leadership
evolutionär: emergent, sukzessive, optimize, Management

1. Spannungsfeld

„Wandel aktiv beschleunigen!"

Einerseits: disruptiv (Change-Projekt)

Das Leben und die Wirtschaft sind in steter Bewegung: „Alles fließt (panta rhei)", sagte der griechische Denker Heraklit; „Man möge nicht eingreifen (wu wei)", meinte der chinesische Philosoph Laotse; „Wir sollten die Dinge geschehen lassen (laissez faire)", predigt der Liberalismus. Passivität ist aber keine Stärke, sondern eine große Schwäche im Leadership, weil sich damit die Defizite einer Organisation zu großen Problembergen auftürmen. Deswegen braucht es immer wieder eine bewusste und damit aktive Beschleunigung: Change. Nur so können Nachteile wieder in Vorteile und Rückstand wieder in Vorsprung verwandelt werden. Es ist die wohl edelste Aufgabe im Unternehmen, solche Zeitpunkte zu erkennen, daraus die richtigen Schlüsse zu ziehen und entsprechende Maßnahmen einzuleiten. Denn Management heißt eben gerade nicht, sich einfach nur treiben zu lassen. Ansonsten werden viele Führungskräfte bald schon durch Apps ersetzt.

Natürlich ist es nicht einfach, sich selbst und anderen einzugestehen, dass es bessere Alternativen als den gegenwärtigen Zustand gibt, zumal das dafür erforderliche Wandelvorhaben erfahrungsgemäß zum Kraftakt wird. Aber was ist die Alternative? Einfach so weitermachen, obwohl man weiß, dass es nicht mehr lange gut geht? Change Management hat viel vom Sisyphos-Mythos. Wie dem König von Korinth, der immer wieder einen Felsblock auf den Berg hinaufwälzte, der kurz vor dem Gipfel durch die Schwerkraft stets ins Tal rollte, so ergeht es heutigen Managern. Ein Projekt wird durchgeführt, der Ertrag wird zunächst wirksam, der Nutzen wird allmählich kleiner, das nächste Projekt steht an.

Zurzeit könnte man bei vielen Statements den Eindruck bekommen, die Zukunft sei abgeschafft. Und viele Menschen würden gerne das Vergangene sichern, weil es früher doch so schön gewesen sei. Dabei beginnt an jedem Morgen etwas Frisches. Die Zeit kennt kein Zurückspulen, nicht einmal eine Stopptaste. Vernarrt in das Gestern wirken besonders Führungskräfte und Mitarbeiter in jenen Branchen, die ihren Zenit – es scheinen rückblickend tolle Zeiten gewesen zu sein – schon oder bald hinter sich haben, etwa in der Finanzindustrie, bei den Energieversorgern und in den verunsicherten Autoschmieden. Oder in solchen Unternehmen, die einst als Best Practice verklärt wurden und heute nur normale Firmen sind, wenn überhaupt, also den Amazons vor fünf oder mehr Jahren. Bekanntlich ist der Lebensmitteleinzelhandel eine Branche im ständigen Wandel. Und nicht nur dort gilt, was die Rewe-Managerin Daniela Büchel sagt: „Sätze wie ‚Das haben wir schon immer so gemacht' sind heute mehr denn je überholt und können wir uns im harten Wettbewerb nicht leisten"(Changement 5/18, S. 35).

Andererseits: evolutionär (ständige Veränderung)

In unserer VUCA-Welt wird die stetige Verbesserung zum Alltag: „Change is the new normal". Es ist falsch, wenn sich Organisationen erst bei größeren Schwierigkeiten zum Wandel aufraffen, ein Projekt durchführen und nach dieser Anstrengung erneut für längere Zeit einschlafen. Inzwischen geht es nicht mehr um gelegentliches Change Management, sondern um Changeability. Das ist ein Modus, der die Menschen in einen Zustand der permanenten Veränderungsfähigkeit bringt.

Changeability wird damit zum Leitstern im Change Management der 2020er-Jahre. Das bedeutet den Abschied vom Leidensdruck (Sense of Urgency bzw. Burning Platform), den der Managementguru John Kotter predigte.[11] Stattdessen geht es um einen Lustsog (Desire for Change), mit dem sich die Führungskräfte und Mitarbeiter von selbst vorwärtsbewegen. Dazu müssen sie alert und agil werden, also ausgeschlafen sein, beweglich bleiben und von sich aus die Initiative ergreifen. Organisationen sollten sich nicht vornehmen, ihre Veränderungsprojekte besser zu managen, sie müssen einen Zustand ständiger Unruhe und Flexibilität anstreben. Selbst wenn dadurch die individuelle Sehnsucht nach Entspannung und Sicherheit leidet. Denn die Märkte verzeihen immer weniger einen Stillstand. Für nachträgliche Reparaturen durch Change ist es dann meist zu spät.

Statt dann und wann Transformationen durchzuführen mit langen Erholungsphasen zwischendurch, ermöglicht die permanente Selbsterneuerung einen kontinuierlichen Verbesserungsprozess – und zwar jeden Tag. Mit ihrem evolutionären Charakter wird die beharrliche Optimierung zum Daily Management, mit dem erklärten Ziel, jeden Abend etwas besser zu sein als am Morgen. Streichen wir also einfach nur das Modewort Change und setzen auf das tägliche Vorwärtskommen.

„Das Ziel: Changeability!"

11 *Kotter, J. P.: Leading Change: Why Transformation Efforts Fail, 1996*

Leitfragen

1. Ist die Veränderung wirklich „not"-wendig?
2. Erzeugt der Wandel einen Vorteil oder vermeidet er einen Nachteil?
3. Welche gewichtigen Gründe für das Veränderungsprojekt gibt es?
4. Warum gerade jetzt oder kann man auch noch etwas warten?
5. Kann die Organisation die destabilisierenden Change-Effekte verkraften?
6. Stehen zusätzliche Ressourcen zur Verfügung?
7. Beherrscht der Change-Leader diese Art von Veränderung?
8. Was wäre eigentlich, wenn kein Change-Projekt aufgesetzt würde?

1. Spannungsfeld

Situative Entscheidung

> **Disruptiv ...**
> **1. ... wenn die Situation vertrackt und die Not riesengroß ist:**
> Jedes Wandelvorhaben sendet ein klares Signal an die Organisation. Etwas ist im Argen und muss korrigiert werden, weil der bisherige Zustand ausgereizt ist. Oder weil die Glückssträhne endet und die günstigen Zufälle ausbleiben. Es reicht nun nicht mehr aus, auf eine evolutionäre Verbesserung im betrieblichen Alltag zu setzen. Damit gehören zu Change immer auch das Defizit und das Drama. Besonders wenn es im Unternehmen durch Müßiggang und Selbstgefälligkeit über längere Zeit niemand gewagt hat, die Probleme offen anzusprechen *(siehe Infobox „Normalität – was ist heute eigentlich normal?")*.

12 *Schulze, G.: Krisen: Das Alarmdilemma, 2011, S. 102*
13 *ebd. S. 104*

Normalität – was ist heute eigentlich normal?

Vor dem Start von Veränderungsprojekten sollte der Change-Leader drei Fragen beantworten: Warum ist das, was derzeit gilt, nicht mehr gut genug? Und warum ist das, was künftig anders werden soll, spürbar besser? Und die grundsätzliche Frage: Was ist heute eigentlich normal?

In keinem journalistischen Bericht über ein Wandelvorhaben fehlt inzwischen der Satz: „... die Kritiker haben zahlreiche Bedenken." Die Gegner der Veränderung äußern viele Einwände, elementare oder auch nur egoistische. Oft fehlt sogar die Überzeugung, dass überhaupt ein Problem vorliegt und dass es einer Veränderung bedarf, damit es wieder besser wird. In den Worten des Soziologen Gerhard Schulze: „Die natürliche Ordnung der Gesellschaft ist Vergangenheit. Nach dem Ende metaphysisch geadelter Normalitätsmodelle gibt es keine Krise an sich mehr. Es gibt nur noch Krisen relativ zum Wissens- und Wertehorizont derjenigen, die sie behaupten."[12] Man kann ergänzen: Auch die Machtposition und das kommunikative Geschick spielen eine Rolle, wenn es um die Wirksamkeit solcher Behauptungen geht.

Beispiel „beste Organisation": In einem global agierenden Unternehmen wird es ein Vertreter der Zentrale als normal empfinden, dass die Strukturen, Prozesse und Systeme weltweit aus einem Guss sind, weil dies Synergien und Skaleneffekte ermöglicht. Hingegen gilt es für die Vertreterin eines Unternehmensbereichs als normal, dass die spezifischen Belange ihrer Kunden im Vordergrund stehen und die Division alles darauf ausrichten muss, um marktorientierte Lösungen zu entwickeln, egal was sich das Headquarter an „normalen" Standards ausdenkt. Außerdem wird es für den Verantwortlichen eines Landes normal sein, dass die lokalen Besonderheiten der maßgebliche Aspekt sind und somit der Charakter dieser Lebensart zur Richtschnur wird, um keine kulturellen Krämpfe zu erzeugen, egal was sich das Headquarter an „normalen" Standards ausdenkt. Dreimal „normal" bedeutet zweimal Abweichung von der Regel.

Bei Transformationen prallen unterschiedliche Normalitätsmodelle aufeinander. Oft fällt dies kaum auf. Was der Grund dafür ist, dass Befürworter und Widerständler aneinander vorbeireden. Nochmals Schulze:[13] „Erstens: Wer Krise sagt, muss ein taugliches Normalitätsmodell vorweisen. Ein solches Normalitätsmodell ist an der Wirklichkeit zu messen. Sein Beurteilungsmaßstab ist die Wahrheit im empirischen Sinn." Der Change-Leader braucht also eine überzeugende Evidenz, um die Vorteile seiner Lösung darzustellen. „Zweitens: Auf einem anderen Blatt steht, ob das, was das Normalitätsmodell beschreibt, auch wünschenswert ist. Um dies zu begründen, braucht man Argumente eigener Art." Der Change-Leader benötigt eine Haltung, die von Dritten als Wertesystem geteilt werden kann. Als einfache Formel:

Normalitätsmodell = plausible Evidenz + normative Position

Fazit: Wer ein Veränderungsprojekt anstößt, sollte nicht übersehen, dass das, was für ihn „normal" ist, für viele der Betroffenen unnormal und oft sogar abartig ist. Für sie bringt die Veränderung keine Befreiung aus der Krise, sondern führt nur noch tiefer in sie hinein.

---

2. **... wenn die Wettbewerber enteilt sind oder aufgeholt haben:**
Die Konkurrenz ist nicht perfekt und kocht auch nur mit Wasser. Deswegen müssen nicht alle Problemchen angegangen werden. Jede Organisation kann mit ihren vielen kleinen Unzulänglichkeiten recht gut leben. Es kann aber sein, dass die gewohnten Standards kompetitive Nachteile bringen oder elementare Vorteile verspielen. Dann kommt die Zeit, wie der US-amerikanische Psychologe Adam Grant es ausdrückt[14], das bisherige Vorgehen (déjà vu) in einem ganz neuen Licht zu sehen (vuja de) und ganz bewusst nach besseren Lösungen Ausschau zu halten.

[14] Grant, A.: *Originals: How non-conformists move the world*, 2016, S. 7

3. **... wenn überzeugende Argumente für den Umbruch vorliegen:**
Ein Wandelvorhaben ergibt nur dann einen Sinn, wenn dargelegt werden kann, dass entweder der alte Zustand nicht mehr tragbar ist (Weg-von-Motivation) oder der neue Zustand deutlich besser ist (Hin-zu-Motivation) (siehe Infobox „Notwendige Reflexion vor Veränderungsprojekten").

Notwendige Reflexion vor Veränderungsprojekten
Der Change-Leader sollte sich vor dem Start eines Veränderungsprojekts folgende Fragen stellen:
» Würde ich selbst diese Veränderung wirklich so machen, wenn es mein Unternehmen wäre, oder ergibt etwas ganz anderes wesentlich mehr Sinn?
» Was würde ein Kunde bzw. ein Aktionär zu dieser Veränderung sagen, wenn er wüsste, was wir vorhaben und wie wir es angehen?
» Sind die Probleme in diesem Bereich tatsächlich so groß, wie behauptet wird, oder brennt es bei uns eigentlich an ganz anderen Stellen?
» Wer innerhalb der Firma – außer mir – braucht dieses Projekt als Nachweis für die eigene Existenzberechtigung?
» Warum müssen wir jede Veränderung immer genau gleich (bzw. genau anders) machen als unser größter Wettbewerber?
» In wie vielen Jahren werden wir diese Veränderung wieder in den gegenwärtigen Zustand zurückdrehen?

4. ... wenn die Zeit reif ist:
Bei Veränderungsprojekten ist kaum etwas so wichtig wie das richtige Timing. „Wer zu spät kommt, den bestraft das Leben", meinte Michail Gorbatschow. Und wer zu früh kommt, den versteht noch kaum jemand. Eine „richtige" Idee zur falschen Zeit führt zur Ablehnung. Falls auf die Frage „Warum gerade jetzt?" keine überzeugende Antwort gegeben werden kann, sollte man es vorerst noch bleiben lassen. Deshalb fallen Wandelvorhaben aus Weitsicht (Change for Excellence) auch so schwer. Leichter sind Veränderungen, die aus blanker Not geboren werden (Change for Survival) *(siehe Kapitel III.2).*

5. ... wenn der Umwälzung nichts Grundsätzliches entgegensteht:
Ziemlich arglos werden immer wieder sogenannte Musterbrüche gefordert, etwa eine fundamentale Abkehr von bisherigen Strukturen, Prozessen und Systemen. Drei unüberwindbare Hindernisse können dies blockieren. Erstens die Komplexität: Vielschichtige Ausgangssituationen sind mitunter derart verworren, dass sie nicht mehr entflochten werden können und weitergeführt werden müssen. Beispiel: die IT-Systeme vieler Firmen. Zweitens die Pfadabhängigkeit: Obwohl sich herausstellt, dass es bessere Alternativen gäbe, wird an einem Zustand weiter festgehalten, weil die Wechselkosten zu hoch erscheinen. Beispiel: die Compliance-Prozesse vieler Unternehmen. Drittens die Anschlussfähigkeit: Manche Neuerungen vertragen sich nicht mit etablierten Regelungen. Beispiel: Die Einführung partizipativer Strukturen wird durch die hierarchisch geprägte Budgetierung ad absurdum geführt. In solchen Fällen hilft meist nur noch ein kompletter Neuanfang, bei dem der Musterbruch große Schmerzen auslöst.

6. ... wenn ausreichend Ressourcen zur Verfügung stehen:
Die meisten Veränderungsprojekte misslingen, falls sie von der Linienorganisation nebenher erledigt werden sollen. Nur wenige Unternehmen verfügen über einen sogenannten Organisational Slack, der ihnen als Kapazitätspuffer zur freien Verfügung steht, etwa für Zusatzaufgaben wie Change Management. Wenn Firmen schlank sind, was die Forderung im Lean Management ist, erfordert die Gestaltung des Wandels immer zusätzliche Ressourcen. Ansonsten wird das Vorhaben zur Zumutung für ohnehin überlastete Führungskräfte und Mitarbeiter *(siehe Kapitel III.4).*

7. ... wenn es einen geeigneten Change-Leader gibt:
Kein Topmanager kann ein Unternehmen erfolgreich durch sämtliche Veränderungsphasen führen, von der Gründung über Wachstum, Innovation, Stabilisierung bis hin zur Sanierung. Selbst wenn sich manche für den Wunderwuzzi halten, ein österreichischer Schmähbegriff für Alleskönner. Denn unterschiedliche Situationen erfordern verschiedene Charakteristika und damit einen anderen Managertypus (Changement 2/18, S. 21–23). Der ideale Change-Leader hat einen stimmigen Fit mit

der jeweiligen Ausgangssituation *(siehe Abbildung 5)*. Es ist oft sogar von Nachteil, wenn ein Altstar, der seine Stärken in einer früheren Unternehmensphase ausspielen konnte, in einer andersgearteten Lage das Wandelvorhaben prägt.

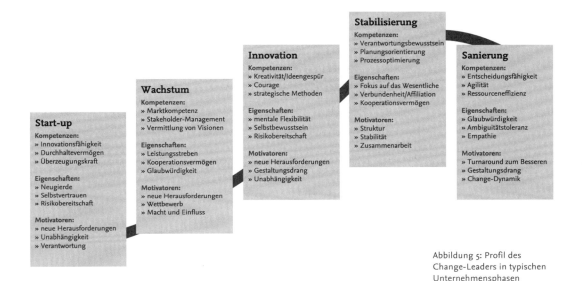

Abbildung 5: Profil des Change-Leaders in typischen Unternehmensphasen

8. ... wenn die Verschleppung von Problemen das Handicap rasch vergrößert:
Nicht bloß für Faulpelze ist das Nichtstun stets eine Handlungsoption, die in Erwägung gezogen werden muss. Welche Wirkung sie mittel- und langfristig hat, lässt sich erst in der Zukunft seriös beurteilen. Das trifft aber auch für übereilte Veränderungsprojekte zu, die von rastlosen Change-Leadern gepusht werden. Zur Begründung eines Wandelvorhabens gehört deshalb der Abgleich mit der Null-Option, die beschreibt, was geschehen würde, wenn das Unternehmen einfach so wie bisher weitermacht.[15] Bei diesen Überlegungen können die Belastungen, die ein Veränderungsprojekt mit sich bringt, den Status quo als vorteilhafter erscheinen lassen. Diese Beanspruchung der Firma und ihrer Menschen kann dazu führen, dass man die Zustände (zunächst) so lässt, wie sie sind.

15 *Simon, H.: Die Wirtschaftstrends der Zukunft, 2011, S. 110–111*

Erfahrung und Empfehlung

Vor dem Beginn eines Veränderungsprojekts steht eine klare Entscheidung: machen oder lassen. Jeder Change ist ein bewusstes Statement: „Wir machen das nun anders, und zwar ab jetzt!" Damit bekommt das Vorgehen einen bestimmten Charakter, wie etwa eine strenge Diät oder gar ein operativer Eingriff in der Medizin. Mit jedem Change gesteht eine Organisation also ein, in der Vergangenheit nicht alles richtig gemacht zu haben.

In der Gesundheitsvorsorge lassen sich drastische Maßnahmen vermeiden, wenn man sich rechtzeitig vernünftig verhält, sich etwa bekömmlich ernährt und genügend bewegt. Auch die Aufgabe eines Wandelvorhabens bedeutet daher nicht notwendigerweise, auf die Erneuerung zu verzichten. Denn viele Verbesserungen können schrittweise im betrieblichen Alltag angegangen werden. Besonders dann, wenn die Changeability des Unternehmens groß ist und die ständige Anpassung zum natürlichen Rhythmus der Firma gehört *(siehe Kapitel III.5)*.

Auch das bewusste „Jetzt nichts ändern!" bleibt stets eine Option. Man kann dies immer wieder erleben, etwa bei Firmenkäufen und bei Restrukturierungen. Das angestrebte Ziel erscheint auf den ersten Blick ungemein attraktiv. Doch bei näherer Betrachtung liegen auf dem Weg dorthin zu viele große Steine. In anderen Worten: Die organisatorische Überdehnung wäre zu groß *(siehe Kapitel III.6)*.

Bezugsgruppen

wertschöpfend → wertschätzend
(Shareholder) ← (Stakeholder)

Spannungsfeld

Wem nützt die Veränderung? Der traditionellen ökonomischen Logik folgend gibt es nur eine relevante Bezugsgruppe: die Eigentümer einer Firma (Shareholder). Die Diskussionen rund um dieses Spannungsfeld werden inzwischen nicht bloß auf den Feuilletonseiten und in den Soziologieseminaren geführt, sondern mehr und mehr in den Unternehmen selbst. Es gehe in Firmen nicht ausschließlich um monetäre Werte, wichtig seien auch moralische Werte und weitere außerökonomische Zielsetzungen. Jede Organisation müsse sich mit den Erwartungen diverser Stakeholder auseinandersetzen *(siehe Kapitel III.6)* und nicht nur auf den Gewinn schauen. Im Grunde spiegelt sich in diesem Spannungsfeld der Zielkonflikt zwischen den klassischen Produktionsfaktoren Kapital und Arbeit wider, der schon seit dem 19. Jahrhundert besteht. Der Organisationspsychologe Oswald Neuberger hat das alte und neue Denken pointiert gegenübergestellt:[16] „Der Mensch ist Mittel. Punkt!" – „Der Mensch ist Mittelpunkt." Auch heute noch entfacht dieses Dilemma eine vielfältige Kapitalismuskritik.[17]

Der Dissens zeigt sich zudem in weiteren Schlüsselfragen. Was ist der Antrieb eines Unternehmers: Eigeninteresse oder Gemeinwohl? Wie ist der Mensch veranlagt: als Homo oeconomicus (egoistisch) oder als Homo socialis (altruistisch)? Wie lässt sich ein Mitarbeiter motivieren: durch extrinsische Anreize, also durch Fordern, Kontrolle und Konkurrenz sowie durch Zielvereinbarungen (Theory X), oder durch intrinsische Anreize, also durch Fördern, Vertrauen und Kooperation sowie durch Eigenverantwortung (Theory Y)?[18] Immer stärker verabschieden sich die meisten Organisationen vom einstigen Leitbild einer tayloristischen Arbeitsorganisation[19] und bewegen sich hin zu gegenläufigen Konzepten, etwa der sogenannten positiven Psychologie.[20]

Verwandte Begriffe & Konzepte
wertschöpfend: Resultate, Good Followership
wertschätzend: Respekt, Good Leadership

---

[16] *Neuberger, O.: Der Mensch ist Mittelpunkt, der Mensch ist Mittel – Punkt: 8 Thesen zum Personalwesen, in: Personalführung, 1990, H. 1, S. 3–10*

[17] *z. B. Marx, R.: Das Kapital: Ein Plädoyer für den Menschen, 2008; Vogl, J.: Das Gespenst des Kapitals, 2010; Piketty, T.: Das Kapital im 21. Jahrhundert, 2014*

[18] *McGregor, D.: The Human Side of Enterprise, 1960*
[19] *Taylor, F. W.: The Principles of Scientific Management, 2006 (Erstdruck 1911)*
[20] *Die positive Psychologie betont die Stärken und nicht die Schwächen von Menschen.*

„Was zählt: der Profit!"

Einerseits: wertschöpfend (Shareholder)

Im Wirtschaftsleben dreht sich letztlich alles nur um profitables Wachstum. Ende der Debatte. Denn es geht nicht um Nettigkeiten. Im sonstigen Dasein sorgen warmherzige Menschen für Lebensfreude. Im Business lenken sie bloß davon ab, was geschäftlich geboten ist. Man wird mit dieser Auffassung leider oft als toughe Managerin verunglimpft, die kein soziales Gewissen hat und für die Humanität ein Fremdwort ist. Ach, ihr Kleingeister!

Muss man die Neider seines Erfolgs ernst nehmen? Nur in dem Sinn, dass das Bild in der Öffentlichkeit nicht von Missgunst bestimmt sein darf, weil dies geschäftsschädigend wäre. Für das persönliche Imagetuning sollte man allerdings sowieso die PR-Abteilung seiner Firma einsetzen. In der einzig relevanten Peergroup, den erfolgreichen Topmanagern, zählt nur der Profit. Und für die ohnehin überschätzten sozialen Bedürfnisse können die Familie und Freunde genutzt werden. Das machen die Internetgrößen nicht anders. Sie designen ihr Profil und entertainen die Follower in den sogenannten sozialen Medien. Ist das vielleicht besser?

Außerdem, von was reden wir eigentlich? Vom Soziologen Martin Dornes stammt ein Büchlein über das seelische Befinden alternder Gesellschaften.[21] Es kritisiert den Grundtenor heutiger Psychodebatten, wonach die moderne Arbeitswelt krank mache. Dornes widerspricht dieser Fehleinschätzung mit empirischen Ergebnissen. Er schwärmt vom Jetzt und bilanziert: Früher war vieles schlechter – die monotonen Arbeiten, die autoritären Anweisungen, die intoleranten Abhängigkeiten. Wer dennoch weiter dem Kulturpessimismus frönt, der lese den aktuellen Bestseller des Harvard-Psychologen Steven Pinker mit seiner fulminanten Botschaft:[22] „Das Leben der Menschen wird ständig besser." Wer verblichene Fotos dickbäuchiger, zigarrenpaffender und cognactrinkender Feudalfürsten in den Chefetagen ansieht, versteht, was Dornes und Pinker meinen. Solche Tyrannen sind heute ausgestorben.

Übrigens: Von meinen Einkünften spende ich jedes Jahr zwei Prozent für ein soziales Projekt in Afrika. Das ist kein Ablasshandel, sondern ein ordentlicher Batzen Geld, mehr, als hundert meiner Kritiker zusammenbekämen. Und ist nicht auch die immense Steuerlast eine Art Spende an das Gemeinwesen?

---

21 Dornes, M.: *Macht der Kapitalismus depressiv? Über seelische Gesundheit und Krankheit in modernen Gesellschaften,* 2016

22 Pinker, S.: *Aufklärung jetzt: Für Vernunft, Wissenschaft, Humanismus und Fortschritt. Eine Verteidigung,* 2018

Anderseits: wertschätzend (Stakeholder)

„Es geht um Anerkennung!"

Was unterscheidet uns Menschen vom wilden Tier? Was unterscheidet die Gegenwart vom Mittelalter? Haben die dreihundert Jahre Aufklärung und zwei Jahrhunderte Humanismus denn nichts in der Ökonomie bewegt? Es ist unfassbar, wenn Manager die Mitarbeiter immer noch als Mittel zum Zweck sehen und letztlich nur ans eigene Portemonnaie denken. Bei denen sitzt das Herz in der rechten Gesäßtasche oder auf dem Bankkonto.

Die Menschenrechtscharta der Vereinten Nationen stellt bereits im zweiten Satz fest: „Alle Menschen sind mit Vernunft und Gewissen begabt." Zwar gibt es im Geschäftsleben auch menschliche Verhaltensweisen, die nicht gerade friedensnobelpreiswürdig sind. Aber das sind keine hässlichen, sondern höchstens lässliche Sünden. Wenn sich einige wenige Menschen in Organisationen gelegentlich schlecht benehmen, dann liegt dies im Wesentlichen an den strukturellen und kulturellen Rahmenbedingungen, die eine fatale Eigendynamik entwickeln können und für die der Einzelne nichts kann. Deswegen müssen die Unternehmen besser werden, damit sie nicht den Boden für das ungünstige Verhalten von Mitarbeitern bereiten.

Wenn das Topmanagement etwas verändern möchte, ist das im Grundsatz natürlich schon okay, weil jeder mit der Zeit gehen muss. Aber niemand kann erwarten, dass alle Betroffenen vor Freude jubeln und mit verständnisvoller Einsicht „Endlich!" rufen. Der Change-Leader soll den Wandelprozess wertschätzend gestalten, dies ist seine Bringschuld. Dennoch können bei drei Verhaltensaspekten größere Schwierigkeiten auftreten: Durch fehlendes Wissen, wenn die Leute nicht informiert werden. Durch fehlendes Können, wenn sie nicht qualifiziert werden. Durch fehlendes Wollen, wenn sie demotiviert werden. Für all diese Schwierigkeiten stehen den Veränderungsprojekten inzwischen genügend wertschätzende Instrumente zur Verfügung.

Zustimmung und Mitwirkung bei Wandelvorhaben kann in gewisser Weise als kollektive Bestechung interpretiert werden. Die, da muss man Realist sein, bei vielen Mitarbeitern nur eine Frage des Preises ist – und der Währung. Die wichtigste und oft sogar günstigste Valuta ist die Wertschätzung. Dass viele Manager dies immer noch nicht begreifen, ist unerklärlich. Sie kennen offenbar keine der unzähligen Studien, in denen die Wertschätzung als der allerwichtigste Faktor bei der Arbeit identifiziert worden ist.[23] Und neben der Wertschätzung stehen dem Change-Leader noch weitere nicht monetäre Motivatoren zur Verfügung, wie etwa Sinn, Verantwortung und Selbstverwirklichung.

23 z. B. Society for Human Resource Management: Employee Job Satisfaction and Engagement, 2017

Zum Abschluss soll der deutsch-amerikanische Philosoph Vittorio Hösle zu Wort kommen: „Die Moral des Kapitalismus beruhte schon lange vor Adam Smith auf der Entdeckung, dass jeder Einzelne egoistisch handeln darf, ja

> sogar handeln soll, weil das am Ende für alle zu mehr Wohlstand führt. Über die Jahrhunderte hat das dazu geführt, dass moralische Voraussetzungen, die früher als selbstverständlich galten, zerrüttet worden sind. So ging etwa die Wertschätzung dafür verloren, wann einer seine Interessen hintanstellen muss im Sinne eines größeren Ganzen."[24] Wollen wir denn wirklich in einer Welt mit profitgeilen Change-Leadern leben, die Wertschöpfung über alles stellen und sich aus Cleverness ein bisschen Wertschätzung beigebracht haben? Ich jedenfalls nicht.

[24] in: Der Spiegel, 11.04.2015, S. 70

Leitfragen

1. Welchen Ergebnisdruck erzeugen die Eigentümer?
2. Gibt es organisatorische Verhaltensregeln, die heilig sind?
3. Steigt die Kündigungsquote?
4. Gibt es Wertschätzung für alle Mitarbeiter oder nur für die besten Wertschöpfer?
5. Kann die individuelle Wertschöpfung seriös gemessen werden?
6. Werden normative Diskussionen von externen Stakeholdern aufgezwungen?

Situative Entscheidung

Wertschöpfend ...

1. **... wenn die Kapitalrendite über allem steht:**
   Der Fokus von Shareholdern und Topmanagement auf Bilanzkennzahlen wie Return on Investment und Return on Capital Employed führt bei Veränderungsprojekten zu Entscheidungen, die das finanzielle Ergebnis über menschliche Schicksale und Befindlichkeiten stellen. Um ein Unternehmen diesbezüglich realistisch einzuschätzen, sind nicht die publikumswirksamen Äußerungen des Vorstandsvorsitzenden, sondern die Quartalsberichte des Finanzvorstands maßgeblich. Anders ausgedrückt: Wertschätzung muss eine Firma ihrer Belegschaft gönnen können und wollen, da sie – zumindest auf den ersten Blick – geringere Gewinne zur Folge haben kann. Jedenfalls wird das Spannungsfeld ganz wesentlich vom kurzfristigen Ergebnisdruck der Eigentümer bestimmt.

2. **... wenn der Change-Leader keine moralischen Tabuzonen beachten muss:**
   Es gibt Firmen, bei denen ethische Themen lediglich in Hochglanzbroschüren eine Rolle spielen, nicht aber im alltäglichen „survival of the fittest". Wenn das Verhalten unbeschränkt ist, können sich alle Führungskräfte und Mitarbeiter ihre Grenzen selbst setzen. Das organisatorische Ethos wird durch die individuelle Moral abgelöst. Natürlich werden nur wenige gewinnorientierte Change-Leader gleich zu

toxischen Unmenschen *(siehe Kapitel III.4)*. Sie haben oft sogar ein tiefverwurzeltes Wertesystem. Besonders in eigentümergeführten Unternehmen ist dieser Anstand zu erkennen, der nicht einmal dadurch geschmälert wird, dass manche Milliardäre keine schlechte Presse möchten und es schon deshalb mit der Wertschöpfung nicht übertreiben. Dennoch gibt es in ein und derselben Branche unterschiedliche Abwägungen in der Wertschöpfung-Wertschätzung-Zwickmühle, wie Anton Schlecker und Götz Werner gezeigt haben.

3. **... wenn die Kündigungsquote unverändert bleibt:**
Wertschätzung ist eine Haltungsfrage. Und der Verzicht auf sie wird zum Pokerspiel: Wie viel kann man der Belegschaft zumuten? Und was muss man besonders den Leistungsträgern mit ihren oft divenhaften Allüren zugestehen, damit sie nicht vergrault werden und unerwünschte Abgänge zu verzeichnen sind? Besonders die Kündigung von denjenigen, die für die Firma erfolgskritisch sind (Regretted Leavers), hat unerwünschte Nebenwirkungen, die auf dem Beipackzettel des Medikaments Wertschöpfung stehen: Verschlechterung betrieblicher Prozesse, Verlust von Know-how für Innovationen und in Schlüsselpositionen, Verlust von Kapazität, Effizienz und Output, Verlust von Kunden durch wechselnde Ansprechpartner oder durch Mitnahmeeffekte. Es gibt Manager, die die Wertschätzung – jenseits der Gesinnungsfrage – unter dem Kosten-Nutzen-Aspekt betrachten. Sie lassen sich von einer Maxime leiten: So wenig wie möglich, so viel wie nötig. Wie beim Pokern kann man sich dabei ordentlich verzocken.

4. **... wenn es um die individuelle Nützlichkeit als „Wertschöpfer" geht:**
Dies ist ein heikles Thema, daher zunächst ein Beispiel. Google gilt derzeit als großes Vorbild für modernes People Management. Der Internetgigant ist bei der Selektion und Evaluation von Mitarbeitern sehr wählerisch und sucht nur die besten Mitarbeiter, die wegen der Arbeitgebermarke bereitwillig kommen und bleiben.[25] Wenn sie denn erwünscht sind, denn Google setzt nicht auf Menschlichkeit, sondern auf Nützlichkeit. Die Mitarbeiter werden hinsichtlich ihres tatsächlichen oder vermeintlichen Beitrags zur Wertschöpfung vielerorts in fünf Cluster unterteilt: 1. Leistungsträger in Ausnahmestellung (Talente, High Potential, True Performer), 2. Kernbelegschaft ohne Sonderbehandlung (aber mit geringem Kündigungsdruck), 3. Randbelegschaft mit prekärem Beschäftigungsverhältnis (in befristeter Anstellung und mit hohem Kündigungsdruck), 4. Zeitarbeitnehmer als „atmende" Belegschaft (zur Abdeckung temporärer Kapazitätsspitzen und Nutzung externer Personalkostenvorteile) und 5. Outsourcing-Kräfte als „externe Interne" (zur Nutzung globaler Personal- und Prozesskostenvorteile). Die Wertschätzung sinkt deutlich von eins nach fünf. Oft werden die Cluster drei bis fünf bei Veränderungsprozessen sogar vergessen. Dabei wird angenommen, dass dortige Abgänge problemlos kompensiert werden

25 Bock, L.: *Work Rules! Insights from Inside Google That Will Transform How You Live and Lead*, 2015

können. Wenn Klaus Müller nicht mehr will oder kann, wird er sofort durch Maria Hofer ersetzt. Was bedeutet dies? Wenn ein Unternehmen die Wertschöpfung seiner Mitarbeiter in den Vordergrund stellt, wird es die Wertschätzung differenzieren müssen. Einerseits das Hohelied der Performance zu predigen und andererseits beim Feedback dem Egalitätsprinzip zu huldigen, passt nicht zusammen.

5. ... wenn das Performance Management System objektiv, neutral und fair ist:

Jede Organisation kann die Leistung ihrer Führungskräfte und Mitarbeiter bewerten. Das ist ihr gutes Recht als Arbeitgeber. Ein erstes Problem tritt auf, wenn das Performance Management System die individuelle Wertschöpfung nicht valide misst, weil es nur eine oberflächliche Einschätzung gibt, etwa durch einen desinteressierten Vorgesetzten. Ein zweites Problem entsteht, wenn neben das offizielle Performance Management System eine persönliche Beurteilung mit weitaus größerer Tragweite tritt, die mit Wertschöpfung wenig zu tun hat: „Karin Schulz ist sehr nett und man kann sich auf sie verlassen." Sympathie und Vertrauen, die wichtigsten Voraussetzungen für eine gelingende Zusammenarbeit, stechen jedes offizielle Performance Management System aus. Deshalb ist mittlerweile eine Diskussion über die beste Performance-Management-System-Methodik entbrannt.[26] In Unternehmen, die stärker auf Wertschöpfung als auf Wertschätzung setzen, kommt noch ein drittes Problem dazu. Solange das Performance Management System von der Belegschaft nicht als weitgehend gerecht empfunden wird, reicht der Verweis auf Wertschöpfung nicht aus. Allen, die sich ungerecht behandelt fühlen, muss eine Kompensation zuteilwerden, ansonsten klagen sie, oft übrigens auf hohem Niveau.

[26] DeNisi, A./Smith, C. E.: Performance Appraisal, Performance Management, and Firm-Level Performance: A Review, a Proposed Model, and New Directions for Future Research, in: The Academy of Management Annals, 8. Jg., 2014, H. 1, S. 127–179

6. ... wenn das Publikum, die Medien und Nichtregierungsorganisationen nicht genau hinschauen:

Jede Firma, die nicht im Rampenlicht der Öffentlichkeit und spezieller Interessengruppen wie Nichtregierungsorganisationen steht, hat bei diesem Spannungsfeld größere Freiheitsgrade als etwa ein börsennotierter Konzern, dem im Internet ständig irgendein Shitstorm droht. Unternehmen wie Roche, Sanofi und Novartis können sich heute vor der Wertschätzung kaum mehr drücken. Der Soziologe Wolfgang Ullrich weist allerdings auf eine beliebte Technik hin, die als Haltung-Handlung-Bluff oder als Value Washing zu bezeichnen ist: „Wer Werte beschwört, kann recht einfach nach innen ein gutes Selbstbild von sich erschaffen und nach außen einen guten Eindruck auf andere Menschen erzeugen. Mit rhetorischem Talent kommt man beim Wertesprech ziemlich weit. Da man fast jedes Verhalten mit einem Wert erklären kann, fällt das Tricksen recht leicht. Wer seine Werte mit großem Pathos vorträgt, wird bei Dritten einen entsprechenden Eindruck erwecken, eine Art Beißhemmung auslösen und fast schon eine Immunisierung gegenüber Zweifeln an der moralischen Haltung bewirken. Das ist ein Problem, weil das Bekennen zu einem Wert fälschlicherweise auch schon für das Handeln nach einem Wert gehalten wird. Tatsächlich aber ist ein Handeln nach Werten deutlich schwieriger als das bloße Reden über Werte" (Changement 6/18, S. 14). Bei der Wertschätzung kommt deshalb niemand dauerhaft mit diesem Bluff durch. Denn sie wird stets vom Empfänger beurteilt. Da kann der Sender so viel von Wertschätzung fabulieren, wie er will.[27]

27 Brunsson, N.: *The Organization of Hypocrisy: Talk, Decisions and Actions in Organizations*, 1989

Erfahrung und Empfehlung

In den Engpassbereichen im Arbeitsmarkt hat dieses Spannungsfeld längst den Boden der Tatsachen erreicht *(siehe Kapitel III.5)*. Dort, wo die Kompetenzen und Kapazitäten knapp sind, bleibt den Unternehmen gar nichts anderes übrig, als mehr Wertschätzung zu zeigen. Ansonsten sind die begehrten Führungskräfte und Mitarbeiter weg und mit ihnen die Wertschöpfung. Mal wieder schlägt das ökonomische Prinzip eine ethische Diskussion. Das, was nachgefragt wird, kann einen höheren Preis verlangen, was in der People-Dimension einer Organisation zu größerer Wertschätzung führt.

Die Gretchenfrage aus Goethes Tragödie Faust bestimmt jedoch weiterhin in leicht abgewandelter Form dieses Spannungsfeld: „Nun sag, wie hast du's mit der Wertschätzung? Du bist ein herzlich guter Mann, allein ich glaub, du hältst nicht viel davon." Gerade dieses Dilemma bleibt von dogmatischen Positionen geprägt, die sich mit den jeweils diffamierend gemeinten Begriffen „Neoliberaler" und „Gutmensch" zuspitzen lassen. Eine solche Polarisierung wird die Zivilisation und damit auch deren Organisationen weiter bestimmen. Gehört Wertschätzung zu den höchsten Gütern der Menschheit? Oder ist sie ein nützliches Mittel zum Zwecke der Wertschöpfung? Oder wird sie in der ökonomischen Welt des profitablen Wachstums nicht einmal als Feigenblatt genutzt?

In der betrieblichen Praxis weitet sich dieses Spannungsfeld künftig noch mehr:
» organisationsseitig: steigende Erwartungen an Wertschöpfung durch den Innovationsdruck versus begrenzte Möglichkeiten zur Wertschätzung durch den Ergebnisdruck
» mitarbeiterseitig: steigende Erwartungen an Wertschätzung durch den Zeitgeist versus begrenzte Bereitschaft zur Wertschöpfung durch den Lifestyle

Dafür gibt es kein Patentrezept, sondern die Empfehlung – dem Tenor dieses Buchs folgend –, sich für einen Mittelweg zu entscheiden, aber unter der folgenden Bedingung: Optimierung der Wertschätzung unter der Voraussetzung einer als ausreichend angesehenen Wertschöpfung. Was „ausreichend" bedeutet, bestimmen zunächst die Eigentümer. Dass dies nicht zum Freibrief werden kann, um immer größere Erträge herauszupressen, machen den Eigentümern selbstbewusste Talente und externe Stakeholder deutlich. Dennoch wird es auch in den 2020er-Jahren überhitzte

Organisationen geben, denen die Wertschätzung schnuppe ist. Es ist klar, dass solche Unternehmen in zunehmend engen Arbeitsmärkten und bei lautstarken Interessengruppen gegenüber coolen Firmen immer stärker ins Hintertreffen kommen. Die einstmals dominante Zielfunktion in der Wirtschaft, die Wertschöpfung, wird künftig mehr und mehr Federn lassen, zugunsten der Wertschätzung und der People-Dimension von Organisationen.

Wenden wir den Blick zur Wertschätzung, auch sie gerät in eine Steigerungsspirale: Selbstverwirklichung, persönliches Glück und berufliche Erfüllung, die Freiheit, all das zu sein und zu haben, was ICH gern möchte. Beliebte Arbeitgeber wie SAP befeuern diese Erwartungshaltung sogar noch mit ihrer Employee Value Proposition: „Bring Everything You Are. Become Everything You Want." Die Ansprüche an Gesellschaft und Wirtschaft sind hierzulande in der konjunkturellen Hochphase der 2010er-Jahre nochmals gestiegen. Und es geht nicht nur um das Was, also um Handfestes, sondern auch um das Wie, also um Stilfragen, und dabei zuvorderst um die Wertschätzung, die jeder für sich erwartet. Staat und Unternehmen, Gesetzgeber und Topmanagement sollen für uns Lösungen finden, damit möglichst viel davon erreicht wird. Dabei ist das gar nicht leistbar, zumindest nicht alles.

Einerseits die Forderung nach Eigenverantwortung und andererseits die Erwartungen an Solidarität, Sympathie und Support, die der Einzelne von „seiner" Organisation erhält: Dies bleibt ein Balanceakt. Der Pendel des Zeitgeists neigt sich der Wertschätzung zu. Das stimmt froh, selbst wenn noch weitaus mehr wünschenswert wäre. Allerdings gibt es materielle und emotionale Grenzen des Machbaren. Die finanziellen Töpfe der Unternehmen sind begrenzt. Die Empathie der Vorgesetzten ist normalverteilt und reicht vom wohlwollenden, ermutigenden und gleichzeitig richtungsweisenden Traumboss bis zum egomanischen, hysterischen, unfairen Ekelpaket.

Organisationen im Wandel, besonders in Krisen, sind nicht alleinverantwortlich für das, was ihre Mitarbeiter in den kühnsten Träumen erhoffen. Wertschätzung muss das Streben sein, das in der Wertschöpfung wirtschaftender Organisationen seine Grenzen findet. Wem das in seiner Organisation zu wenig ist, was man aus der Kenntnis vieler Unternehmen gut nachvollziehen kann, möge zu neuen Ufern aufbrechen oder seine eigene Firma gründen. So viel Eigenverantwortung verlangt die Sehnsucht nach größerer Wertschätzung *(siehe Infobox „Wertepluralismus").*

Wertepluralismus

Das Spannungsfeld Wertschöpfung–Wertschätzung ist eine zentrale Dimension der Organisationskultur, die ganz wesentlich von den Werten des Unternehmens bestimmt wird. Wie der Westen seit der Aufklärung den Anspruch auf eine letzte Wahrheit preisgegeben hat und über Werte streitet, so kann auch eine Firma keine Festlegung auf das moralisch Richtige (oder Falsche) erwarten. Ethik und Moral sind heute relativ. Diese Entlastung von ethischen Zwängen und damit die Möglichkeit zum eigenen moralischen Ermessen ist für manche Menschen eine Befreiung und für andere ein Verlust an Sicherheit, weshalb sich viele bereitwillig unter ein fremdes Wertedach begeben.

Der Schweizer Philosoph Andreas Urs Sommer meint (Changement 6/17, S. 37–41): „Werte lassen sich gebrauchen, um eine soziale Gruppe als exklusiven Club nach innen zu stabilisieren und nach außen zu differenzieren. Werte lassen sich aber auch integrativ benutzen, indem man unter einem weit gefassten Wertedach sehr viele Menschen unterbringt und damit deren Zusammenleben stabilisiert." Und weiter: „Eine Gefahr für den sozialen Zusammenhalt ist die Individualisierung von Werten, wenn jeder auf einer abgeschotteten Werteparzelle – in seinem Biotop – lebt und wegen dieser Vereinzelung kein Austausch miteinander stattfindet. Ein einziges Wertedach aller Menschen ist eine Illusion. Selbst für eine soziale Gruppe wie in einer Firma stellt dies einen gewaltigen Kraftakt dar. Wir müssen aushalten können, dass andere Menschen völlig andere Werte haben. Daher denke ich nicht, dass bei den meisten Unternehmen durch die Reflexion und die Formulierung von Werten besonders viel zu erreichen ist."

Laut Sommer geht es bei der Wertediskussion nicht um die besten Argumente: „Werte sind Verhandlungssache – auf einem ziemlich wilden Kommunikationsmarkt – und stehen im Verdrängungswettbewerb. Sie entwickeln sich durch beliebte Prominenz und einflussreiche Personen, durch Präsenz in den Medien, immer mehr auch im Internet. Und ausgereizte Werte verschwinden wieder. Jeder kann sich heute in die Diskussion über Werte einbringen. Die Bedeutung eines Wertes steigt, wenn die Augenblickbedürftigkeit moralischer Absicherung und damit der situative Gebrauchsnutzen nach ihm verlangen."

Sommer gibt folgende Tipps für den Wertestreit: „Es kann sehr schnell sehr schwierig werden, wenn eine bislang sachliche Diskussion von einer Partei auf einmal mit Werten überhöht wird, in Wirtschaftsunternehmen beispielsweise mit dem Leitwert vom profitablen Wachstum. Denn die Moral majorisiert alles. Werte werden als K.-o.-Argument genutzt. Meistens reichen dann sachliche Argumente nicht mehr aus. Der Moral kann man nur mit Moral Paroli bieten. Wenn jemand mit Sicherheit argumentiert, muss man eben mit Freiheit kontern. Ab und an laufen sich moralische Debatten auch zu Tode, wenn es vor lauter Wertegedöns in der Sache nicht mehr weitergeht. Als Reaktion auf die ‚großen' Werte der anderen Seite gibt es mindestens drei Möglichkeiten: erstens, den offenen Dissens in der Sache. Zweitens, die Unterwanderungsstrategie, mit der ich den Wert der Gegenseite im Grundsatz akzeptiere, aber ihn anders auslege und andere Schlussfolgerungen daraus ziehe. Drittens, die Verlagerungsstrategie, indem ich einen mindestens gleichwertigen Gegenwert ins Spiel bringe."

Sommer betont, dass Werte die Unternehmen verändern. „Weil immer wieder neue Werte von außen, aus einer fordernden Umwelt kommen, die dann eine Rolle spielen, sei es, weil sie von der Politik aufgedrückt werden, oder sei es, weil sie sich in der Gesellschaft festgesetzt haben und ihre Ausblendung nicht mehr möglich ist, oder sei es, weil begehrte Mitarbeiter mit Macht im Arbeitsmarkt nur noch dann in die Firma kommen und dort bleiben. Nun können Firmen sich mit Händen und Füßen gegen solche Werte wehren, weil sie im Zielkonflikt mit dem klassischen Überwert profitables Wachstum stehen. Oder sie können – und müssen meist – solche Werte in das Wertegefüge ihrer Organisation einbauen, in welcher Form auch immer."

Artikel zur Vertiefung: hbfm.link/c1

3 Ansatz und Haltung

mechanisch ⇌ systemisch

Spannungsfeld

Jetzt wird es nochmals tiefgründiger. Denn es geht um Change-Theorien und dabei erneut um Weltbilder. Bei der Gestaltung des Wandels gibt es Theoretiker und Praktiker, die lediglich ihr Konzept und damit einen ganz bestimmten Stil gutheißen, nichts anderes. Aber wieder kommt es darauf an.

Eine der ersten Change-Theorien stammte vom Sozialpsychologen Kurt Lewin mit seinem Dreischritt der Veränderung: unfreezing – moving – freezing.[28] Inzwischen sind unzählige Ansätze dazugekommen: mechanische Modelle wie die von Lewin, die sogenannten Systemiker mit ihrem Habitus und viele weitere Konzepte.[29] Ist Change Management also das, was unter dem Label „Change Management" gedacht und gemacht wird?

[28] Lewin, K.: Frontiers in Group Dynamics: Concept, Method and Reality in Social Science; Social Equilibria and Social Change, in: Human Relations, 1. Jg., 1947, H. 1, S. 5–41
[29] Claßen, M.: Change Management aktiv gestalten, 2013, S. 61–110

Verwandte Begriffe & Konzepte

mechanisch: proaktiv, programmatisch, im System arbeiten, „Täterberatung"

systemisch: adaptiv, autopoietisch, am System arbeiten, „Opferbetreuung"

„Action!"

Einerseits: mechanisch

Bei Wandelvorhaben geht es nicht um Haltungen, sondern um Handlungen. Alles kreist um eine einzige Frage: „Was tun?" Genauer: „Was JETZT tun?" Ein langwieriges Herantasten ohne Lösungsorientierung und ein ergebnisoffener Prozess vergeuden Zeit, die bei Veränderungsprojekten äußerst knapp bemessen ist. Der Change-Leader will in seiner Organisation vorankommen und nicht auf den Problemen der ganzen Menschheit herumkauen und sie dann doch nicht lösen. Deshalb braucht es kein Blabla, sondern Action, also ein Programm mit verbindlichen Deadlines und eindeutiger Accountability. Dann weiß jeder, was er bis wann zu erledigen hat. Und macht das dann auch *(siehe Infobox „Projektmanagement")*.

Mit dieser Einstellung ist man weder ein Technokrat noch ein Reaktionär, wie Klaus Doppler, einer der systemischen Anführer, behauptet. Und es geht auch nicht darum, wie er unterstellt, „Veränderungen von oben (durch den Vorstand) und/oder von außen (durch Berater) im wahrsten Sinne des

Wortes ‚durchzudrücken'."[30] Solche Vorhaltungen zeigen, wie hier höchst unterschiedliche Gesinnungen aufeinanderprallen. Systemiker haben etwas im Hinterkopf, das politisch weit links angesiedelt ist. In den Betrieben geht es aber nicht vorrangig um die Humanisierung der Arbeitswelt. Stattdessen geht es um das Nettoergebnis des Unternehmens (Bottom Line) und um solche Maßnahmen, die es verbessern. Change muss man machen, gefragt ist Management. Deswegen heißt es ja Change Management.

[30] *Zeitschrift Organisationsentwicklung 4/2011, S. 23–25*

Die Systemiker mit ihrer verschwurbelten Sprache, ihren verschrobenen Ansätzen und angehimmelten Leitfiguren halten sich am besten vom Business fern. Akademisch hat sich diese Theorie sozialer Systeme in ein nahezu hermetisch abgeriegeltes Gedankengebäude eingeschlossen. Dem Begriff „systemisch" kommt inzwischen dieselbe mystische Funktion zu wie einem Totem für die Mitglieder einer Sekte. Aber welcher systemische Consultant hat Niklas Luhmann mit seiner kühlen Funktionalitätsbrille und dessen Epigonen wirklich gelesen und verstanden? Und wenn, dann würde er erkennen, dass es diesen Theorien nur ums reine Denken und nicht ums praktische Handeln geht. Zur Gestaltung von Transformationen reicht die Reflexion nicht aus. Bei Veränderungsprojekten muss überlegt, klar entschieden und schwungvoll umgesetzt werden.

Das abgenutzte systemische Leitmotiv „Betroffene zu Beteiligten machen" entstammt nicht einmal der Systemtheorie. Das haben die Organisationsentwickler aus der Gruppendynamik und Familientherapie importiert, der die bekannten Systemiker entstammen.[31] Als ob man solche integrative Ideen so einfach von Kleingruppen auf Weltkonzerne übertragen könnte. Natürlich ist es ein ansprechendes Motto. Und es bedient das Selbstverständnis als Mensch mit Anstand und Werten. Das können sich Berater erlauben, die keine Verantwortung im Unternehmen tragen. Aber endloses Mitreden und ständiges Mitwirken bringen nichts außer Zeitverlust und Wischiwaschi. Wenn Zunder unterm Dach ist, werden sich die Leute schon bewegen, ob ihnen der Wandel nun genehm ist oder nicht. Man kann doch nicht vor lauter Rücksicht auf irgendwelche abstrusen Befindlichkeiten das Ziel eine Firma aus den Augen verlieren: Geld zu verdienen – morgen mehr als heute. Jedem normalen Shareholder, denen das Topmanagement rechenschaftspflichtig ist, wird diese Sozialromantik in der 68er-Tradition, der Marsch durch die Institutionen und das Aufbegehren gegen eine angeblich ökonomisierte Gesellschaft sauer aufstoßen. Im Business geht es nicht um eine Feel-good-Welt für alle. Management führt ab und an dazu, dass einige Führungskräfte und Mitarbeiter sich schlecht fühlen. Da sage ich nicht einmal „sorry". Da sage ich nur: „That's the game."

[31] *Krizanits, J.: Die systemische Organisationsberatung – wie sie wurde was sie wird: Eine Einführung in das Professionsfeld, 2009, S. 165–245*

Schon immer gab es Utopien. Aber weder bessere Menschen noch schönere Ansätze werden die Barrieren des Wandels und Interessen- und Verteilungskonflikte beiseite räumen. Allen Träumern sei gesagt: „Wacht endlich auf! Seht die Erde und ihre Bewohner so, wie man es täglich in der Zeitung und im Internet lesen kann, manchmal freundlich, manchmal feindlich."

> Veränderungsprojekte haken und nerven, sind mühsam und dornenreich, verbrennen Zeit, Gelder und Menschen. Wer anderes behauptet, ist ein Scharlatan. Die unvermeidliche Veränderung von Unternehmen ist auf Manager angewiesen, die wissen, was zu tun ist, und das dann auch anpacken. Firmen können nicht darauf warten, bis auch der letzte Uneinsichtige begreift, dass er bitteschön seinen Allerwertesten bewegt.

Projektmanagement

Bei Wandelvorhaben ist das professionelle Projektmanagement erfolgswirksam (aber kein Vertiefungsthema in diesem Buch). Damit werden die zahlreichen Aufgaben der Veränderung in Pakete geschnürt und in eine zeitliche Abfolge mit Meilensteinen und Entscheidungspunkten gebracht. Die meisten Projekte werden dazu in Phasen unterteilt, die der klassischen Plan-Do-Review-Logik folgen. In großen Projekten wird – parallel zur Linienorganisation – ein Project Management Office aufgesetzt. Dessen Aufgaben sind vielfältig:

- » *Projektstrukturierung und Schnittstellenmanagement*
- » *Projektplanung und -steuerung (z. B. Microsoft Project)*
- » *Rollenklärung und Ressourcenmanagement*
- » *Aufgabenbeschreibung (z. B. Project Charters)*
- » *Gremien- und Meetingstruktur*
- » *Kommunikationsstrukturen*
- » *Reporting-, Monitoring- und Controllingstrukturen*
- » *Abnahme-, Freigabe- und Eskalationsprozesse*
- » *Benefit Tracking und Budgetsteuerung*
- » *Change Request Management*
- » *Risikomanagement und Qualitätssicherung*
- » *unabhängige Projektauditierung (Review)*
- » *Prozessbeschreibungslogik (z. B. ARIS)*
- » *Projektformate (z. B. Templates, Handbücher)*
- » *Projektdokumentation und Wissensmanagement (z. B. Sharepoint, Wikis)*
- » *Multiprojektmanagement (Abstimmung mit parallelen Projekten)*

Viele Topmanager schwören auf ein derartiges Vorgehen: Sören Hartmann, CEO von DER Touristik, bei der digitalen Weiterentwicklung der Firma; Frank Heinricht, Vorstandsvorsitzender von Schott, beim Umbau des Konzerns; Jürgen Holeksa, langjähriger Vorstand von ZF Friedrichshafen, beim Integrationsprozess mit TRW Automotive; Michael Prochaska, Vorstand bei Stihl, bei der Umsetzung der Einmarkenstrategie (Changement 2/17, S. 24–29; 4/17, S. 32–33; 1/18, S. 28–29; 7/18, S. 10–11). Neuerdings wird in agilen Projekten ein flexibles Vorgehen gewählt, das adaptiver ist, aber keineswegs auf Planung verzichtet.

Andererseits: systemisch

„Möglich machen!"

Change bedeutet nicht machen, sondern möglich machen. Mehr ist nicht drin. Machen war etwas für die Machertypen des letzten Jahrtausends. Im 21. Jahrhundert ist der Change-Leader zum Befähiger (enabler) geworden. Unternehmen sind soziale Systeme und damit komplexe Gebilde und keine Schiffe, die sich vom Kapitän von der Kommandobrücke aus steuern lassen. Man kennt den Bremsweg von Ozeanriesen: mehrere Kilometer und damit viel zu lange bei einem Eisberg im Nebel. Die Titanic lässt vom Meeresboden grüßen.

Dem „hard-core" Change Management gelingt es erwiesenermaßen längst nicht mehr, mit einer streng getakteten Programmarchitektur die Veränderung so zu gestalten, dass sie erfolgreich abläuft. Nur wer die Menschen mitnimmt und weitere systemische Grundprinzipien beachtet, der wird etwas bewegen *(siehe Infobox „Charakteristika systemischer Ansätze")*. Denn jede Transformation ist eine Reise, die freiwillig angetreten und zum längeren Erkundungsprozess wird, dessen Ergebnis anfangs noch unbekannt ist und sich auch unterwegs immer wieder ändern kann. Dazu braucht es ein Gefühl für den Rhythmus, aber keine Hauruckmechanik.

Wie ein Kapitän braucht der Change-Leader zwar den breiten Blick und die weite Sicht, aber nicht vom Leitstand aus, sondern er muss dabei mittendrin im Geschehen sein. Wenn er sich dort aber darauf beschränkt, an den bisherigen Lösungen hier und dort herumzubasteln, kommt die Organisation nicht voran. Dann kann man es gleich bleibenlassen, weil der Wandel nicht nachhaltig wird und der alte Zustand rasch wieder zurückkehrt. Damit sich etwas vorwärtsbewegt, muss das Topmanagement das Steuer in die Hände der Führungskräfte und Mitarbeiter legen, die es schließlich richten sollen. Klar, dazu gehören etwas Mut und viel Zurückhaltung.

Der frühere Manager und heutige Politiker Thomas Sattelberger erinnert uns an die Ausgangsidee der Organisationentwicklung: „neue Verhältnisse zu schaffen." Aus eigener Erfahrung fordert er die Loslösung von gewohnten Entscheidungsroutinen: „In meiner Karriere gab es immer wieder Situationen, bei denen ich nicht mehr wusste, was noch richtig ist und schon falsch. Da half nur noch der Zugang zu weiteren als den bisherigen Realitäten, also Grenzüberschreitung."[32] Dieser Ausbruch aus festgefahrenen Managementlogiken gelingt mit dem systemischen Ansatz.

[32] *Interview in Claßen, M.: Change Management aktiv gestalten, 2013, S. 36–39*

Charakteristika systemischer Ansätze

Die Merkmale der systemischen „Theorie" sind kognitiv schwer zu fassen. Ihre Beschreibung fällt auch deshalb nicht leicht, weil sich die vielen Schulen nur in Nuancen unterscheiden, aber jede für sich eine starke Eigendynamik entwickelt, nicht zuletzt, um sich im Trainings-, Coaching- und Consulting-Markt zu positionieren.[33] Die folgende Auflistung umfasst die wichtigsten Merkmale:

- *dem Menschen zugewandt (in dubio pro homo)*
- *Prinzip der Allparteilichkeit, wertschätzende Achtung für jeden Akteur*
- *keine problematischen Menschen, sondern schlimmstenfalls problematisches Verhalten*
- *Kontextabhängigkeit von Individuen und Organisationen*
- *die Wirklichkeit ist niemals wahr, sondern stets konstruiert, interpretiert und subjektiv*
- *ergebnisoffenes Erkunden der Situation mittels systemischer Fragen*
- *Metaanalyse (Beobachtung zweiter Ordnung) hinterfragt etablierte Funktionsmuster*
- *im Fokus stehen Machtstrukturen, Interaktionsmuster und Entscheidungsroutinen*
- *regelmäßiges Innehalten und bewusste Distanz zum Organisationsgeschehen*
- *Postheroismus und Abkehr vom Great-Man-Mythos samt dessen Machbarkeitsfantasien*
- *Komplexität und Kausalitätsillusion verhindern simple Lösungen*
- *eine Veränderung erfordert breitere Bezugsrahmen, Perspektivenwechsel und Musterbrüche*
- *eine Intervention kann nur Impulse geben, darf irritieren, muss aber anschlussfähig sein*
- *die Problemlösung kann nur vom System selbst kommen, wenn es die Ressourcen dazu hat*
- *„Ratschläge sind Schläge", weil sie eine konkrete Problemlösung von außen aufzwingen*
- *Entscheidungssystem und Beratungssystem müssen klar getrennt bleiben*
- *keine fachliche Expertise im Beratungssystem, klarer Fokus auf das Prozessgeschehen*

[33] *Krizanits, J.: Einführung in die Methoden der systemischen Organisationsberatung, 2013; Groth, T.: 66 Gebote systemischen Denkens und Handelns in Management und Beratung, 2017*

Leitfragen

1. Sind das Topmanagement und der Change-Leader offen für systemische Ansätze?
2. Welchen Mehrwert bringt die Psychologisierung des Wandelvorhabens?
3. Sollen mit der Veränderung auch gesellschaftliche Ziele erreicht werden?
4. Können Inhalt und Prozess der Veränderung getrennt behandelt werden?
5. Können Führungskräfte und Mitarbeiter die systemischen Unschärfen aushalten?
6. Braucht es eine bestimmte Haltung, um mit der Veränderung voranzukommen?

Situative Entscheidung

Mechanisch …

1. **… wenn die Verantwortlichen dem naturwissenschaftlichen Wenn-dann-Denken verhaftet sind:**

   In den Augen vieler Führungskräfte sind die meisten Systemiker, milde ausgedrückt, etwas seltsam. Solche Manager können mit systemischen Methoden wenig bis nichts anfangen. In der Rubrik „Aus Erfahrung" im Fachmagazin „Changement" hat bislang kein Change-Leader geäußert, sie oder er hätte es gerne systemisch. Wie alle Querdenker, die Wirkung entfalten möchten, brauchen systemische Ansätze ein Biotop, in dem ihre Vorstellungen fruchten. In vielen Firmen sind Systemiker deshalb allenfalls bei den internen Change-Experten wohlgelitten, die die gleiche berufliche Sozialisation genossen haben *(siehe Infobox „Systemisch als Schlüsselreiz zur Marktbearbeitung")*. Im Kern des Business stoßen Systemiker eher auf geringe Resonanz. Dort haben sie die Funktion, intellektuelle Anregungen zu geben und manchmal den Hofnarren zu spielen, egal ob als interne oder externe Begleiter *(siehe Infobox „Einsatz externer Berater")*. Eine fehlende Businessorientierung wird mit weitem Abstand als das größte Defizit der systemischen Ansätze bezeichnet.[34] Man sollte deshalb auf den Begriff „systemisch" verzichten, meint Wolfgang Looss, einer der frühen Protagonisten dieser Ausrichtung: „Für einen Manager ist der konzeptionelle Überbau uninteressant. Kunden müssen wissen, auf was sie sich bei einem Systemiker einlassen – viele Fragen, keine Antworten, zumindest keine schnellen Lösungen." (Changement 1/16, S. 34–35). Die Bereitschaft, systemische Erkundungsarbeit nicht als nervige Stauung, sondern als produktiven Umweg zu würdigen, ist bei ungeduldigen Topmanagern selten vorhanden. Die gleiche Erfahrung hat der Topmanagement-Coach Ulrich Dehner gemacht: „Es ist viel einfacher, ein Berater teilt dem Kunden mit, was er denkt. Man sollte das unbedingt tun, wenn man sich und dem Gegenüber ein unnötiges Herumeiern ersparen kann. Topmanager erwarten, dass ihre Ratgeber Stellung beziehen und klare Aussagen treffen. Vorsichtige Rückfragen kennen sie zur Genüge aus ihrem täglichen Umfeld. Weil Führungskräfte keine Lust mehr haben, sich ihre eigenen Fragen zu beantworten. In vielen Situationen spart es einfach Zeit, sich gleich mit vernünftigen Lösungsideen auseinanderzusetzen, anstatt lange darauf zu warten, dass der Kunde von allein daraufkommt." (Changement 1/17, S. 25–27)

[34] *von Kyaw, F./Claßen, M.: Change Management Studie 2010*

„Systemisch" als Schlüsselreiz zur Marktbearbeitung
Im Marketing bezeichnet „me too" eine Technik, mit der Nachahmer ihre Produkte an erfolgreiche Konkurrenten anlehnen (und meist deutlich günstiger anbieten). Wolfgang Looss: „In einem großen Teilmarkt des Change Management, den ‚systemischen Nestern', geht es primär um Marketing. Dort hat sich der Begriff verselbstständigt und ist zum Label degeneriert. Viele Anbieter positionieren sich als Systemiker, weil sie sich davon einen Wettbewerbsvorteil versprechen oder zumindest einen Nachteil vermeiden möchten. Bei Marktkennern wirkt dieser Trumpf jedoch nicht mehr. Inzwischen ist ‚systemisch' zur Worthülse geworden und steht für alles und nichts. Den meisten Führungskräften ist der Ansatz ohnehin egal. Einen konzeptionellen Hintergrund nehmen sie bestenfalls hin, er interessiert sie aber wenig. Das ist wie bei Handwerkern. Sie wollen von einem Schreiner ja auch nicht wissen, mit welcher Philosophie er unterwegs ist. Hauptsache, er macht gute Arbeit." (Changement 1/16, S. 34–35)

Einsatz externer Berater
Ohne oder doch besser mit Berater: Ist die Make-or-buy-Entscheidung ein weiteres Spannungsfeld? Durchaus, aber sie spielt bei Wandelvorhaben eine nachrangige Rolle, es sei denn, ein Unternehmen wird bei einem der Spannungsfelder vom externen Dienstleister in eine ungünstige Richtung gelenkt.

Wer nach Beratern ruft, vermutet im gleichen Atemzug, dass es der Change-Leader nicht ohne fremde Hilfe hinbekommt. Zumal manche Consultants ein ausgeprägtes Selbstbewusstsein mitbringen. Ihre Stärken liegen im Impression Management, Expectation Setting und Name Dropping, das sind Techniken, mit denen Überlegenheit zum Ausdruck gebracht werden soll. Deshalb wird vor dem Beratereinsatz – neben der Budgetfrage – die Motivklärung wichtig. Warum externe Beratung? Zusätzliche Kapazität (im Low End), ergänzende Kompetenz (im High End) sowie die neutrale Außensicht (Second Opinion) sind die üblichen Beweggründe.

Aber es gibt weitere Motive, die für das Unternehmen ohne Nutzen oder sogar schädlich sind: Ersatzentscheider, Machtsicherer, Statussymbol, Sündenbock in spe, Bad Guy fürs Grobe, persönlicher Therapeut oder gar letzter verbliebener Weggefährte in einer ansonsten feindlichen Organisation. Alles schon erlebt! Wenn Beratung solche Funktionen wahrnehmen soll, ist der Firma unbedingt von ihr abzuraten. Ein freiwilliger Rückzug ist nicht von jedem Consultant zu erwarten, da dies mit dem Verzicht auf Cash verbunden wäre. Man darf sich externe Berater nicht als uneigennützige Wesen vorstellen.

Wichtig ist, wie ein externer Berater den Change-Leader und sein internes Team definiert: Sind es „Kunden" mit eigenen Vorstellungen, die er zwar nicht immer teilt, aber die sowohl Ausgangspunkt als auch Zielpunkt sind, und die er allenfalls mit Bedacht verschiebt? Oder sind es „Klienten", die per se von der Materie deutlich weniger Ahnung zu haben scheinen und bei denen er einen uneinholbaren Rückstand annimmt? Oder sind es sogar „Patienten" mit einem mentalen bzw. emotionalen Defekt, den er möglichst schnell beheben möchte? Wenn sich manche Berater als Top Expert und Leading Thinker titulieren, haben sie ihren Durchblick samt Heilsversprechen einprogrammiert.

Von einem Klientenbetreuer oder Patientenversorger dürfen Manager nicht mehr als eine mühsam kaschierte Herablassung erwarten.

Dass sich Consultants in Unternehmen breit machen, zeigt eine aktuelle Harvard-Studie.[35] In ihr wurde der Tagesablauf amerikanischer CEOs über mehrere Monate hinweg detailliert ausgewertet. Ein Ergebnis: Im Durchschnitt verwenden diese Topmanager fünf Prozent ihrer Zeit für Berater und nur drei Prozent für Kunden. Firmen reagieren auf ausufernde Budgets mit Beraterkritik (Consultant Bashing), Selbstbesinnung (Manager's Duty) und Mittelkürzung (Budget Freeze), um dann doch nach einiger Zeit der Zurückhaltung wieder in den spendablen Modus umzuschalten.

2. **... wenn nicht systemisch aufgerüstet werden muss:**
„Change Management braucht Psychologie." Der Berufsverband Deutscher Psychologinnen und Psychologen zieht zu Recht dieses Fazit.[36] Es stimmt aber auch, dass viele Vertreter dieser Profession organisatorische Veränderungen brauchen, denn sie sind zu einem auskömmlichen Tätigkeitsfeld geworden. Die Tendenz, ein Wandelvorhaben durch systemische Ansätze zu psychologisieren und nur noch die People-Dimension wahrzunehmen, ist augenscheinlich. Nicht immer ist das erforderlich. Kleinere Projekte – etwa eine Prozessoptimierung, ein IT-Relaunch oder ein neuer Chef – benötigen keinen systemischen Overkill. Sie können einfach so umgesetzt werden, ohne gleich den gesamten theoretischen Überbau ins Spiel zu bringen.

3. **... wenn es nicht um „Social Utopia" geht:**
Veränderungsprojekte im Business zielen auf eine ökonomische Verbesserung für das Unternehmen. In der systemischen Literatur gibt es jedoch ein Genre, das die Sehnsüchte vieler Führungskräfte und Mitarbeiter nach einem besseren Arbeitgeber oder sogar einer besseren Welt bedient. Beliebte Autoren sind etwa Frédéric Laloux, belgischer Expartner bei McKinsey, Otto Scharmer, deutsch-amerikanischer Hochschuldozent, und Dan Pink, US-amerikanischer Schriftsteller.[37] Vor einem halben Jahrtausend hat Thomas Morus mit seiner „Utopia" diese literarische Gattung begründet, bei der sich auch spätere Sozialingenieure wie Karl Marx bedienten *(siehe Infobox „Soziale Utopien und ihre Story")*. An dieser Stelle geht es nicht darum, ob solche gesellschaftlichen Zielbilder richtig sind. Die Ambitionen der meisten Wandelvorhaben in Firmen sind freilich weitaus geringer. Social Utopia wird dann zu einer fernen Zukunft, die im betrieblichen Alltag gewaltige Enttäuschungen auslöst, weil das eigene Unternehmen noch nicht reif dafür ist. Der Volksmund hat dafür eine Redensart: „Träume sind Schäume". Konkret: Social Utopia bleibt für die allermeisten Organisationen in ihrer gegenwärtigen Verfassung ein unerreichbarer Traum. Surreale Visionen wie „Veränderung ist selbstverständlich und geschieht natürlich, überall, jederzeit, meist ohne Schmerzen und Anstrengung" (Laloux) wirken als süßes Gift. Die Erwartungen, die solche Narrative wecken, und die

---

35 *Porter, M. E./Nohria, N.: How CEOs Manage Time*, in: Harvard Business Review, 96. Jg., 2018, H. 4, S. 42–51

36 *Broschüre „Changemanagement: Eine Herausforderung für Mitarbeiter und Vorgesetzte", o. J.*

37 *Laloux, F.: Reinventing Organizations, 2014; Scharmer, C. O.: Theory U: Leading from the Future as it Emerges, 2007; Pink, D.: A Whole New Mind, 2005*

Vorstellung vom „Meer des Glücks" (Laloux) werden von nüchternen Managern, die deutlich in der Mehrheit sind, als Humbug empfunden. Aus denselben Gründen zeigt der Soziologieprofessor Stefan Kühl die Überreizung der „Theory U" von Scharmer.[38] Sie sei „voller Veränderungspoesie", „eine esoterische Variante klassischen zweckrationalen Handelns" und „nichts anderes als eine sprachlich verkomplizierte Steuerungsphantasie". Kühl fragt: „Funktionieren Organisationen und weitergehend das Leben von Menschen wirklich so, wie man es sich in dieser Theorie zurechtlegt?" Nein, denn Konflikte sind nichts Pathologisches, sondern der gesellschaftliche Normalfall.[39] Für viele Topmanager lassen sich die (zwischen-)menschlichen Barrieren des Wandels sowie die offensichtlichen Interessen- und Verteilungskonflikte bei Wandelvorhaben nicht durch Phantasmen wegerzählen, so wünschenswert sie auch sein mögen.

[38] Kühl, S.: Die blinden Flecken der Theorie U von Otto Scharmer: Die Rekonstruktion einer (Change-)Management-Mode, in: Systeme, 29. Jg., 2015, H. 2, S. 190–202

[39] Dahrendorf, R.: Gesellschaft und Freiheit. Zur soziologischen Analyse der Gegenwart, 1961

Soziale Utopien und ihre Story
» *Die gegenwärtigen Zustände sind unerträglich und müssen unbedingt verändert werden.*
» *Der „wahre" Mensch braucht und möchte etwas ganz anderes und viel Schöneres.*
» *Deshalb muss das ganze System auf eine höhere Entwicklungsstufe gebracht werden.*
» *„Ich weiß wie!" Man muss einfach nur die vorgeschlagenen Maßnahmen umsetzen.*
» *„Alles easy!" Man muss nur wollen. Im Grunde braucht es gar nicht viel Veränderung.*
» *Ansonsten kann viel beim Alten bleiben. Nur einige Grundregeln müssen anders werden.*
» *„Es geht!" Die Pioniere sind bereits damit erfolgreich und dienen als Beweis.*
» *Als Lohn locken ein besseres Miteinander und die Rückkehr ins Paradies.*
» *„Win-win ist möglich!" Unterschiede bei Zielen und Wünschen lösen sich auf.*

---

4. **... wenn die Prozessdimension der Veränderung nicht verselbstständigt wird:**
Wie bereits beschrieben, wurde vor siebzig Jahren die damals neu entdeckte Managementaufgabe „Change" von Kurt Lewin im Kern des Veränderungsgeschehens platziert. Später hat sich vielerorts eine unsägliche Spaltung zwischen inhaltlicher und prozessualer Dimension ergeben. Auf der einen Seite das Thema des Wandels (das Was), beispielsweise eine verbesserte Infrastruktur für die Logistik. Auf der anderen Seite die Vorgehensweise (das Wie), etwa die Mobilisierung der Disponenten, Lagerarbeiter und Lkw-Fahrer, die sich weg vom Alten und hin zum Neuen bewegen. Es gibt Systemiker wie Karl Giebeler, die die Beschäftigung mit Inhalten als Nestbeschmutzung werten: „Die systemische Organisationsentwicklung wird ihre Identität, ihr Proprium und vor allem ihre Wirksamkeit aufgeben und verlieren, steigt sie mit der sogenannten klassischen, fachlichen Beratung à la McKinsey ins Bett."[40] Bitte nicht entrüsten, sondern abrüsten! Lässt sich beides überhaupt voneinander trennen, können die People-Themen unabhängig

[40] Zeitschrift Organisationsentwicklung 2/2009, S. 94

von den fachlichen Inhalten behandelt werden? Zumal bekanntlich der Teufel im operativen Detail steckt, was manche systemischen Überflieger zur Bruchlandung zwingt. Es ist schwer nachzuvollziehen, wie man überhaupt auf den Gedanken kommen kann, dass eine Konzentration auf die Prozessdimension praxistauglich sei. Das wäre dann ja so, wie wenn bei einer Operation der Narkosearzt nicht mit dem Chirurgen spricht. Manche systemischen Hardliner haben sich in eine Sackgasse verrannt. Inhalts- und Prozessdimension können nur zusammen angegangen werden, indem sich mechanisches und systemisches Denken zu einer Symbiose verbinden und einen Zusammenhang und Zusammenklang von Was (Inhalt) und Wie (Prozess) erzeugen. Roswitha Königswieser, die Grande Dame systemischer Beratung, teilt inzwischen diese Einschätzung: „Es ist eine Herausforderung, von der Hybris der reinen Systemiker herunterzusteigen, die im Kern die vermessene Haltung haben ‚Wir sind eh die Besten, wir haben die systemische Metatheorie und deshalb übernehmen wir die Führung, weil wir ja die Reflektierten sind'. Mich stört an manchen Ausprägungen des systemischen Ansatzes die Hybris bezüglich des eigenen Wahrheitsanspruchs."[41] Weil mich dies ebenfalls stört, habe ich die Figur des Mechastemikers als Leitbild entwickelt *(siehe Infobox „Mechastemiker")*.

[41] *Zeitschrift Organisationsentwicklung 1/2009, S. 49–50*

„Mechastemiker"

Als im Handwerk immer deutlicher wurde, dass die Mechanik ohne die Elektronik nicht mehr weiterkommt, wurde das Berufsbild des Mechatronikers eingeführt, der mechanische und elektronische Kenntnisse vereint. Heute ist das zu einem gängigen Lehrberuf geworden.

Nicht anders ist es bei der Gestaltung von Veränderungsprozessen. Im Change Management braucht es Mechastemiker, die beides gelernt haben: Mechanik und Systemik (siehe Abbildung 6). Exzellente Change-Manager beherrschen zwei Handwerke und setzen sie situativ passend ein.

Abbildung 6:
Mechanik + Systemik =
Mechastemik

5. ... wenn die Beteiligten und Betroffenen Klarheit brauchen:
Systemische Ansätze sind ergebnisoffen. Das macht es vielen Menschen nicht leicht, sie auszuhalten, weil über längere Zeit unklar bleibt, welche Folgen ein Veränderungsprojekt haben wird. Deshalb muss bei Transformationen ein Vorgehen gewählt werden, das zumutbar ist. So würde beispielsweise bei einem offensichtlichen Kostendruck und einem absehbaren Stellenabbau das volle Vertrauen in die Selbstorganisation großes Befremden auslösen. Betriebsräte und Mitarbeiter fordern statt-

dessen ein fest umrissenes Programm und verbindliche Regeln. Am ehesten eignen sich systemische Ansätze für Menschen mit großer Resilienz und hoher Ambiguitätstoleranz *(siehe Kapitel IV)*.

6. ... wenn der Veränderungsstil nicht im Vordergrund steht:
In der Schule und in manchen Sportarten gab es über viele Jahre die sogenannten Haltungsnoten. Die sind heute weitgehend abgeschafft, weil die Bewertung ein subjektives Urteil des Richters war, ob Lehrer oder Juror. Eine solche Einschätzung setzt voraus, dass es ein richtiges und besseres Verhalten gibt (und folglich auch ein falsches und schlechteres). Mit solchen Wertungen ist man inzwischen wesentlich zurückhaltender, zumindest offiziell (und außerhalb des Internets oder von Castingshows im Privatfernsehen), weil die allgemeingültigen Maßstäbe verlorengegangen sind. Gerade im Management wird nicht der Zugang zur Veränderung bewertet, sondern der Ausgang des Wandels. Nichtsdestotrotz favorisieren systemische Ansätze eine Haltung, die man mit Humanität überschreiben kann, also eine Wertschätzung gegenüber jedem einzelnen Menschen *(siehe Spannungsfeld 2)*. Aber erst wenn der Change-Leader dieser Haltung den Vorrang gibt, muss er das an Effektivitäts- und Effizienzkriterien orientierte mechanische Vorgehen hinterfragen und seinen Blick systemisch weiten. Natürlich hat menschliches Verhalten immer einen Hintergrund, den man als Ideologie oder Religion bezeichnen kann. Das mechanische Vorgehen beruht auf dem ökonomischen Leitbild des profitablen Wachstums. Systemische Ansätze haben einen anderen normativen Überbau, der die People-Dimension betont und auf den „Umbau von demotivierenden Macht- und Einflussasymmetrien"[42] zielt. Selbstverständlich kann es jeder zu seiner eigenen Maxime machen, dass eine Maßnahme in einem Veränderungsprojekt nur dann eine „gute" Maßnahme ist, wenn sie mit einem „guten" Mindset angegangen wird. Allerdings gilt bei anderen professionellen Dienstleistern, etwa in der Medizin, die Devise „Wer heilt, hat recht!" Nicht anders ist es im Business. Der Change-Leader sollte es sich gut überlegen, ob er sein Tun tatsächlich mit einer überlegenen Haltung adeln und sich zum Moralapostel aufschwingen will: „Wir laden Sachfragen oft weltanschaulich auf. Statt es als praktische Aufgabe zu betrachten, machen wir daraus eine Glaubensfrage."[43] Der Pragmatismus – ohne Zorn und Leidenschaft – gilt als Kernkompetenz für Manager, die nicht nur klug überlegen wollen, sondern auch klar entscheiden müssen. Normative Themen können niedriger gehängt und mit Augenmaß angegangen werden, zumal ethische Positionen längst nicht mehr gesetzt sind, sondern mühsam ausgehandelt werden müssen.

[42] *Wimmer, R.: Systemische Organisationsberatung: Jenseits von Fach- und Prozessberatung, in: Revue für postheroisches Management 7/2010, S. 88–103*

[43] *Renate Köcher im Interview, Süddeutsche Zeitung, 02.03.2012*

Erfahrung und Empfehlung

Im deutschsprachigen Raum wird über die Frage, welche Veränderungsphilosophie die richtige ist, bereits seit drei Jahrzehnten heftig gestritten, mehr in Wort und Schrift und weniger in der betrieblichen Praxis. Und wie bei jedem Kampf um den wahren Glauben sind die Auffassungen ganz wesentlich geprägt von den dahinter liegenden Menschenbildern, Wertvorstellungen, Entwicklungsmodellen und Lebenserfahrungen. Und ebenso stark von den ökonomischen Interessen der Protagonisten im Consulting, Coaching, Training, auf Konferenzen und in Publikationen. Die systemische Subkultur ist ein attraktiver Markt mit Umsätzen, die nicht weit von einer halben Milliarde Euro entfernt sein dürften.

Die meisten Topmanager und Change-Leader bekommen von alledem nichts mit. Sie kennen dieses Spannungsfeld gar nicht, weil sie mechanisch veranlagt und ausgebildet worden sind. Wenn sie auf externe Dienstleister treffen, für die der systemische Ansatz zum Dogma geworden ist, fragen sie verständnislos: „So what?"

Beide Ansätze unterscheiden sich in einer zentralen Frage: Lassen sich Veränderungsprozesse komplexer Organisationen vorab denken und dann gezielt lenken? Oder gelingt dies nicht wegen der Unsteuerbarkeit sozialer Systeme und wenn man es dennoch versucht, gerät man in Teufels Küche? Diese fundamental gegensätzlichen Positionen sind nicht zu verschmelzen. Aber sie lassen sich verbinden, wenn die Extreme aufgegeben werden: durchaus hier und dort steuern, aber im Wissen, dass längst nicht alles unter Kontrolle ist. Deshalb gibt es zwischen beiden Polen mit ihren Dogmen diverse Zwischenpositionen um die Figur des Mechastemikers.[44] Aber es gibt auch weiterhin die Hardliner, die keinen Zentimeter von ihrer Doktrin abweichen und alle Ungläubigen als Ketzer verdammen. Was soll das?

Keiner der beiden Ansätze ist per se besser, auch wenn das systemische Denken modernistischer rüberkommt. In den Fachmedien haben die Systemiker seit den 2000er-Jahren die Oberhand gewonnen. Sie empfinden sich als Vertreter der „wahren" Organisationsentwicklung und sehen Change Management als eine „Ware" willfähriger Consultants, die dem Topmanagement dabei hilft, die bestehenden Strukturen abzusichern. Haben die Systemiker, weil sie momentan sichtbarer sind, auch mehr Recht? Deswegen nicht!

Ohnehin hält sich selbst bei den Veränderungsprofis kaum jemand lediglich an ein Modell. Die allermeisten Manager und Berater bedienen sich bei diversen Ansätzen.[45] Weil jedes Wandelvorhaben konträre Vorstellungen aufgleisen und divergente Bedürfnisse befriedigen soll, multiple Umfelder berücksichtigen und heterogene Einflüsse aufgreifen muss sowie nicht einmal auf einer unumstrittenen Vorstellung darüber aufsetzen kann, wie Menschen eigentlich ticken und wie sie in Organisationen agieren. Die Praxis einer Veränderung ist zu vertrackt für jedes Modell des Wandels, geschweige denn Best-Practice-Checklisten mit fünf oder zehn Essentials.

Gerade bei diesem Spannungsfeld zeigt sich, dass der Mittelweg den größten Charme besitzt. Die Systemiker weiten den Blick und die Mechaniker

44 z. B. Beer, M./Nohria, N.: *Cracking the Code of Change*, in: *Harvard Business Review*, 78. Jg., 2000, H. 3, S. 133–141; Königswieser, R. u. a.: *Komplementärberatung. Das Zusammenspiel von Fach- und Prozess-Know-how*, 2006; Wimmer, R.: *Der dritte Modus der Beratung*, in: *Revue für postheroisches Management* 1/2007, S. 28–35

45 *Studienergebnisse in Claßen, M.: Change Management aktiv gestalten, 2013, S. 61–63*

3. Spannungsfeld

kommen „in die Puschen". Es geht um die auf ökonomische Wirkung ausgerichtete und auf einem breiten systemischen Repertoire ruhende Balance, wie sie etwa Jörg Schmülling, Change-Professional bei BASF, verkörpert: „Unsere systemische Perspektive ermöglicht uns, die emotionale Seite der Change-Prozesse zu analysieren und das Management strategisch zu beraten. Insofern ergänzen wir dessen kognitiv-rationale Welt. Dies hilft dem Business und wird als Bereicherung empfunden. Als interne Berater agieren wir allerdings nicht klassisch systemisch im Sinne eines außenstehenden Beraters, der sich klar vom ‚System' abgrenzt. Eher passt der von Dave Ulrich geprägte Begriff vom ‚credible activist'. Wir fühlen uns zugehöriger und haben Erfahrungen, Meinungen und Präferenzen in Bezug auf Change, die wir gegenüber den Führungskräften auch klar äußern."[46] In meinen Augen sind solche Change-Profis erstklassige Mechastemiker.

[46] *Interview in Claßen, M.: Change Management aktiv gestalten, 2013, S. 368–369*

Darin liegt natürlich eine gewisse Raffinesse: Die Change-Leader dort abzuholen, wo sie herkommen, im mechanischen Denken und mit ökonomischen Zielen. Und sie dann im Verlauf der Veränderung, wenn die persönliche Beziehung etabliert ist und die Umstände es zulassen, peu à peu auf systemische Aspekte aufmerksam zu machen und die Wertschätzung neben der Wertschöpfung zu platzieren. Es gibt wahre Meister in diesem Spiel, das aber nicht mit dem Kopf durch die Wand gelingt. Ulrich Dehner, Coach aus Konstanz, weist auf drei Stoppschilder hin: „Erstens, nicht invasiv werden, also die Führungskraft zu stark bestimmen, man muss Rücksicht darauf nehmen, wohin sie will, was ihre Ziele sind. Zweitens, keinen Druck in Richtung Veränderung aufbauen. Das erzeugt Gegendruck, also Widerstand, der genau den Change verhindert. Drittens, der Führungskraft nicht die eigenen Lieblingslösungen aufdrängen oder gar als genialer Problemlöser seinen Narzissmus ausleben." (Changement 1/17, S. 25–27)

Change Management wird weiterhin ein Kosmos von Haltungen, Theorien, Konzepten, Modellen und Ansätzen bleiben. In diesem Kosmos wird immer mal wieder ein Fixstern hell aufleuchten. Kurt Lewin war so einer, Edgar Schein, Karl Weick, Chris Argyris, Fred Massarik, Peter Senge und John Kotter ebenfalls. Otto Scharmer und einige andere möchten momentan gern zum Fixstern werden. Die meisten von ihnen verglühen bei der Erdannäherung wie Sternschnuppen. So hat auch der systemische Ansatz, wenn er überreizt wird, seine Deutungshoheit schon wieder abgegeben. Aber seine moderaten Formen haben uns viel zu sagen.

Change Management ist und bleibt methodisch gesehen eine breite Spielwiese mit wenigen allgemeingültigen Regeln. Es gibt keinen überlegenen Ansatz, selbst wenn manche Change-Gurus für ihr Vorgehenskonzept die geistige Führerschaft in Anspruch nehmen. Und es gibt nicht allzu viel verlässliche empirische Evidenz *(siehe Infoboxen im Spannungsfeld 12)*. Change-Theorien bringen anregende Ideen, changen wird jeder selbst – nach eigenem Gusto *(siehe Kapitel III.4)*.

Beweglichkeit
agil ⇄ bürokratisch

Spannungsfeld

Der Begriff Agilität hat bei Managern und Consultants derzeit Hochkonjunktur, ohne dass ein einheitliches Verständnis darüber besteht, was mit ihm beabsichtigt wird. Er wird besonders gern verwendet, wenn ein Unternehmen aufgefrischt werden soll, mit dem Ziel einer größeren Beweglichkeit und Anpassungsfähigkeit. Die Ursprünge der Idee liegen in der Softwareentwicklung mit ihrem Agilen Manifest aus dem Jahr 2001. Ein solches Leitbild hat es aber bereits früher schon gegeben, nur mit anderen Begriffen: flexibel, adaptiv, subsidiär. Wo also liegt der heutige Reiz von Agilität?

Agilität setzt auf eine breite Mitwirkung und nimmt die hierarchische Herrschaft zurück *(siehe Spannungsfeld 11)*. Es gibt noch einen zweiten Wesenszug: Die Agilität verabscheut jede Form von Bürokratismus mit seinen formellen Regeln, die von Misstrauen gegenüber Führungskräften und Mitarbeitern auf der Umsetzungsebene geprägt sind. Statt auf Policies, Controlling und Compliance setzt Agilität auf Eigenverantwortung, Selbstorganisation und Entscheidungskompetenz vor Ort und damit auf den Abschied von der Vorstellung, dass das Topmanagement die Firma mit umfassenden Vorschriften steuert und im Griff behält.

Beispiele für agile Konzepte sind die Soziokratie mit dem Konsentprinzip, die Holacracy mit der integrativen Entscheidungsfindung und Beyond Budgeting mit der adaptiven Zielplanung. Derzeit experimentieren vor allem Start-ups mit diesen Techniken. Übrigens: Auch für die Agilität gelten bestimmte Gebote, etwa zur Eskalation bei Systemversagen und Regeln zum Brechen von Regeln. Agilität heißt also nicht die undisziplinierte Freiheit von Regeln, sondern Regeln für mehr Freiheit.

Verwandte Begriffe & Konzepte
agil: informell, Vertrauen, Empowering, Delegation
bürokratisch: formalisiert, Misstrauen, Vorschriften, Direktive

4. Spannungsfeld

„Proaktiv handeln!"

47 Gall, L.: Hardenberg: Reformer und Staatsmann, 2016
48 Häusling, A.: Agile Organisationen: Transformationen erfolgreich gestalten, 2017

Einerseits: agil

In Deutschland war man zwei Jahrhunderte stolz auf die geregelte preußische Bürokratie, die als Vervollkommnung von Verwaltung und Wirtschaft gesehen wurde.[47] Deshalb ist die Old Economy heute alles andere als agil. Wer sämtliche Geschäftsordnungen, Betriebsvereinbarungen und Paragrafenwerke für fast alle Tätigkeitsbereiche ernstnimmt, zeigt Gehorsam und Ergebenheit. Hinzu kommen die nationalen und europäischen Gesetze und Verordnungen. Um die daraus erwachsenden Versteifungen und Lähmungen zu beenden, braucht es mündige Mitarbeiter und Laissez-faire statt abhängig Beschäftigter und Regelungen par ordre du mufti. Heute kann doch kein vernünftiger Mensch mehr daran zweifeln, dass Agilität für Organisationen unverzichtbar geworden ist, um in dynamischen oder sogar disruptiven Märkten auch noch im nächsten Jahr zu existieren.[48] Denn je schneller Innovationen gelingen, desto größer ist der Vorsprung im Wettbewerb. Und am günstigsten wäre es, sich nicht reaktiv anzupassen, sondern den Wandel zu antizipieren und ihn proaktiv anzugehen. Dazu braucht es aber keine Dirigenten in der Teppichetage, kein Korsett aus Instruktionen und keine juristische Übervorsicht, sondern die Weisheit der vielen, die kollektive Intelligenz. Und es gilt, viele offizielle Regularien zu entsorgen, wobei dieses Kleingedruckte am besten ganz aus dem organisatorischen Gedächtnis entfernt wird. Das erst bringt die Erlösung von Formalismen, von einschnürenden Zwangsjacken und von der Gängelung durch Vorgesetzte. Vorgesetzte – was für ein schlimmer Begriff, als ob der Boss den Vorsitz ausübt und das eigenständige Denken seiner Abteilung erstickt.

„Erfahrungswissen nutzen!"

Andererseits: bürokratisch

Stabilität und Sicherheit ist die Sehnsucht der meisten Menschen, sieht man einmal von besonders wendigen Typen ab. Agilität muss man wollen. Für viele Führungskräfte und Mitarbeiter ist agil gleich fragil und damit instabil und unsicher. Agilität ist völlig ungeeignet, um als Patentrezept durchzugehen.[49] Man stelle sich beispielsweise einen CEO vor, der voll auf Agilität setzt und deswegen sämtliche Vorschriften abschafft: keine Policies, kein Controlling, keine Compliance, alles informell. Mit dieser neuen Freiheit geschieht bestimmt schon am ersten Tag irgendwo in der Organisation ein Desaster, für das der CEO haftet und, wenn es hart auf hart kommt, sogar im Gefängnis landet. Agilität bedeutet auch Risiko. Welcher Verantwortungsträger ist dazu bereit? Apropos Wagnis, man stelle sich nur eine Hochrisikoorganisation wie etwa den Luftverkehr, ein Atomkraftwerk oder das Rechnungswesen vor. Wer möchte denn, dass eine Flugzeugpilotin, ein Reaktortechniker oder eine Bilanzbuchhalterin das jeweilige Regelwerk beiseiteschiebt und die Anweisungen von oben missachtet, um beispielsweise statt in Zürich „agil" in Bern zu landen? In Regeln, Checklisten und Verfahrensvorschriften steckt das jahrzehntelange Know-how der Unternehmen, das aus früheren Problemen und Desastern entstanden ist. Die Mitarbeiter tun gut daran, sich angesichts ihrer begrenzten Rationalität auf dieses organisatorische Erfahrungswissen zu verlassen oder zumindest darauf zuzugreifen. Es stimmt: Formelle Regeln sind steif und dröge und manche Firmen übertreiben es mit dem Amtsschimmel. Aber man darf das Kind nicht gleich mit dem Bade ausschütten. Formalismen sind ein Wesenskern von Organisationen und Agilität ist oft dysfunktional.

49 *Kühl, S.: Organisationskulturen beeinflussen: Eine sehr kurze Einführung, 2018, S. 50–56; Kieser, A./Koch, U.: Bounded Rationality and Organizational Learning Based on Rule Changes, in: Management Learning, 39. Jg., 2008, H. 3, S. 329–347*

Leitfragen

1. Können die Mitarbeiter agil sein?
2. Dürfen die Mitarbeiter agil sein?
3. Wollen die Mitarbeiter agil sein?
4. Wie werden agile Freigeister an die (lange) Leine genommen?
5. Wird die Agilisierung durch agile Formate und agile Coachs unterstützt?
6. Wird die persönliche Verantwortung verwässert?
7. Welche organisatorischen Ressourcen sind langfristig gebunden?
8. Ist das bürokratische Regelwerk noch zeitgemäß?

Situative Entscheidung

Agil ...

1. **... wenn die Bürokratie merklich zurückgefahren wird:**
   Die Formalisierung einer Organisation mittels Richtlinien ist durchaus gut gemeint, denn sie hat für die Mitarbeiter eine entlastende Funktion und bietet ihnen Halt.[50] Mit der Zeit ist vielerorts jedoch ein Dickicht bürokratischer Regelwerke entstanden. Die nachgeordneten Ebenen werden nicht zum Mitdenken motiviert, sondern zu ausführenden Organen degradiert. Auf eine Belegschaft wirkt Bürokratie wie das Verbot, eigenständig etwas zu unternehmen. Wenn eine Firma stattdessen auf Agilität setzt, muss das Wissen über die grundsätzlichen Ziele (und die gangbaren Wege) breit gestreut werden, damit sich alle Führungskräfte und Mitarbeiter innerhalb dieses Rahmens ausrichten und dessen Grenzen austesten können. Im Grunde entspricht die Agilisierung einer Organisation der jugendlichen Emanzipation von der strengen Erziehung fürsorglicher Eltern.

   50 *Weber, M.: Wirtschaft und Gesellschaft, 1972 (5. Aufl.)*

2. **... wenn keine Hidden Rules die vorgebliche Beweglichkeit wieder einschränken:**
   Nicht nur formale Regeln, sondern auch die sogenannten organisatorischen Glaubenssätze führen zur Erstarrung, weil sie eine Grenze des Erlaubten ziehen und dahinter eine Verbotszone festlegen. Beispiel: „Fragen Sie besser immer vorher Ihren Chef!" Solche Hidden Rules sind

nicht schriftlich verfasst, es reichen der böse Blick und die kurze Bemerkung. Meist braucht es nicht einmal solche Signale, weil die Menschen einer Organisation gelernt haben, was richtiges und was falsches Verhalten ist, wie kleine Kinder: „Du sollst nicht insgeheim naschen!" Wenn Unternehmen selbstkritisch sämtliche Glaubenssätze auflisten, kommt oftmals eine erschreckend umfangreiche Selbstzensur ans Tageslicht. Die Glaubenssätze widersprechen zudem meist dem expliziten Firmenleitbild, wie etwa Entrepreneurship. Statt Schranken im Kopf erfordert Agilität möglichst wenig implizite Vorschriften und die Bereitschaft zum Tabubruch.

3. ... **wenn die Mitarbeiter dazu in der Lage sind:**
Hinsichtlich ihrer Bereitschaft und Fähigkeit zur Agilität sind die Belegschaften normalverteilt, besonders in der Old Economy. In Organisationen gibt es nicht nur „Agile People", denen eine Chance geboten werden muss, damit sie endlich die bürokratischen Bürden abstreifen. Vermutlich liegen achtbare Beweggründe vor, weshalb sich ein anderer Typus für eine nicht agile Tätigkeit im Unternehmen entschieden hat. Weil Agilität nicht seinem Naturell entspricht. Auch bürokratisierte Aufgabenbereiche und deren Mitarbeiter haben einen Wert für die Firma, weshalb man sie nicht unter das Joch des agilen Zeitgeists zwingen sollte.

4. ... **wenn kulturelle Anker die Bindungskräfte verstärken:**
Das agile Rollenmodell kann leicht zu unerwünschten Entwicklungen führen. Durch die individuelle Beweglichkeit geht der Sinn für das große Ganze verloren und die soziale Integration, die jede Organisation benötigt, schwächt sich ab. Zudem erwächst eine fragmentierte Weltsicht und ein Fokus auf Spezialprobleme, von denen die übrigen Kollegen nicht einmal wissen, dass es sie gibt. Damit verstärkt eine Agilisierung die Fliehkräfte des Unternehmens. Um das schwindende Zugehörigkeitsgefühl zu kompensieren, müssen die Zugkräfte gestärkt werden, was am besten mit einer starken Firmenkultur gelingt.[51] Die agilen Vorbilder weisen allesamt einen starken kulturellen Kern auf und investieren laufend in ihren Zusammenhalt. Von den Gesamtverantwortlichen müssen absichernde Eingriffe zur Identitätsbildung vorgenommen werden. Ansonsten gerät die Organisation in Gefahr, zunächst ins Trudeln zu geraten und sich dann selbst überflüssig zu machen.

5. ... **wenn das Vorgehen und die Instrumente mit Expertenunterstützung erlernt werden:**
Der Aufschwung agiler Formate wie Stand-up-Meeting, Retrospektive und Sprint beruht nicht zuletzt auf der Unzufriedenheit mit traditionellen Abstimmungen wie Workshops, die vielerorts als Zeitdiebe erlebt werden. Es gibt agile Verfahren (wie etwa Scrum, Kanban und Minimal Viable Products, die aus der Softwareentwicklung stammen) sowie das Design Thinking, mit denen ein agiler Prozess durchgeführt werden kann, am besten begleitet durch einen Coach, der das Vorgehen, die

---

51 Gergs, H.-J. u. a.: *Das Agilitäts-Stabilitäts-Paradox: Was Unternehmen von Kampfflugzeugen, James Bond und östlicher Philosophie lernen können*, in: Geramanis, O./ Hutmacher, S.: *Identität in der modernen Arbeitswelt*, 2018, S. 177–188

Bedingungen und die Hemmnisse kennt. Es wäre nämlich ein Trugschluss zu glauben, dass eine traditionelle Firma von selbst agil wird. Die Agilisierung bürokratischer Unternehmen ist ein eigener, aufwendiger Veränderungsprozess, der Budgets und viel Zeit erfordert. Interne Kapazitäten werden gebunden und meist sind externe Spezialisten erforderlich. Die agile Transformation bedeutet eine erhebliche Investition und ist kein günstiges und rasches Unterfangen, das nebenher erledigt werden kann *(siehe Infobox „Individuelle Ausbruchsversuche")*.

Individuelle Ausbruchsversuche

Neben systemischen Ansätzen, die an der Organisation als Ganzes ansetzen, gibt es individuelle Anläufe, die die Menschen aus der Anonymität von Konzernen holen möchten. Derzeit besonders populär: Working out loud (WOL). Dieses Konzept basiert auf Ideen der beiden Amerikaner Bryce Williams und John Stepper und wurde im deutschsprachigen Raum als Graswurzelbewegung bei Bosch bekannt. WOL ist eine Form des selbstorganisierten Peer-to-Peer Learning mit spezifischen und teils virtuellen Techniken, durch die Wissen eigenverantwortlich entsteht und miteinander geteilt wird.

Solche Ansätze sind bestenfalls erste Schritte einer kulturellen Transformation. Man müsse die Methode nüchtern sehen, meint der Kommunikationsexperte Jan Weilbacher: „WOL hat wenig Spektakuläres und besonders innovativ ist es auch nicht. Es ist kein Zufall, dass WOL gerade in Konzernen auf eine große Begeisterung trifft, wo die Menschen häufig unter mangelnder Sichtbarkeit, Bürokratie, starken Hierarchien oder einer Abschottung von Abteilungen und Bereichen leiden. Mit wachsender Beliebtheit werden die Beispiele zunehmen, in denen WOL kaum Durchschlagskraft entfalten kann. Man sollte deshalb WOL nicht mit Erwartungen überfrachten. Der Ansatz gibt der Sehnsucht nach einer anderen, einer humanzentrierten Art zu arbeiten einen Namen und eine erste Struktur." (Changement 2/18, S. 4–7)

6. **... wenn bei Haftungsfragen kein Vakuum entsteht:**
Die sogenannte organisierte Verantwortungslosigkeit führt zu einem Zustand, an dessen Entstehen offiziell nichts auszusetzen ist, weil sich alle Beteiligten „richtig" verhalten. Die Ergebnisse bleiben allerdings oft weit unter den Erwartungen oder führen sogar zu rechtlichen Problemen, weil niemand letztverantwortlich und „schuld" ist.[52] Die Agilität reduziert die Macht und damit die persönliche Haftung, die bisher oben angesiedelt war, und verteilt sie in die Breite. Wenn Verantwortung verwässert wird, was besonders bei risikobehafteten Prozessen, Produkten und Systemen juristisch überhaupt nicht zulässig ist, wird Agilität durch interne Instanzen wie die Revision vorsichtshalber stark eingeschränkt *(siehe Spannungsfeld 12)*. Momentan werden zwar fehlertolerante Organisationen gefordert und das persönliche Scheitern als Lernquelle gefeiert. Allerdings verhindern der fehlertolerante Reifegrad von Organisationen sowie die Justiziabilität von Verantwortung in vielen Fällen eine stärkere Agilisierung.

52 *Claßen, M./Gärtner, C.: Schmerzen in der Matrix? Alternativrezepte zur Organisation der Personalarbeit, in: Organisationsentwicklung 3/2012, S. 87–93*

7. ... wenn die Ressourcenbindung gering ist:
Falls die finanziellen Ressourcen manövrierfähig sind, was eher im Dienstleistungssektor als in der produzierenden Industrie der Fall ist, lässt sich ein Unternehmen leichter agilisieren. Kapitalintensive Branchen treffen hingegen langfristige Investitionsentscheidungen, die die materiellen Ressourcen über große Zeiträume binden (Fixkosten). Beispielsweise lässt sich ein Produktionswerk in Mexiko nicht agil nach Texas verlagern, sobald sich die Handelshemmnisse verschärfen. Auch die personellen Ressourcen von Unternehmen sind unterschiedlich fluid. Eine Firma mit langfristigen Betriebsvereinbarungen ist weniger agil als ein Betrieb, der sich in den Grauzonen von Arbeitsgesetzen bewegt. Damit wird deutlich, dass die Stellschrauben des Change-Leaders jeweils ein unterschiedliches Agilitätspotenzial aufweisen.

8. ... wenn die Formalismen aus der Zeit gefallen sind:
Die Agilisierung gelingt umso leichter, je verstaubter das bürokratische Regelwerk erscheint. Besonders in den vielerorts altbacken wirkenden Gesten mit Symbolcharakter wie dem Siezen oder dem Krawattenzwang wird dies deutlich. Die Protagonisten von Agilität sollten freilich stets ihre überzeugende Antwort auf eine Frage parat haben: Haben sich die Umstände tatsächlich derart verändert, dass das im Regelwerk ausgedrückte Organisationswissen von gestern in der Gegenwart keine stimmigen Lösungen mehr bietet und damit überholt ist? Übrigens: Hinsichtlich des Duzens und des offenen Hemdknopfs ohne Schlips ist mittlerweile hier und dort wieder eine „Entlockerung" zu beobachten.

Erfahrung und Empfehlung

Agilität ist zum Erfolgsfaktor für das Management der 2020er-Jahre erklärt worden, weil damit der bürokratische Ballast aus der Vergangenheit abgeschüttelt wird (Changement 4/18, S. 4–9 und S. 20–22). Mit der Agilität ist das aber so eine Sache, weil sie fragile Zustände bringt. Denn sie verzichtet auf „vier große H": Halt, Heimat, Historie und Hoheitsakte. Agilität stellt sich gegen Formalitäten (und Hierarchien), was von vielen Middle Managern und den sogenannten einfachen Mitarbeitern als Befreiung empfunden wird. Der agile Sehnsuchtsort namens Freiheit steht allerdings im Widerspruch zum stabilen Sehnsuchtsort namens Sicherheit, die von ebenfalls vielen Menschen in der Arbeitswelt geschätzt wird.

Halt: Die Agilität setzt auf eine Belegschaft, die sich frei bewegen möchte. „Agile People" sind derzeit freilich noch eine rare Spezies, weil Agilität viele Menschen überfordert. Denn sie hält soziale Gewissheit nur in kleiner Dosierung bereit. Viele Mitarbeiter suchen Guidance von ihrem Boss: „Was soll ich tun und wie soll ich es tun?" Beides sind Fragen, auf die sie verbindliche Antworten des Chefs erwarten. Hingegen beantworten Agile People sich diese Fragen selbst, weil sie ihr Thema eigenverantwortlich lösen möchten. Der individuelle Reifegrad hinsichtlich Agilität ist recht unterschiedlich. Man wird Agile People kaum in Behörden oder im Shared Service Center antreffen. Wenn Agilität vom vorschriftsorientierten Typus erwartet wird, weil die gesamte Organisation agil werden soll, muss dies scheitern, da solche Menschen weiter nach Klarheit und Wahrheit suchen (sowie interne und externe Regeln beachten müssen). Somit entstehen Reibungen zwischen agilen Bereichen eines Unternehmens, beispielsweise im Marketing, und nicht agilen Funktionen, wie etwa die Produktion. Es gibt ganze Berufsgruppen wie den Triebfahrzeugführer im ICE, die Kassiererin im Supermarkt oder den Schiedsrichter auf dem Fußballplatz, von denen sich niemand eine eigenständige Auslegung der jeweiligen Regeln wünscht, sondern die sture Beachtung von Bestimmungen. Auch für Wandelvorhaben sind ein Vorstandsbeschluss bzw. Entscheidungen im Lenkungsausschuss ein verbindliches Übereinkommen und keine Meinungsäußerung, die im weiteren Projektverlauf flexibel ausgelegt wird.

Heimat: Die Agilität setzt auf Menschen, die fast schon wie Vagabunden umherziehen: eigenständig, unabhängig und rastlos. Viele Mitarbeiter sehnen sich jedoch nach einer stabilen Gemeinschaft, in der sie sich heimisch fühlen. Sie erwarten von ihrer Firma psychologische Sicherheit und handlungsentlastende Routinen. Das Unternehmen muss, wenn es agiler werden möchte, im Gegenzug stabile Anker und einen kulturellen Kern bieten. Die meisten Forscher und Berater betonen mittlerweile die Abstützung von Agilität durch eine starke Organisationskultur.[53]

[53] McGrath, R.: The End of Competitive Advantage. How to Keep Your Strategy Moving as Fast as Your Business, 2013

Historie: Die Agilität setzt auf möglichst wenige Formalismen und stattdessen auf individuelle Erkundungsprozesse. In Unternehmen gibt es deshalb das Credo, man könne durchaus fehlerhaft sein, aber tunlichst nur einmal und falls man daraus für die Zukunft lernt. Nun haben langjährige Mitarbeiter bestimmte Fehler längst gemacht, diese Erkenntnisse in Regelwerke gegossen und im Knowledge Management System erfasst. Warum sollen offensichtliche Learnings, selbst wenn sie einen bürokratischen Charakter annehmen, wegen agiler Fantasien keine Gültigkeit mehr haben? Mancherorts wirkt die Agilisierung wie die antiautoritäre Erziehung, mit der kleine Kinder die Erfahrung machen sollen, dass eine Herdplatte gelegentlich heiß sein kann. Agilität erhöht die Gefahr, sich wieder und wieder die Finger zu verbrennen.

Hoheitsakte: Die Agilität setzt auf eine möglichst weitgehende Reduktion von Macht und Kontrolle. Viele Firmen schützen sich jedoch weiterhin durch ein dichtes Regelwerk vor allzu agilen Führungskräften und Mitarbeitern. Ausdruck dieses Misstrauens ist ein unüberwindbares Kommandosystem aus Governance, Budgets, Policies, Compliance, ISO-Zertifikaten und den Tugendwächtern wie etwa Revisoren, Controllern und Auditoren. Die meisten Unternehmensführer denken sich offenbar: „Besser keine individuelle Freiheit, als dass ich wegen irgendwelcher Verfehlungen meiner Leute in Handschellen aus dem Büro geführt werde und monatelang in Untersuchungshaft sitze." Deshalb haben Organisationen ihre Aufpasser – in manchen DAX-Unternehmen mit einer Stärke von über 1.000 Mitarbeitern – und eine Null-Toleranz-Doktrin, die von einer Compliance-Industrie aus Rechtsanwälten, Wirtschaftsprüfern und weiteren Kontrolleuren flankiert wird. Damit die Organisation und ihre Leader offiziell sauber bleiben. Übrigens: Das englische Adjektiv „compliant" bedeutet „folgsam, fügsam, gefällig" und steht damit im Gegensatz zu „agile".

Halt, Heimat, Historie und Hoheitsakte verhindern besonders in der Old Economy den agilen Aufbruch. Es bleibt bei der Nabelschau, dem Vorsichtsprinzip und einer nicht mehr gerechtfertigten Selbstbeweihräucherung, womit der Rückstand in kompetitiven Märkten größer wird. Für nicht wenige Firmen und sogar ganze Branchen, etwa in der Versorgungswirtschaft und im intermediären Handel, muss man schwarzsehen – von wenigen positiven Ausnahmen abgesehen. Dort ist Agilität die permanente Bereitschaft zur Korrektur bisheriger Entscheidungen durch neuartige Erkenntnisse, und zwar ohne allzu große formelle Einschränkungen. Die Sollbruchstellen sind bereits eingebaut. Agilität bringt kurze Halbwertszeiten (sowie oftmals vage Begründungen für die Kehrtwenden) und bietet daher wenig bis keine Stabilität und Sicherheit. Das ist gewollt und wird von vielen Menschen als unangenehm empfunden.

Weil Agilität momentan ein selten hinterfragtes Schlagwort ist, dient sie auch immer wieder als törichte Ausrede für die Kurzlebigkeit vieler Entscheidungen, den Abschied von der langen Linie und das mikropolitische Taktieren. Was gar nicht mehr anders möglich sei, so die Schutzbehauptung, man könne heute nur noch auf Sicht fahren. Auf den ersten Blick besitzt diese Erklärung einen gewissen Charme. Allein, es bleibt ein flaues Gefühl. Die Belastungen aus der VUCA-Welt können nicht komplett von der Organisation auf vermeintlich in sich gefestigte Mitarbeiter und deren individuelle Agilität abgewälzt werden. Viele Menschen reagieren auf das schwadronierende Hin und Her des Change-Leaders mit Katzenjammer und Katerstimmung und wünschen sich eine klare Ansage. Übrigens: In der Pädagogik wird längst von allzu großer Agilität abgeraten, weil die jungen Menschen dadurch verunsichert werden. Auch viele Erwachsene brauchen Stabilität und Sicherheit.

Bei Veränderungsprojekten erfordert das Spannungsfeld Beweglichkeit jedenfalls ein feines Gespür des Change-Leaders, wann die Unruhe konstruktive Energien freisetzt und wann, zumindest für eine gewisse Zeit, beruhigende Interventionen angebracht sind, um die destruktive Seite der Agilität zu zähmen. In Zeiten des Wandels ist von Agilität als Pauschalrezept abzuraten. Aber sie wird für die meisten Unternehmen an Bedeutung gewinnen: in einer Gleichzeitigkeit agiler und bürokratischer Welten unter dem Dach einer Firma, dem „dual operating mode" bzw. der vielbeschworenen Ambidextrie *(siehe Spannungsfeld 1)*.

Umfang und Weite
umfassend ⇄ fokussiert

Spannungsfeld

Wie breit wird die Transformation angelegt? Werden, weil die Organisation mit dem Veränderungsprojekt ohnehin gerade im Wandelmodus ist, möglichst viele Themen auf einmal angegangen? Oder beschränkt sie sich bewusst auf ein Problem, dessen Lösung den Durchbruch für die Zukunftssicherung bedeutet? Zumal weniger oft mehr ist, weil Menschen sich beim Multitasking leicht verheddern und sich besser auf Schwerpunkte konzentrieren können. Das Spannungsfeld kreist damit um die Frage, wie voll der Koffer für die Reise gepackt wird. Der Verzicht bringt leichtes Gepäck, das weniger bremst. Aber wird dann nicht etwas Wesentliches vergessen?

Verwandte Begriffe & Konzepte
umfassend: generell, komplett, total
fokussiert: priorisiert, selektiv, punktuell

Einerseits: umfassend

Organisationen sind Systeme und dort gilt eine einfache Regel: Wer an einer Schraube dreht, der verändert sofort das gesamte Gefüge. Es ist schier unmöglich, sich auf einzelne Teilaspekte zu beschränken, weil alles mit allem zusammenhängt. Veränderungsprojekte müssen umfassend angegangen werden, sowohl in räumlicher als auch in sachlicher Hinsicht. Man stelle sich etwa vor, die deutsche Wiedervereinigung wäre vor dreißig Jahren zunächst einmal nur in Sachsen gestartet und dort auf den Wirtschaftsbereich beschränkt worden. Sie war nur ganz oder gar nicht möglich, selbst wenn dadurch die Komplexität des Wandels bis heute hoch ist. Halbherzige Transformationen werden nicht gelingen: Wennschon, dennschon!

„Wennschon, dennschon!"

5. Spannungsfeld

„Konsequent priorisieren!"

Andererseits: fokussiert

Es gibt im Topmanagement zwei Wunschvorstellungen, die beide viel zu viel auf einmal wollen. Die eine: „Wir müssen die Umsätze steigern, die Kosten senken und deshalb unsere Kultur verändern!" Wer gleichzeitig die Top Line und die Bottom Line angeht und dabei auch noch das Mindset der Beschäftigten drehen möchte, der überfordert sein Unternehmen. Ab und an werden sogar noch die Digitalisierung und die Globalisierung draufgepackt. Die zweite: „Wir fassen zunächst die IT-Systeme an und – wenn wir schon mal dabei sind – dann optimieren wir die Prozesse, reformieren die Strukturen und aktualisieren die Strategie." Wer mit dieser sogenannten IT-enabled Transformation durch die technologische Hintertür in einem Aufwasch die gesamte Organisation neu erfinden möchte, der mutet seiner Firma zu viel zu.

Gemach, gemach! Wenn zu viele Veränderungsziele parallel angegangen werden, bleibt am Ende eine paralysierte Organisation. Besonders die ohnehin schwierigen Kostensenkungsprogramme werden am besten als eigenständiges, separates Projekt durchgeführt und nicht mit gleichzeitigen Wachstumsfantasien und Kulturprogrammen belastet. Zudem geht es nicht nur um die Breite von Projekten, sondern auch um deren Anzahl. Unternehmen sollen sich auf wenige Wandelvorhaben konzentrieren, und zwar auf solche, die für Vision und Ziele den maximalen Beitrag leisten. Weil strategische Initiativen die Zeit des Topmanagements beanspruchen, können allenfalls fünf, besser aber nur drei Projekte gleichzeitig verantwortet werden, manchmal sogar nur ein einziges. Alles andere ist mit Disziplin und Konsequenz wegzupriorisieren: später, kleiner oder gar nicht.[54]

Vor allem dürfen Change-Leader nicht den Fehler machen, dringend und wichtig zu verwechseln. Wer ständig von einem dringenden To-do zum nächsten hetzt, verliert den Blick für das Wesentliche. Es gibt Topmanager, die sitzen in neun Lenkungsausschüssen – neben ihrer Vorstandsrolle. Ein solcher Hansdampf in allen Gassen vergisst leicht, warum er gerade tagt, und flüchtet sich in Worthülsen. „Mehr Effizienz" ist als Statement niemals falsch. Multitasking ist jedoch nur etwas für Computer, die parallel operieren. Für Menschen bleibt dies ein Traum, da wir sequenziell ticken. Uns wird nicht gelingen, alles auf einmal zu bewältigen: „In der Gegenwart können wir nur handeln, indem wir eines nach dem anderen tun. Als Menschen können wir immer nur eine Sache zu einem Zeitpunkt tun. Schritt für Schritt."[55]

[54] *Nieto-Rodriguez, A.: The Focused Organization: How Concentrating on a Few Key Initiatives Can Dramatically Improve Strategy Execution, 2012*

[55] *Gatterer, H.: Future Room: Entdecken Sie die Zukunft Ihres Unternehmens, 2018, S. 126–127*

Leitfragen

1. Muss eine akute Krise möglichst rasch ins Positive gewendet werden?
2. Hat die Organisation ein grundsätzliches Problem?
3. Wie verwoben sind die organisatorischen Prozesse, Systeme und Strukturen?
4. Können Teilbereiche der Organisation zunächst zurückgestellt werden?
5. Liegen bereits sämtliche Informationen vor?
6. Wie schwer fällt der Mut zur Lücke?

Situative Entscheidung

Umfassend ...

1. **... wenn keine Notoperation erforderlich ist:**
   Unternehmen können als Organismen verstanden werden – wie der Mensch. Bei uns würde keine Ärztin im Falle eines Blinddarmdurchbruchs unter derselben Narkose noch weitere Auffälligkeiten miterledigen, weil sie gerade dabei ist. Eine akute Krise, wie etwa ein Liquiditätsproblem mit Insolvenzgefahr, erfordert die Konzentration auf dieses eine große Problem, selbst wenn dadurch weitere Optimierungsbedarfe liegen bleiben oder sich sogar verschärfen (Changement 8/18, S. 22–27). Bei Notfällen gilt die Devise: das Wichtigste zuerst!

2. **... wenn es generelle Schwierigkeiten gibt:**
   Aus einer umfassenden Schieflage kommt eine Firma nur mit einer umfassenden Veränderung, falls eine Eingrenzung der Probleme nicht möglich ist. Unternehmensweite Krisen sind deshalb ganzheitlich anzugehen, indem an den Grundfesten gerüttelt wird und eine breite Business Transformation beginnt. Jede punktuelle Veränderung würde zu kurz springen und die generellen Schwierigkeiten womöglich noch verschärfen. Unternehmen im langjährigen Krisenmodus wie etwa die Deutsche Bahn benötigen eine komplette Neuaufstellung und keine selektiven Eingriffe. Andererseits dürfen Probleme nicht größer gemacht werden, als sie sind. Wenn es in einer divisionalen bzw. regionalisierten Firma in einer Business Unit bzw. in einem Land nicht stimmt, können die anderen Bereiche in Ruhe gelassen werden. Falls es beispielsweise in einem diversifizierten Konzern wie Siemens in der Sparte „Power and Gas" kriselt und Kostensenkungsprogramme laufen, bleiben die momentanen Erfolgssparten wie „Building Technologies" und „Digital Factory" davon unberührt. Dort finden dafür wachstumsorientierte Veränderungsprojekte statt (Stand Frühjahr 2019).

3. **... wenn das Veränderungsthema nicht isoliert werden kann:**
   Die Separierung des Wandelvorhabens von verwandten Herausforderungen gehört zu den schwierigsten Entscheidungen. Beispielsweise berührt mittlerweile jeder Unternehmensprozess stets auch die IT-

Systeme und strukturelle Fragen zur Governance. Kann sich der Change-Leader, wie ein Chirurg, auf ein spezifisches Organ konzentrieren, oder wird er, wie eine Internistin, eine ganzheitliche Behandlung vorschlagen. Es kommt darauf an! Denn wie beim menschlichen Organismus hängt in Organisationen letztlich alles mit allem zusammen. Gerade deswegen braucht es anfangs die ernsthafte Überlegung, ob nicht ein minimalinvasiver Ansatz besser ist als ein maximalexpansives Vorgehen. Es gibt Managertypen und externe Dienstleister, die dazu neigen, das Veränderungsthema aufzublasen, weil umfassende Verwicklungen für sie günstiger sind als ein fokussiertes Problemchen.

4. ... wenn alles nur auf einen Schlag möglich ist:
Es gibt Veränderungsprojekte, die nur gesamthaft angegangen werden können, wie etwa eine Reorganisation der ganzen Firma oder die Umsetzung gesetzlicher Regelungen. In anderen Fällen sollte man den „Big Bang" nicht als einzige Option ansehen und nichts überstürzen. Denn oft ist eine schrittweise Ausdehnung möglich, indem der räumliche und sachliche Geltungsbereich mittels Stufenkonzept peu à peu erweitert wird *(siehe Infobox „Pilotierung/Prototyping")*. Ein volkswirtschaftliches Beispiel ist die Einführung des Euros als Buchgeld im Jahr 1999, die in Griechenland erst zwei Jahre später erfolgte (was im Nachhinein betrachtet immer noch zu früh war).

Pilotierung/Prototyping

Probieren geht über Studieren. Was der Volksmund weiß, ist auch eine wesentliche Leitlinie für Transformationsprozesse in Organisationen. Mit der Pilotierung in einem abgegrenzten Teilbereich werden – als bewusste Lernphase – die konzeptionellen Überlegungen auf den Prüfstand gestellt, um Fragen der Effizienz, Effektivität und Akzeptanz im Feldversuch zu testen. Das Ziel ist es, vor der flächendeckenden und vollumfänglichen Einführung praktische Anwendungserfahrungen zu gewinnen und zur weiteren konzeptionellen Optimierung zu nutzen. Bei einer Pilotierung geht es darum, die Fehlerquellen und Verbesserungsbedarfe frühzeitig aufzudecken und vor dem großen Rollout zu beheben. Basis einer Pilotierung ist meist ein Prototyp oder neuerdings ein sogenanntes Minimum Viable Product. Gelegentlich werden verschiedene Lösungsvarianten getestet, um deren Vor- und Nachteile zu vergleichen.

Erfahrungsgemäß gibt es für die Pilotierung drei Erfolgsrezepte: erstens den Testlauf quasiexperimentell anzulegen, um evidenzbasierte Ergebnisse zu gewinnen. Zweitens für den Feldversuch einen freundlich gesinnten Bereich zu benutzen (go with your friends). Drittens die erfolgreichen Pilotierer als Testimonial im Projektmarketing einzusetzen (proof of concept).

5. ... wenn alle wesentlichen Fakten bekannt sind:
Umfassende Wandelvorhaben erfordern umfangreiche analytische Vorarbeiten *(siehe Kapitel III.1)*. Erst wenn diese erledigt sind, liegen alle

erforderlichen Informationen vor und die Veränderung kann beginnen. Meist werden anfangs aber nur einige wenige Teilbereiche analysiert, für viele andere fehlen noch die grundlegenden Vorarbeiten. Man spricht dann von „known unknowns" oder „blind spots".[56] Falls bei einer umfassenden Veränderung für die meisten betroffenen Bereiche zunächst vage Annahmen getroffen werden müssten, wartet man besser noch ab, bis die Informationslage auf breiteren Füßen steht. Ansonsten wächst die Gefahr, dass aus einer Momentaufnahme die falschen Schlussfolgerungen für die gesamte Firma gezogen werden. Andererseits sollte sich der Change-Leader nichts vormachen und annehmen, er sei der Allererste, der ein Wandelvorhaben angeht. Bei vielen Veränderungsprojekten – etwa Kostensenkungsprogrammen, Shared Service Center, HR Business Partner, IT-Innovationen – gibt es standardisierbare Erfahrungen, die durch Lernbesuche bei den Vorreitern sowie den Einsatz erfahrener Berater übertragen werden können.

[56] *Taleb, N. N.: The Black Swan: The Impact of the Highly Improbable, 2007; Luft, J./Ingham, H.: The Johari Window, a Graphic Model of Interpersonal Awareness, in: Proceedings of the Western Training Laboratory in Group Development, 1955*

6. ... wenn der Kern eines Problems übersehen wird:
Die umfassende Transformation ist gelegentlich bloß eine Notlösung, wenn der wichtigste Hebel zur organisatorischen Zukunftssicherung vom Topmanagement nicht erkannt wird. Dann ziehen Change-Leader den Schuss mit der Schrotflinte vor, weil damit vermutlich irgendein Treffer gelandet wird. Der aber, dies wissen erfahrene Jäger, oft ein weidwundes Tier in die Flucht jagt. Die bessere Alternative ist, genauer zu zielen, um das wesentliche Übel zu erlegen und nicht alle Mängel anzuschießen.

Erfahrung und Empfehlung

In einem typischen mitteleuropäischen Konzern laufen neben den bereits zum Alltag gehörenden Restrukturierungs-, Reorganisations-, Wachstums-, Innovations- und Digitalisierungsprogrammen noch Initiativen zu Harmonisierung (One Company), Benchmarking (World Leading), Integration (Post Merger), Talent Management (Employee Experience), Unternehmenskultur (Leadership 2025) und einigem mehr. Inhaltlich haben diese multiplen und parallelen Projekte immer Zielkonflikte, personell bringen sie stets Engpässe. Das ist Wahnwitz: viel zu viel Bewegung.

In vielen Studien wurden „zu viele Aktivitäten auf einmal" als Misserfolgsfaktor Nummer eins bei der Umsetzung identifiziert.[57] Weniger ist mehr. Wer zu viel auf dem Zettel hat, der verzettelt sich. Dieses Spannungsfeld neigt sich deutlich der fokussierten Seite zu, weg von umfassenden Veränderungsprojekten, trotz oder gerade wegen der VUCA-Welt. Priorisierte Vorhaben sind dem breit angelegten Wandel deutlich überlegen. Mit einigen, selbst größeren Missständen können Unternehmen und die Menschen darin ganz gut leben. Der Harvard-Professor Michael Porter bringt es auf den Punkt: „Der Kern einer Strategie besteht darin zu bestimmen,

[57] *Claßen, M. u. a.: Change Management Studie 2005; Hansen, M. T.: Great at Work: How Top Performers Do Less, Work Better, and Achieve More, 2018*

was man nicht macht."⁵⁸ Denn die Wettbewerber sind ebenfalls weit davon entfernt, perfekt zu sein. Sie kochen auch nur mit Wasser. Und die in den Medien gehypten Musterfirmen wie Apple, Amazon und Alphabet werden – wie sämtliche erfolgsarroganten Superstars der bisherigen Menschheitsgeschichte – bald schon schwächeln und zum durchschnittlichen Unternehmen schrumpfen.

Dem Change-Leader ist deshalb der konsequente Verzicht anzuraten: so wenig wie irgendwie möglich und nur so viel wie unbedingt nötig. Das Multitasking mit seiner Devise „alles auf einmal" (und am besten sofort) führt zur individuellen und organisatorischen Überforderung. Für Transformationen gibt es deshalb vier Empfehlungen:

» Veränderungsprojekte sind kleinstmöglich anzulegen, indem die räumliche und sachliche Reichweite eingeschränkt wird. Allerdings erfordert das Scoping meist ein doppelzüngiges Vorgehen. Für die Implementierung ist die Fokussierung anzuraten, da ansonsten die Komplexitätskosten zu gewaltig werden. Bei der Kommunikation sind Veränderungen hingegen oftmals umfassender aufgesetzt, indem sie in das große Ganze eingeordnet werden (Big Picture).
» Sämtliche Wandelvorhaben einer Organisation sind durch das sogenannte Multiprojektmanagement zu synchronisieren. Diese Abstimmung paralleler Projekte – samt dem laufenden Tagesgeschäft – führt eigentlich immer zur Erkenntnis, dass auswegsose Engpässe bei den Ressourcen oder unlösbare Widersprüche bei den Entscheidungen auftreten. Dann müssen weniger wichtige Themen aufgegeben oder zumindest zeitlich zurückgestellt werden.
» Frische Change-Ideen, so wichtig sie zunächst auch erscheinen mögen, müssen ebenfalls durch das Nadelöhr Multiprojektmanagement. Nur dort bekommen sie eine Zulassung, weil es fatal wäre, sie einfach noch draufzusatteln. Agile, digitale und weitere mit Buzzwords beworbene Projekte bekommen keinen Sonderstatus und dürfen nicht einfach so loslegen.
» Einmal im Jahr empfiehlt sich eine Art Frühjahrsputz, sogenannte Stop-Doing-Initiativen, mit denen das Projektportfolio konsequent bereinigt wird, indem Prio-B-Vorhaben abgebrochen werden. Zudem sind fertige Veränderungsprojekte offiziell zu beenden, damit alle wissen, dass man damit durch ist. Denn viele Führungskräfte und Mitarbeiter wissen nicht mehr, was in ihrem Unternehmen gerade en vogue ist und wo die Bewegung der Organisation hingeht.

„Aim high but be realistic" ist der Grundsatz neuseeländischer Behörden bei der Verbesserung der Wasserqualität in den dortigen Flüssen. Dieses Motto von der anderen Seite der Erde ist auch eine gute Leitlinie bei hiesigen Veränderungsprojekten im Business. Übrigens: Der Mehrwert von Beratern besteht oftmals allein darin, auf Priorisierung und Fokussierung hinzuweisen. Darauf kann der Change-Leader auch selbst kommen.

---

58 Porter, M. E.: What Is Strategy?, in: Harvard Business Review, 74. Jg., 1996, H. 6, S. 61–78

Sorgfalt und Tiefgang

wesentlich ⇄ ganzheitlich

Spannungsfeld

Während es beim vorigen Spannungsfeld um den sogenannten Scope des Wandelvorhabens gegangen ist, geht es nun um die Gründlichkeit des Veränderungsprojekts (depth of content): Wie tiefschürfend wird die Transformation angelegt? Und wäre es schlimm, wenn die vermeintlich nebensächlichen Aspekte zur Vereinfachung ausgeblendet werden? Der modische Begriff „ganzheitlich" wird hier in seinem allumfassenden Sinn verstanden: „Ganzheitlichkeit ist die Betrachtung einer Sache in der systemischen Vollständigkeit aller Teile sowie in der Gesamtheit ihrer Eigenschaften und Beziehungen untereinander" (Wikipedia). Dies steht im Gegensatz zum Begriff „wesentlich", der hier als Beschränkung auf des Pudels Kern gemeint ist. Hingegen ist die Ganzheitlichkeit dadurch gekennzeichnet, dass sie ein Thema im größeren Zusammenhang darstellt und auch Randaspekte nicht weglässt.

Das Spannungsfeld ist nicht nur für die inhaltliche Bearbeitung bedeutsam, sondern auch für die Change-Kommunikation. Die „wesentliche" Kommunikation setzt auf den einseitigen Management Summary, die kurze Elevator Speech und Checklisten im Bullet-Point-Stil. Die „ganzheitliche" Kommunikation verwendet längere Ansprachen und ein ausführliches Detailkonzept (plus umfangreichen Anhang).

Verwandte Begriffe & Konzepte
wesentlich: maßgeblich, reduziert, essenziell
ganzheitlich: vollständig, holistisch, universal

„Kompliziert kann jeder!"

Einerseits: wesentlich

„Zu einem großen Manne gehört beides: Kleinigkeiten als Kleinigkeiten und wichtige Dinge als wichtige Dinge zu behandeln" (Gotthold Ephraim Lessing zugeschrieben). Wenn man dieses Statement auch auf große Frauen bezieht, wäre eigentlich schon alles gesagt. Punkt!

Und um gleich mit einem Vorurteil aufzuräumen: Einfach ist nicht leicht. Im Gegenteil, die Reduktion auf das Wesentliche gehört zu den größten Managementkünsten. Kompliziert kann jeder. Mit den vielen Details von Veränderungsprojekten mag sich gerne derjenige ausführlich beschäftigen, der die Muße dafür hat. Aber wer hat die heute noch? Professionelle Führungskräfte zeichnen sich dadurch aus, dass sie rasch die zentralen Aspekte eines Problems erfassen und in kompakte Lösungen übersetzen. Alles um diesen Kern ist Zierrat, der Lebenszeit kostet, und die ist bekanntlich knapp bemessen. Wer liest denn Textwüsten wie die Gebrauchsanweisungen technischer Produkte? Hier geht es nicht um den Anwender, sondern darum, dass sich die Hersteller rechtlich schützen möchten – wobei eh klar ist, dass man seine Katze nicht zum Trocknen in die Mikrowelle schiebt. Wer dies dennoch macht, dem ist selbst mit einer hundertseitigen Folienschlacht nicht mehr zu helfen.

Bis auf manche Rentner an der Supermarktkasse wünschen sich die Menschen, dass ihr Gegenüber auf den Punkt kommt. Das KISS-Prinzip (keep it simple & smart) plädiert für die Reduktion: in der Designsprache, bei den Werbebotschaften und bei der Gestaltung des Wandels. Wobei statt „smart" auch Begriffe mit ähnlicher Bedeutung verwendet werden, wie „short" oder „stupid". Denn wer in einer Welt voller Reize noch wahrgenommen werden möchte und die Einstellung und das Verhalten von Mitarbeitern zu verändern wünscht, muss mit diesen Reizen sparen und sich bei seinen Botschaften auf das Wesentliche beschränken. Wer umständlich (also nicht smart), langatmig (also nicht short) oder abgehoben (also nicht stupid) kommuniziert, wird sein Publikum schnell verlieren oder erst gar nicht erreichen. Dies erklärt beispielsweise den Erfolg von Twitter, wo es selbst nach der Verdoppelung auf 280 Zeichen pro Tweet keine Ausläuffläche für Laberei gibt.

Wer vom Denken ins Handeln kommen muss, wie der Change-Leader, kann nicht zu lange reflektieren, sondern darf die vielen Kinkerlitzchen am Wegesrand rasch ignorieren. Okay, vor wichtigen Entscheidungen mag er meinetwegen eine Nacht darüber schlafen, länger nicht, denn zu viel Grübelei schadet.[59] Tiefgründiges Innehalten und geistreiche Höhenflüge beeinträchtigen den Fortschritt. Bei Veränderungsprojekten geht es darum, loszulegen und voranzukommen. Am meisten stören die vielen Wenn und Aber intellektueller Change-Leader, nach deren Wortschwall man nicht nur ermattet ist, sondern gar nicht mehr weiß, was sie letztlich wollen. Für alle Nordlichter gilt deshalb: „Butter bei die Fische." Und für die Menschen im Süden und in den Alpenländern: „Ran an den Speck!"

59 *Neuberger, O.: Rate mal! Phantome, Philosophien und Phasen der Beratung, in: Augsburger Beiträge zu Organisationspsychologie und Personalwesen, 1997, S. 33*

Andererseits: ganzheitlich

Besteht das echte Leben nicht aus Wenn und Aber? Das Wesentliche hat einen großen Nachteil: die Ausblendung des angeblich Unwesentlichen, weil dies als verzichtbarer Ballast eingeschätzt wird. Darf der Change-Leader dies einfach so festlegen? Zumal der Teufel im Detail steckt: „Es ist alles immer viel komplizierter" (Ludwig Marcuse zugeschrieben). Die Vereinfachung gelingt nur denen, die sich zuvor intensiv mit allen Umständen beschäftigt haben. Falls die Konzentration auf das Wesentliche dazu führt, dass erfolgswirksame Faktoren übersehen werden, grenzt dies fast schon an Betrug. Oder etwas milder ausgedrückt: „Wenn der dramatische Reichtum der konkreten Welt auf griffige Formeln reduziert wird, bedeutet dies eine fürsorgliche Infantilisierung mündiger Menschen."[60]

„Der Teufel steckt im Detail!"

Bei der Frage, wesentlich oder ganzheitlich, geht es um weit mehr als nur um die Kommunikation, sondern darum, ob ein Sachverhalt vollständig durchdrungen wird. In unserer VUCA-Welt zählt nur die ganzheitliche Lösung und die ist nicht auf die leichte Schulter zu nehmen. Wer es sich einfach macht, macht es sich zu einfach. Donald Trump ist …, die Italiener sind …, der Brexit wird …! Wie auch immer wir solche Sätze kurz und knapp ausformulieren: Die Aussage ist pauschal, steckt voller Vorurteile und wird sämtlichen Umständen, die man beachten sollte, nicht gerecht.

60 *Schulze, G.: Krisen: Das Alarmdilemma, 2011*

Im Change Management will man die Wahrheit erkennen oder zumindest das, was man für die Wirklichkeit hält. Tiefgang kostet dann eben mehr Zeit und Geld. Für den Dünnbrettbohrer bedeutet dies Verschwendung. Wer Veränderungsprojekte jedoch auf oberflächliche Headlines reduziert, ist der Unterschlagung von Sachverhalten verdächtig, bei deren Kenntnis eine Entscheidung – möglicherweise – ganz anders ausgefallen wäre. Und wenn sich Dienstleister mit Werbesprüchen wie „alles easy" positionieren, dann verraten sie damit nur ihre Oberflächlichkeit.

Wir können die Lösung komplexer Themen doch nicht deshalb auf das scheinbar Wesentliche reduzieren, weil manche Menschen nur noch simple Parolen verstehen. Wenn jemand an einer Entscheidung mitwirken möchte, muss er sich in die Details einarbeiten und manche Unsicherheiten und Widersprüche aushalten. Wenn nicht, soll er sich raushalten und die jeweils Zuständigen entscheiden lassen, die die Bereitschaft mitbringen, dem Thema auf den Grund zu gehen.

6. Spannungsfeld

Leitfragen

1. Was für ein Typus ist der Change-Leader?
2. Mit welchen Argumenten haben sich die Gegner gewappnet?
3. Wo liegt die Reizschwelle des Publikums?
4. Welche Kommunikationskanäle werden nachgefragt?
5. Geht durch eine Vereinfachung die Zustimmung verloren?
6. Setzt die Organisation bewusst auf einfache Lösungen?
7. Wie bedeutsam ist das Geschehen im Umfeld des Wandelvorhabens?

Situative Entscheidung

Wesentlich ...

1. **... wenn der Gesamtverantwortliche ungern Aktenordner wälzt:**
   Dieses Spannungsfeld wird von den Vorlieben der Change-Leader geprägt. Handelt er mit dem Blick für das „große Ganze" oder arbeitet sie sich in jedes kleinste Detail ein? Wer dem ersten Typus mit tiefschürfenden Abhandlungen kommt, der gilt als pedantischer Erbsenzähler. Wer dem zweiten Typus oberflächliche Begründungen liefert, der verliert das Vertrauen. Wenn sich die Präferenzen des Topmanagements von denen ihrer Change-Manager unterscheiden, sind unproduktive Konflikte zu erwarten.

2. **... wenn die Opposition auf wackligen Beinen steht:**
   Immer seltener kann der Change-Leader jedoch darauf bauen, dass ihm seine Gegner argumentativ nichts entgegenzusetzen haben. Viele Widersacher sind direkt betroffen, arbeiten sich mit großem Engagement in die Sachthemen ein und bringen kluge Argumente vor, die nicht leichter wiegen als die der Befürworter. So wird heute beispielsweise bei Infrastrukturprojekten mit Bürgerinitiativen, Rechtsanwälten und Gutachtern ein Gefecht auf hohem Niveau ausgetragen, bei dem sich der Change-Leader nicht vorschnell überlegen fühlen sollte. Deshalb muss er den fachlichen Tiefgang mitgehen und bestenfalls immer ein, zwei Schritte weiter sein. Dies kostet Zeit, Geld und Nerven. In der wenig involvierten (und kaum interessierten) Öffentlichkeit bewegt sich die Diskussion aber weiterhin nur an der Oberfläche.

3. **... wenn die Stakeholder keine Muße haben:**
   Eine häufig zitierte Studie hat herausgefunden, dass die menschliche Aufmerksamkeitsspanne gerade einmal acht Sekunden beträgt, sogar bei einem Goldfisch sei sie länger.[61] Das wäre in etwa die Zeit, die für das Vorlesen des vorherigen Satzes benötigt wird. Die sogenannte Aufmerksamkeitsökonomie beruft sich auf solche Analysen und zieht daraus den Schluss, dass die menschliche Konzentration ein knappes Gut ist. Unser Interesse verfliegt schnell und muss immer wieder mit attraktiven Impulsen geweckt werden. Kommunikationsexperten leiten daraus eine

[61] zur Studie von Microsoft Kanada (2015) und zur Kritik daran siehe Maybin, S.: Busting the attention span myth, 10.03.2017, www.bbc.com/news/health-38896790 (aufgerufen am 03.06.2019)

Vorgehensweise ab, die bereits vom ersten Erforscher der „Massenseele" vor über hundert Jahren formuliert wurde: „Ideen, die der Masse suggeriert werden sollen, müssen einfach und bildhaft sein."[62] Nur elitäre Denker, denen ihre Breitenwirkung egal ist (oder die mit Goldfischen kommunizieren), leisten sich ausschweifende Darstellungen. Die meisten Change-Leader setzen hingegen auf wenige Worte und sprechende Bilder, zumindest bei der Ansprache des sogenannten breiten Publikums *(siehe Infoboxen „Change-Kommunikation" und „Verständliche Sprache").*

[62] Le Bon, G.: Psychologie der Massen, 1895/1961
[63] Amazon-Chef Jeff Bezos setzt auf sechsseitige Memos, um etwa ein Meeting vorzubereiten. Bereits 1999 erklärte der US-amerikanische Publizist Clifford Stoll Powerpoint zur „Wahl der Feiglinge".
[64] Fasel, C.: Nutzwertjournalismus, 2004, S. 21–23

Change-Kommunikation

Kommunikationsregeln zur Vereinfachung (Changement 5/18, S. 4–19):
» *Analyse der Zielgruppe, ihrer Voraussetzungen und Bedürfnisse*
» *Ausrichtung am Nutzen und Mehrwert für die Empfänger (Publikum als Kunde)*
» *eine einzige klare Zielsetzung, die erreicht werden soll (etwa „neue Informationen")*
» *Kernbotschaft in einem Satz (catch phrase), der zum Dreh- und Angelpunkt wird*
» *Wiederholung dieser Kernbotschaft in Bildern, Geschichten und mit Humor*
» *Verzicht auf verdeckte Ich-Botschaften (etwa „Schaut mal, wie schlau ich bin")*

Ausbruch aus der Powerpoint-Routine:[63]
» *10/20/30-Regel (von Guy Kawasaki): 10 Folien, 20 Minuten, 30 Punkt Schriftgröße*
» *Pecha Kucha (von Astrid Klein und Mark Dytham): genau 20 Folien, die jeweils nur 20 Sekunden zu sehen sind; danach erscheint automatisch die nächste Folie*
» *Prezi Next: Webanwendung, die weitgehend auf Folien verzichtet und Texte, Bilder, Zahlen und Videos mit Zoomeffekten und Kamerafahrten auf der Leinwand darstellt*

Verständliche Sprache

Jede Information ist ein Produkt, das sich am Nutzen und Mehrwert für die Empfänger orientiert. Dieses Erzeugnis wird vom Change-Projekt produziert und von den internen und externen Stakeholdern konsumiert. Im Journalismus, der vor derselben Herausforderung steht, gibt es als Maxime den sogenannten Nutzwert: „Nutzwert ist das, was sich ein Leser rausreißt und an die Pinnwand heftet."[64] *Statt der Pinnwand stehen heute natürlich auch digitale Speicherformate zur Verfügung. Egal, der Nutzwert macht deutlich, um was es bei der Bereitstellung von Information geht: den Empfänger und nicht den Sender. Jede Aussage, jeder Satz, ja jedes Wort kann zum unnötigen Ballast werden (Changement 9/17, S. 6–8).*

Fachbegriffe, Fremdwörter und verschachtelte Sätze sind besonders hohe kommunikative Hürden. Die Umgangssprache sollte zur Grundregel werden, weshalb bei Veränderungen viele Themenexperten und manche Change-Leader einen Übersetzer in die sogenannte Sprache der Menschen brauchen.

4. **... wenn das Zielpublikum primär soziale Medien im Internet nutzt:**
Das weltweite Netz erzieht zur Ungeduld, weiß die Medienforscherin Renate Köcher (Changement 9/17, S. 45–47): „Viele, meist jüngere Menschen geben die kontinuierliche Information auf, informieren sich bei Bedarf und selektieren dann wesentlich schärfer nur die Themen, die sie von vornherein interessieren. Das Internet fördert ein Informationsverhalten, bei dem oft nur Überschriften gescannt werden." Im Gegensatz zu klassischen Medien wie Print und TV, die auf Push-Information setzen, funktioniert das Internet als Pull-Information. Köcher: „Bei der Change-Kommunikation ist es außerordentlich wichtig, auf die unterschiedlichen ‚Begabungen' der verschiedenen Mediengattungen zu achten und dann auf den richtigen Kanälen die geeigneten Botschaften zu platzieren. Das Internet ist ideal für alle Informationen, bei denen man davon ausgehen kann, dass sie aktiv nachgefragt werden. Die anderen Medien sind überlegen, wenn es darum geht, Themen und Argumente an Zielgruppen heranzutragen."

5. **... wenn detaillierte Information keine größere Akzeptanz bringt:**
Manche Change-Leader verzetteln sich bei vielschichtigen Fragestellungen (= komplex) in verwickelten Ausführungen (= kompliziert) und verlieren dabei ihre Stakeholder. Beispiel: eine Unternehmensakquisition wie etwa der Kauf von Monsanto durch Bayer für rund 60 Milliarden Euro. Den allermeisten Führungskräften und Mitarbeitern reicht diese Information zur Beurteilung („ziemlich teuer!"). Die Details zur Finanzierung des Deals sind ihnen egal, im Gegenteil, zusätzliche Informationen können sogar verwirren („Was bedeutet eine Kapitalerhöhung?"). Besonders Experten, die ein komplexes Thema tief durchdrungen haben, empfinden die kommunikative Vereinfachung für die bereits angesprochene Massenseele als platt. Für sie gilt die Empfehlung, die Albert Einstein bei der speziellen Relativitätstheorie (sehr komplex) herausgearbeitet hat: „Man muss die Dinge so einfach wie möglich machen. Aber nicht einfacher." Einstein ging zweigleisig vor. Für Physiker gibt es eine ausführliche mathematische Ableitung, für uns sogenannte einfache Menschen die Formel $E = mc^2$ *(siehe Infobox „Information Overload")*. Übrigens: Die Einstein'sche Theorie ist auch im Change Management von Bedeutung und zeigt sich darin, dass die Zeit bei Veränderungsprojekten rast *(siehe Spannungsfeld 8)*.

Information Overload
Wie ein Tsunami löst die Informationsflut großen Schrecken aus. Kaum jemand möchte mit einem Klein-Klein überschwemmt werden. Nur die jeweiligen Experten wollen tief in ihr Thema abtauchen. Bei Veränderungsprojekten ist deshalb nicht der Information Overload sämtlicher Fakten, dafür aber umso mehr der Information Overload wichtiger Fakten erfolgswirksam. Aus der Kommunikationsforschung ist bekannt, dass Botschaften erst nach mehreren Wiederholungen registriert werden und es weiterer Wiederholungen bedarf, damit sie handlungsrelevant werden.

Melanie Kreis, Konzernvorstand bei Deutsche Post DHL Group: „Man kann nicht zu viel kommunizieren. Wenn man sich selbst bei der gleichen ‚Message', die man zum x-ten Mal sagt, nicht mehr zuhören kann, dann kommt die Nachricht gerade erst langsam in der Breite der Organisation an." (Changement 5/17, S. 24–25)

Die anspruchsvolle Forderung lautet: Jede Zielgruppe und, wenn nötig, jeden einzelnen Mitarbeiter mit genau den Informationen zu versorgen, die wesentlich sind – immer wieder. Zudem sind die Botschaften an die momentane Aufnahmebereitschaft anzupassen und in den sozialen Kontext einzubetten. Der Change-Leader spricht mit dem Topmanagement anders als mit den Veränderungsspezialisten und appelliert wiederum anders an die erwähnte Massenseele. Bei Veränderungsprojekten macht das Publikum daraus oft ein böses Spiel. Einerseits ruft es: „Mehr Information!" Andererseits macht es schnell die Schotten dicht. Zur leidigen Erfahrung vieler Change-Leader gehört es, dass sie nach eigenem Empfinden mehr als ausreichend kommunizieren, aber dennoch mit dem Vorwurf konfrontiert werden, den Informationshunger der Betroffenen nicht zu befriedigen.

6. ... wenn Simplicity das Leitmotiv der Organisation ist:

Es gibt große und unkomplizierte Firmen und kleine und hoch komplizierte Firmen. Verwickelte Lösungen sind vielfach hausgemacht. Selbst Konzerne können ihnen entgehen, wenn sie sich bewusst einfache Lösungen vornehmen. Nicht die Größe ist entscheidend, sondern die Fähigkeit des Topmanagements, aus „komplex" nicht „kompliziert" zu machen.[65] Wesentliche Treiber der „Organizational Complicatedness" sind strukturelle Schnittstellen, etwa durch eine Matrixorganisation, und in deren Folge Meetings und Reportings. Hierzulande gibt es weitere Komplexitätstreiber: Betriebsvereinbarungen und IT-Systeme. Manche Unternehmen der Old Economy schleppen mehrere hundert Betriebsvereinbarungen und eine zersplitterte IT-Systemlandschaft mit sich herum. Beides bremst jeden Veränderungsprozess.

[65] *Yves Morieux, Y./Tollman, P.: Six Simple Rules: How to Manage Complexity without Getting Complicated, 2014*

7. ... wenn die großen Herausforderungen im Erdenrund keine Rolle spielen:

Aus der Kybernetik ist bekannt, dass Steuerungssysteme nicht unterkomplex sein dürfen, damit sie Einfluss ausüben können.[66] Übertragen auf das Change Management bedeutet dies, dass die Problemlagen im engeren und weiteren Umfeld der Organisation beachtet werden müssen. Die Menschheit steht in den 2020er-Jahren vor zahlreichen und gewaltigen Herausforderungen, die allesamt miteinander zusammenhängen *(siehe Abbildung 7)*. Können Topmanagement und Change-Leader dies einfach so ausblenden? Ja, sie müssen sogar die Kirche im Dorf lassen, zumindest für den Moment, weil ansonsten der Stillstand ihrer Transformation vorprogrammiert ist. Mit dieser den Weltschmerz ignorierenden Strategie ist natürlich ein gewisses Risiko verbunden. Einer der globalen Megatrends kann einen unerwartet nachteiligen Verlauf nehmen, der das Veränderungsprojekt lähmt.

[66] *Ashby, W. R.: An Introduction to Cybernetics, 1956; Thorngate, W.: „In General" vs. „It Depends", in: Personality and Social Psychology Bulletin, 2. Jg., 1976, H. 4, S. 404–410*

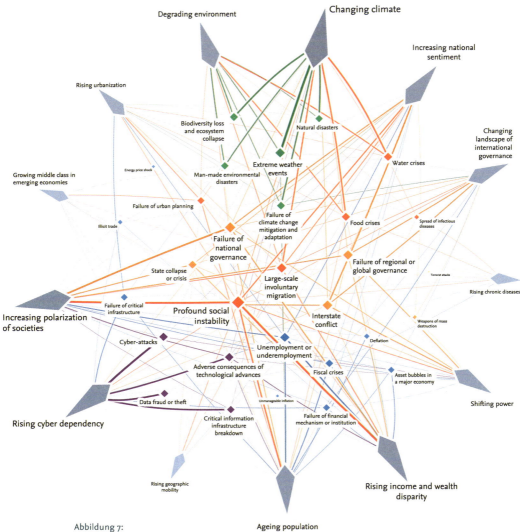

Abbildung 7:
Problemfelder der Menschheit
(Quelle: World Economic Forum: Global Risk Report 2019)

Erfahrung und Empfehlung

„Keine Zeit!" Dieses grundlegende Defizit in der Moderne treibt dieses Spannungsfeld zum wesentlichen Pol. Im Business bedient die Simplicity zudem die Forderung nach Effizienz. Eine Tiefenbohrung wird, zumindest mit kurzfristigem Blick, als zeitraubend, aufwendig und umständlich empfunden und sei nicht „kriegsentscheidend". Zumal die Holistiker oft den Beweis schuldig bleiben, dass mit ihrer ganzheitlichen Betrachtung die Entscheidungen besser werden. Die Konzentration auf das Wesentliche gilt in vielen Firmen als Abkürzung und der Tiefgang als Umweg, der nicht erforderlich ist.

Es sei denn, ein Change-Leader verlangt statt der oberflächlichen eine ganzheitliche Betrachtung, weil er persönlich so veranlagt ist oder weil er sich damit absichern möchte. Wie bereits betont, ist dieses Spannungsfeld eine Typenfrage. Oder die Widerständler zwingen einen Change-Leader dazu, die Contra-Argumente mit sachlich fundierten Pro-Argumenten zu entkräften und nicht allein auf die Machtkarte zu setzen.

Die Herausforderung dieses Spannungsfelds liegt im kommunikativen Bereich, der von einem ständigen Wechsel zwischen einer Reduktion auf das Wesentliche und einer ganzheitlichen Argumentation geprägt ist. In einem Moment konzentriert sich das Wandelprojekt auf den wichtigsten Schlüsselsatz, weil die kurze Aufmerksamkeitsspanne des Publikums nicht mehr zulässt. Im nächsten Augenblick wird das Veränderungsvorhaben vor einer höchst interessierten Zielgruppe bis ins kleinste Detail erläutert und begründet. Dies zeigt, dass auf Ganzheitlichkeit nicht verzichtet werden kann, weil die Change-Leader ansonsten inhaltlich leicht angreifbar sind. Wobei es unter ihnen auch den Typus gibt, der dann vom kognitiven in den politischen Modus schaltet und dem es nichts ausmacht, wenn ihm die rationalen Argumente ausgehen.

Natürlich sind die kurzen Aufmerksamkeitsspannen und die (digitale) Reizüberflutung der Beteiligten und Betroffenen in der Firma, von Medienvertretern und erst recht der Zivilgesellschaft eines der großen Probleme aller Veränderungsprojekte.[67] Aber was will man machen? Niemand kann Zeit kaufen, sie lässt sich nur besser nutzen, indem man sich auf das Wesentliche beschränkt. Wenn sich der Change-Leader bei diesem Wesentlichen nicht durchsetzt, dann steht es schlecht um das Veränderungsvorhaben.

[67] *Geißler, K. A.: Enthetzt Euch!: Weniger Tempo – mehr Zeit, 2012; Pörksen, B.: Die große Gereiztheit: Wege aus der kollektiven Erregung, 2018*

7

Vielfalt und Breite

vereinheitlicht ⇌ maßgeschneidert

Spannungsfeld

Manche Veränderungsprojekte haben die Absicht, eine Verbesserung für die gesamte Organisation zu erzielen. Aber sieht dieser Fortschritt auch überall gleich aus (Best Practice) oder gibt es in den diversen Teilbereichen unterschiedliche Optimierungen, die jeweils am besten passen (Best Fit)? Es geht in diesem Spannungsfeld darum, ob die Veränderung aus einem Guss sein wird. Bei der Entscheidung prallen die unterschiedlichen Mentalitäten der Unternehmenszentrale und der dezentralen Einheiten (wie Divisionen oder Regionen) aufeinander. Das Headquarter neigt einer Monokultur zu („one fits all"). Die Substrukturen pochen auf ihre jeweiligen Eigenarten und möchten ohnehin von der Zentrale am liebsten in Ruhe gelassen werden, um ihr eigenes Ding zu machen.

Verwandte Begriffe & Konzepte
vereinheitlicht: generell, homogen, standardisiert, kollektiv
maßgeschneidert: spezifisch, heterogen, differenziert, subsidiär

„Kostengünstiger und gerechter!"

Einerseits: vereinheitlicht

Für die meisten Probleme im Business gibt es eine Best Practice. Und es gibt selten vernünftige Gründe, warum der einheitliche Standard selbst an den Rändern und in den Nischen der Organisation nicht passt. Für Strukturen, Prozesse und Systeme hat die Homogenität einen unschätzbaren ökonomischen Vorteil: Größendegression und Skalen- und Lerneffekte können generiert und Komplexitätskosten vermieden werden. Wenn man sich nicht für jede Variante etwas Besonderes einfallen lassen muss, kommt das Unternehmen deutlich kostengünstiger weg. Vorteil Nummer zwei: Gerechtigkeit. Denn alle Mitarbeiter einer Organisation werden gleich behandelt. Dritter Pluspunkt: Stärkung der kulturellen Identität. Weil sämtliche Mitarbeiter, egal wie sie sind und wo sie arbeiten, als eine gleichberechtigte Familie mit denselben Pflichten verstanden werden und nicht als unterschiedliche und womöglich sogar zerstrittene Clans. Letzter Pluspunkt: Governance und Kontrolle werden einfacher. Daher muss es schon sehr gute Gründe geben, warum bei Veränderungsprojekten vom Standard abgewichen wird. Und sind wir doch mal ehrlich: Wie oft wird das Argument, man sei besonders, nur deshalb breitgetreten, um der Veränderung auszuweichen.

Andererseits: maßgeschneidert

Wenn wir akzeptieren, dass Organisationen diverse Systeme voll mit individuellen Typen sind, dann müssen wir für unterschiedliche Umstände auch abweichende Lösungen ermöglichen, die der jeweiligen Eigenart entsprechen. Dies ist wie bei Schuhen, die müssen sitzen, damit ihr Träger gut vorankommt. Auch Kleidung von der Stange hat einen doppelten Nachteil. Sie ist erstens auf den Durchschnitt geeicht und zweitens kann man mit der Zeit aus ihr herauswachsen: „Der einzige Mensch, der sich vernünftig benimmt, ist mein Schneider. Er nimmt jedes Mal neu Maß, wenn er mich trifft, während alle anderen immer die alten Maßstäbe anlegen in der Meinung, sie passten auch heute noch." (Bernhard Shaw zugeschrieben) „Best Fit" lautet die Devise bei Wandelvorhaben. Das führt meist zum Abschied von einer einzigen und allgemeingültigen Lösung. Aus diesem Grund wäre eine Copy-Paste-Mentalität fatal, weil man damit der jeweiligen Situation nicht gerecht wird, die manchmal eben eine andere Umsetzung erfordert, als es der pauschale Ansatz gebieten würde.

Auf den ersten Blick erscheint das maßgeschneiderte Vorgehen aufwendiger, weil der Change-Leader die jeweiligen Verhältnisse ansehen und darüber nachdenken muss, was am besten passt. Auf den zweiten Blick merkt er, dass es deutlich einfacher wird, denn die Implementierung wird leichter gelingen. Ohnehin zwingen ihn die Rahmenbedingungen immer wieder dazu, von homogenen Lösungen Abstand zu nehmen. Beispiel: In welchem Konzern sind die IT-Systeme derart angelegt, dass die Prozesse vereinheitlicht werden können? Sie sind ein Sammelsurium von Insellösungen, die – hoffentlich – im Alltag funktionieren und die – bekanntlich – bei jeder Veränderung eine Sollbruchstelle darstellen. Dann bleibt nichts anderes übrig, als Varianz zuzulassen und diese technologisch zu überbrücken.

„Unterschiede anerkennen!"

Leitfragen

1. Wie divers sind die Organisationseinheiten bezüglich des Veränderungsthemas?
2. Wie einflussreich sind die Vertreter von Einheiten, die eine Speziallösung beanspruchen?
3. Welche Zusatzkosten entstehen durch die Varianten?
4. Sind Gerechtigkeitsargumente von Bedeutung?
5. Gibt es Besitzstandsgarantien?
6. Ist das Performance Management auf individuelle Differenzierung ausgelegt?
7. Akzeptieren die Medien und externe Stakeholder die unterschiedliche Behandlung?
8. Versteht der Change-Leader, dass nicht alles immer genauso ist, wie er es kennt?

7. Spannungsfeld

Situative Entscheidung

Vereinheitlicht ...

1. **... wenn die Diversität zu vernachlässigen ist:**
   Die Diversität eines Unternehmens wird zum Komplexitätstreiber. Die logische Schlussfolgerung: Homogenität erleichtert die Standardisierung und Heterogenität erfordert differenzierte Lösungen. Rechtlich gesprochen ist der Spezialfall ein Ausnahmetatbestand, in der betrieblichen Alltagssprache eine Extrawurst bzw. Sonderlocke. Bei Wandelvorhaben gehört es zu den schwierigen und politisch heiklen Fragen, zu entscheiden, ob eine besondere Situation eine räumlich oder sachlich gerechtfertigte Ausnahme erfordert oder nicht. Jeder Spezialfall, der akzeptiert wird, verwässert (und verteuert) ein generell angelegtes Veränderungsprojekt.

2. **... wenn die Zentrifugalkräfte schwach sind:**
   Dieses Spannungsfeld entwickelt sich oft zum Machtkampf zwischen Standardisierern und Separatisten. Haben Letztere nur wenig Power, werden sie ihren Wunsch nach Differenzierung nicht verwirklichen können. Durchsetzungsstark sind Separatisten dann, wenn sie über ökonomische und politische Macht verfügen. Die Leiterin einer erfolgreichen Division, die bestens in der Zentrale vernetzt ist, wird mehr erreichen als der gerade erst eingestellte Leiter einer kleinen Ländergesellschaft. Besonders gern entwickeln die Separatisten dramatische Szenarien, die nicht weit vom Weltuntergang entfernt sind. Beliebt ist etwa die Drohung mit drastisch sinkenden Umsätzen, falls man unter das Joch einer vereinheitlichten Lösung gezwungen würde. Gegen dieses meist unbewiesene Argument können die Standardisierer entweder mit Versachlichung (Fakten) oder mit Druck angehen.

3. **... wenn die Standardisierung erhebliche Kostenvorteile bringt:**
   Ein vereinheitlichter – und dabei hoffentlich auch vereinfachter – Prozess ist betriebswirtschaftlich attraktiv. Ist er standardisiert, kann er leichter durch IT-Routinen automatisiert und an lohnreduzierten Standorten zentralisiert werden. Können diese Einsparungen durch einen seriösen Business Case nachgewiesen werden, führt an ihnen kaum ein Weg vorbei. Selbst wenn Traditionalisten der Abschied von ihrer gewohnten Lösung schwerfällt und sie lautstark für ihre Routinen kämpfen.

4. **... wenn aus Fairness eine einzige Lösung die einzig gerechte Lösung ist:**
   Es gibt vernünftige Gründe, zwischen Mitarbeitern zu unterscheiden. Diese Differenzierung kann jedoch zur objektiven oder subjektiven Diskriminierung führen. Warum soll etwa die Spesenregelung für VIPs höher ausfallen als für sogenannte einfache Angestellte? Oder warum werden Kollegen in Belgien bessergestellt als die in Vietnam? Fairness

ist eine rein persönliche Vorstellung davon, was gut, gerecht und geradsinnig ist und wie anständiges Verhalten auszusehen hat, selbst wenn Philosophen sich an allgemeingültigen Konzepten versucht haben.[68] Für die meisten Menschen ist es allerdings ein untrügliches Kennzeichen von Fairness, wenn für alle Beteiligten die gleichen Bedingungen gelten und nicht mit zweierlei Maß gemessen wird. Teilweise ist eine Regel für alle sogar zwingend vorgeschrieben, beispielsweise im Geltungsbereich von Antidiskriminierungsgesetzen. Allerdings speist sich Neid nicht nur aus dem objektiven Wissen, sondern bereits aus der subjektiven Vermutung persönlicher Benachteiligung – ein in vielen Firmen weit verbreiteter Gemütszustand *(siehe Infobox „Neid")*. Michael Heinz, Konzernvorstand bei BASF, kennt dies aus eigener Erfahrung: „Mitarbeiter beobachten die Fairness sehr genau – auch wenn sie selbst von den Veränderungen nicht betroffen sind. Dies wird jedem klar, der einmal vor seinen Mitarbeitern stand und die Pläne einer Veränderung präsentiert hat. Am Ende stellt jeder im Raum eine einzige Frage: Was bedeutet das konkret für mich?" (Changement 6/18, S. 41)

68 *Rawls, J.: A Theory of Justice, 1971*

Neid

In einem Rechtsstaat sind alle Menschen vor dem Gesetz gleich, nicht jedoch in sozialer und wirtschaftlicher Hinsicht. Deshalb haben manche Mitarbeiter mehr als andere in derselben Firma, zum Beispiel eine höhere Stellung, ein größeres Einkommen oder ein sichtbares Statusmerkmal. Bereits diese objektive Benachteiligung (Deprivation) durch positionelle, materielle bzw. symbolische Differenzierung ist nicht einfach zu erklären. Noch schwieriger ist es, eine unterschiedliche Begünstigung zu begründen, wenn objektive Maßstäbe fehlen.

Gerade bei Veränderungsprojekten kann es den Fortgang erheblich stören, wenn sich Mitarbeiter gegenüber einer scheinbar ähnlichen Bezugsgruppe als abgewertet empfinden und daraus ihren Anspruch auf ein „Mehr" ableiten. Auch der Rückblick auf die eigene und in der Erinnerung bessere Vergangenheit kann ein Defizitempfinden auslösen. Beide Gründe können individuell oder von ganzen Gruppen als Diskriminierung und Stigmatisierung aufgrund spezifischer Merkmale wahrgenommen werden. Diese sogenannte relative Deprivation ist eine wesentliche Ursache von Rebellion.

Menschen schielen immer auf ihre Mitmenschen innerhalb und außerhalb der Organisation. Wie stark das Gefühl einer Benachteiligung ausgeprägt ist, hängt von der individuellen Disposition ab, von der Transparenz des Verteilungsverfahrens und von der medialen Befeuerung des Gerechtigkeitsthemas. Weil relative Deprivation ein subjektiver Eindruck ist, wird sie mit rationalen Argumenten nicht vollständig zu beseitigen sein. Für Transformationen stehen sechs grundsätzliche Optionen zur Verfügung:
   » *transparente Leitlinien für positionelle, materielle und symbolische Differenzierung (z. B. Regeln für die Zuteilung von Einzelbüros bei der Einführung von Großraumbüros)*
   » *ernsthaftes Bemühen um seriöse Entscheidungsprozesse bei der Anwendung dieser Grundsätze (z. B. paritätisches Gremium unter Beteiligung des Betriebsrats)*

» *Vermeidung als unfair empfundener Ausnahmen (z. B. Verzicht auf eine Vorzugsregelung für die Mitarbeiter in der Zentrale)*
» *authentische Führung als Garantieversprechen gegen Verzerrungen (z. B. Zusicherung fairer Praktiken durch einen allseits geschätzten Change-Leader)*
» *Aufgreifen von Gerüchten und Widerlegung durch Fakten (z. B. Gegendarstellung bei falschen Behauptungen im Internet bzw. in externen Medien)*
» *spätere Überprüfung oder Kompensation an einem definierten Zeitpunkt (z. B. Korrektur von auftretenden Nachteilen nach der Auswertung einer Pilotphase)*

Diese Ansatzpunkte werden durch die finanziellen Spielräume des Unternehmens begrenzt. Nicht jede persönliche Fantasie kann erfüllt werden. Besonders in den jahrzehntelang durch günstige Umstände verwöhnten Branchen fällt die Einsicht schwer, dass die Belegschaft bei anhaltenden Nachfragerückgängen oder veränderten Wettbewerbsregeln auf ihre üppigen Gewohnheitsrechte künftig verzichten muss. Wem dies nicht gefällt, muss sich andernorts ein neues Paradies suchen.

5. **... wenn keine langfristigen Ausnahmeregelungen zugesichert sind:**
Unternehmen mit einem starken Sozialpartner binden sich immer wieder einen Klotz ans Bein. Betriebsvereinbarungen wie etwa der sogenannte Sozialpakt von Volkswagen bieten attraktive Besitzstandsgarantien für die Kernbelegschaft bis weit in die 2020er-Jahre. Solche Privilegien können nicht ohne gleichwertige Gegenleistung gestrichen werden. Überhaupt blockieren variantenreiche Betriebsvereinbarungen, beispielsweise für verschiedene Betriebsteile oder unterschiedliche Standorte, jeden Versuch zur Vereinheitlichung. Firmen der Old Economy schleppen diese Komplexitätskosten dauerhaft mit sich herum, es sei denn, es würde ein radikaler Schlussstrich gezogen. Ansonsten bleibt Standard ein Fremdwort. Eine derartige Flurbereinigung ist bisher aber selten gelungen. In Konzernen gibt es weiterhin vielfältige Partikularrechte mit Dauerwirkung.

6. **... wenn im Performance Management keine Einzelleistungen belohnt werden:**
In den letzten Jahren gibt es einen Trend zu Vergütungssystemen ohne individuellen Bonus. In einem solchen Fall muss die Organisation keine ausdifferenzierten Regelungen zur leistungsbezogenen Honorierung aufstellen, sondern lediglich allgemeingültige Leitplanken festlegen. Hingegen erfordern individuell orientierte Vergütungssysteme ausgefeilte Spielregeln und erzwingen unterschiedliche Maßnahmen für High Performer und Low Performer *(siehe Infobox „Anreizsysteme")*.

Anreizsysteme

Anreizsysteme mit Individualbonus beruhen auf der klassischen Führungstheorie: transaktionales Leadership. Deren wichtigstes Postulat „Belohnung gegen Leistung" nimmt an, dass es immer wieder einen Impuls von außen braucht, um Menschen zu motivieren. Demzufolge werden etwa Veränderungsziele bei der individuellen Zielvereinbarung und damit bei der variablen Vergütung berücksichtigt.

Heute setzen Firmen wie Bosch, Daimler und Continental hingegen auf die Abschaffung individueller Bonuszahlungen und begründen dies mit einer anderen Führungstheorie: transformationales Leadership.[69] Dadurch bleiben aber zwei Fragen unbeantwortet: Wie kann eine High-Performance-Organisation überdurchschnittliche Leistungen erwarten, falls die Leistungsträger und Ergebnisbringer nicht kurzfristig gratifiziert werden (pay for performance)? Warum sollte sich jemand mehr als seine Kollegen anstrengen oder bei Firmen anheuern, die Mitarbeiter unterschiedslos behandeln, weil die Anreize „nur" immateriell (Wertschätzung und Feedback) oder eher langfristig wirksam (Fixgehalt und Karriere) sind?[70] Marcus Veit, Vergütungsexperte aus der Schweiz und Autor mehrerer empirischer Studien zu Anreizsystemen, kritisiert die Tendenz zur Nivellierung: „Wenn Leistung gut gemessen wird, und dies gelingt meist besser, als man zunächst denkt, dann soll sie auch entsprechend vergütet werden. Dass monetäre Anreize leistungssteigernd wirken, gilt als erwiesen. Ein individuell variables Vergütungssystem untermauert die Leistungsgerechtigkeit als soziale Norm." (Changement 5/17, S. 15–17)

Anreizsysteme sind geprägt vom Menschenbild der Entscheider und von der Fähigkeit des HR-Bereichs, ein Performance-Management-System umzusetzen, das ohne größeren Aufwand eine als gerecht empfundene Leistungsdifferenzierung ermöglicht. Wenn jedoch eine Organisation die Wertschätzung über die Wertschöpfung stellt und es den Personalern nicht gelingt, die Beurteilungsprozesse effizient und fair auszugestalten, ist die Abkehr vom individuellen Bonus vermutlich die richtige Entscheidung.

7. ... wenn die Differenzierung extern nicht überzeugend erläutert werden kann:

Materielle Abweichungen vom Standard müssen nicht nur nach innen, sondern auch für die Öffentlichkeit und die Medien plausibel wirken. Insbesondere wenn keine überzeugenden Gründe vorliegen, öffnet die unterschiedliche Behandlung von Mitarbeitern der Skandalisierung Tür und Tor, etwa durch Interessengruppen, die der Firma nicht wohlgesonnen sind, oder durch die investigative Presse. Man darf sich Aktivisten und Journalisten nicht als neidlose Wesen vorstellen, die den Firmen alles gönnen und durchgehen lassen. Je nach soziokultureller Verfassung der Gesellschaft, in Mitteleuropa, Benelux und Skandinavien stärker als in angloamerikanischen Staaten oder in Osteuropa, werden allzu große Spreizungen als sozial ungerecht abgelehnt. Beispiel: die Diskussion um Bankerboni und Vorstandsgehälter.

---

[69] Changement 2/17, S. 12–14; Bass, B. M.: Improving Organizational Effectiveness Through Transformational Leadership, 1993
[70] zur empirischen Evidenz siehe auch Cerasoli, C. P. u. a.: Intrinsic Motivation and Extrinsic Incentives Jointly Predict Performance: A 40-Year Meta-Analysis, in: Psychological Bulletin, 2014, H. 4, S. 980–1008; Gerhart, B./Fang, M.: Pay, Intrinsic Motivation, Extrinsic Motivation, Performance, and Creativity in the Workplace: Revisiting Long-Held Beliefs, in: Annual Review of Organizational Psychology and Organizational Behaviour, 2015, H. 1, S. 489–521

8. ... wenn die Gesamtverantwortlichen leidenschaftliche Standardisierer sind:

Nicht wenige Vorstandsvorsitzende sehen sich nach einer einzigen Lösung in ihrem ganzen Reich, weil ein Prozess, eine Struktur, ein System ihrem Sinn für Ordnung und Harmonie entspricht. Und Finanzvorstände haben gelernt, dass bei vielen finanzwirtschaftlichen Themen eine global einheitliche Regelung üblich ist (etwa die International Financial Reporting Standards oder Basel III). Solche Change-Leader sehen die kulturelle Vielfalt auf der Welt und die Diversität von People-Themen nicht. Die allein selig machende Pauschallösung, das vielgerühmte „OneXYZ", mag aus der Perspektive einer Vorstandsetage möglich erscheinen, aber passen muss sie in den dezentralen Bereichen noch lange nicht. Viele Manager setzen freilich erhebliche Kräfte ein, ihre Vorstellungen vom einzig richtigen Weg flächendeckend durchzufechten.

Erfahrung und Empfehlung

Der sehnliche Wunsch vieler Change-Leader heißt Homogenität. Die organisatorische Wirklichkeit ist allerdings durch eine zunehmende Heterogenität geprägt *(siehe Kapitel III.6)*. Deshalb darf die Gestaltung des Wandels nicht kontextblind werden und alles über einen Kamm scheren. Erfolgskritisch ist der Blick auf die konkreten Umstände: in einem Unternehmensbereich, einer Ländergesellschaft, einem Funktionsbereich, an einem Standort, für eine Zielgruppe. Es kann gute Gründe geben, warum dort alles anders ist: die Voraussetzungen, die Möglichkeiten, die Herkünfte, die Reifegrade und manches mehr. Wer alle ausnahmslos mit einem heilsabsoluten Konzept beglückt, wird vielen besonderen Umständen nicht gerecht werden. Es führen viele Wege nach Rom und gelegentlich ist Rom sogar das falsche Ziel.

Anfang der 1990er-Jahre, am Beginn meines Berufslebens, meinte ein Strategieberater mit dem damaligen Ehrfurchtsbonus: „Die Vor- und Nachteile von Zentralisierung und Dezentralisierung sind – in Zentimetern gemessen – gleich lang." Mich beeindruckte besonders der Zentimeter als organisatorische Kennzahl. Jahre später begann ich allmählich zu begreifen. Für dieses Spannungsfeld gibt es kein richtig oder falsch.[71] Eher ein langweliges (nicht langweiliges!) Hin und Her in der ewigen Pendelbewegung zwischen Zentralität und Dezentralität. Weil, wenn das Pendel zum einen Extrem ausgeschlagen ist und die Defizite größer werden, einfach mal wieder eine Veränderung sein muss. Change nicht als Selbstzweck, sondern um eine versteifte Organisation aufzulockern.

Mit der Zeit habe ich eine persönliche Neigung zur Dezentralität entwickelt, denn sie hat meines Erachtens ein paar Zentimeter mehr Vorteile als die Zentralsteuerung. Dies liegt an meiner Sympathie für das Subsidiaritäts-

---

71 *Picot, A.: Organisationsstrukturen im Spannungsfeld von Zentralisierung und Dezentralisierung, in: Scharfenberg, H.: Strukturwandel in Management und Organisation, 1993, S. 217–235*

prinzip: „Aufgaben sollen soweit möglich von der jeweils unteren/kleineren Einheit wahrgenommen werden" (Brockhaus). Weil die näher an sich selbst dran ist und deshalb schon weiß, was am besten zu ihr passt. Natürlich verärgert dies viele Zentralisten, zumal es die ohnehin umstrittene Wertschöpfung des Headquarters noch mehr infrage stellt („Wasserkopf").

Meine Beratungskunden sitzen meist in der Zentrale, sind also tendenziell gegen Varianz. Sie neigen rollenbedingt zur Homogenität. Dann nutze ich einen Trick: die Umkehrung der Beweislast. Denn Menschen fällt es oft leichter, fremde Argumente zu zerpflücken, als eigene Statements zu belegen. Daher bitte ich darum, nicht „die Fläche" in den Begründungszwang für Differenzierung zu bringen, sondern als Zentrale überzeugende Argumente für Standardisierung vorzutragen. Wenn Zentralisten dabei nur allgemein von „größerer Synergie", „weniger Redundanz" und „kein Wildwuchs" sprechen, merken die meisten, dass Varianz gar kein so großes Übel ist und es gewaltiger Kräfte bedürfte, alles aus einem Guss hinzubekommen. Außerdem gibt es zwischen pauschaler Zentralität des Headquarters und selbstorganisiertem Chaos der Dependancen viele gute Mittelwege.

Die Folge von Varianten ist oftmals, dass der Wandel länger dauert, teurer wird und nicht sämtliche Vorteile bringt, die man sich anfangs mit einem schlanken Konzept ausgerechnet hat. Aber es findet immerhin eine Transformation statt und sie versandet nicht in der Umsetzungsphase. Veränderungen werden oft erst dann wirksam, wenn die jeweiligen Umstände konkret und nicht pauschal berücksichtigt werden. Eine einzige Lösung gelingt nur noch dann, wenn überall dasselbe erforderlich ist, etwa durch überzeugende Skaleneffekte oder gesetzliche Anforderungen. Oder wenn es eine machtvolle Autorität gibt, die den von ihr gewünschten Standard durchpaukt.

Eine im Change Management besonders starke Vereinheitlichungsbremse ist der zunehmend polarisierte Arbeitsmarkt, der in erfolgskritischen Segmenten zu einer Kräfteverschiebung von den Anbietern der Arbeit, den Unternehmen, zu den Nachfragern von Arbeit, den Mitarbeitern, geführt hat *(siehe Kapitel III.5)*.

Geschwindigkeit

Spannungsfeld

Wird ein Veränderungsprojekt beschlossen, gilt es in der Regel als wünschenswert, die Ernte unverzüglich einzufahren. Von Change-Leadern wird die Zeit und damit der Speed-Faktor als wichtige Stellschraube angesehen. Zumal Topmanager zur Ungeduld neigen und die Spanne zwischen ihrer Entscheidung (Go) und der Umsetzung (Go-live) am liebsten in Wochen und nicht in Monaten bemessen. Und weil eine gar jahrelange Implementierung als kompetitiver Nachteil in immer rasanteren Märkten gilt. Energische Begriffe aus dem Business-Sprech wie proaktiv (statt reaktiv) und offensiv (statt defensiv) betonen die Beschleunigung. Mit dem Tempo wächst allerdings die Stolpergefahr, mehr noch, das Drama von Abstürzen. Dieses Spannungsfeld entsteht, wenn die Geschwindigkeit auf Kosten der Gründlichkeit geht und das Shareholder-orientierte Quartalsdenken die Stakeholder-orientierte Nachhaltigkeit vernachlässigt *(siehe Infobox „Faktor Zeit")*.

Verwandte Begriffe & Konzepte
schnell: kurzfristig, beschleunigen
behutsam: langfristig, verlangsamen

72 *Claßen, M.: Change Management aktiv gestalten, 2013, S. 431*

Faktor Zeit
Wegen unserer begrenzten Lebensdauer ist die Zeit für Veränderungsprozesse stets knapp bemessen. Wer mit den Verbesserungen später fertig wird, hat nur noch eine kürzere Zeit etwas davon. Zeit ist eigentlich immer zu wenig vorhanden. In Interviews mit 23 Change-Experten gab es auf die Frage nach dem größten Zukunftswunsch als häufigste Antwort: „mehr Zeit".[72] Allerdings ist Zeit nur bedingt durch zusätzliche Budgets und Ressourcen zu kompensieren. Außerdem ist Zeit allenfalls in begrenztem Umfang zu lagern, etwa indem man vorausdenkt oder sogar „auf Vorrat handelt".

Bei Veränderungsprozessen wird die Zeit durch vier Aspekte charakterisiert:
» *günstiger Startpunkt (Window of Opportunity)*
» *organisatorische Durchdringung: Diffusionsprozess von Innovatoren (Early Adopters) bis zu Nachzüglern (Laggards)*
» *dramaturgische Komposition und Dynamik*
» *definierter Abschluss*

Wenn die Veränderung erfolgreich beendet ist, bietet sich zunächst ein Fest und danach eine Pause an. Nancy Duarte, eine US-amerikanische Kommunikationsexpertin, empfiehlt: „Einige Führungs-

kräfte betrachten Feiern als unproduktiv, und viele unter Termindruck stehende Organisationen beginnen bereits mit dem nächsten Projekt, sobald das alte abgeschlossen ist, ohne die erbrachten Leistungen entsprechend zu würdigen. Nutzen Sie den Moment, um innezuhalten, sich zu erinnern, sich um das Lagerfeuer des Unternehmens zu versammeln und Geschichten über die Begebenheiten während der Reise auszutauschen. Selbst ein kurzes und kleines Projekt sollte sichtbar beendet werden, bevor ein neues beginnt. Es ist wichtig, einen klaren Schlussstrich zu ziehen, damit alle wissen, dass es an der Zeit für einen Neuanfang ist."[73]

Einerseits: schnell

„Heute statt morgen!"

Um zu begreifen, dass Veränderungsprojekte schnell verwirklicht werden müssen, sieht man sich am besten die Erfolgsfaktoren von Change-Papst John Kotter an:[74] die Nummer eins „sense of urgency", die Nummer sechs „short-term wins" und besonders die Nummer sieben „keep momentum". Deutlicher kann es nicht gesagt werden.

Die Schnelligkeit ist eine Schwester des Wagemuts. Ohne Optimismus geht es nicht, denn der Endtermin kann nicht irgendwann in einer fernen Zukunft liegen. Ein Vorhaben muss möglichst rasch erledigt sein, damit gleich im Anschluss das nächste Projekt loslegen kann. Die Eigentümer werden eine Verzögerung niemals zulassen. Und den Mitarbeitern schadet etwas Dampf unterm Hintern nicht. In erfolgreichen Organisationen ist ständig Druck auf dem Kessel. In allergrößter Not, wenn die Ventile fürchterlich pfeifen, wird eben der Go-live um drei, vier Wochen verschoben. Keinesfalls mehr, denn Verlängerungen wie beim Berliner Flughafen sind deutlich jenseits der Peinlichkeitsgrenze. Im Change Management gilt eine Grundregel: Schnelligkeit ist Ehrensache, jeder Termin ist eine absolute Deadline und Verzögerungen machen den Verantwortlichen zum Loser.

Zudem gibt es zwei taktische Gründe, warum Transformationen schnell sein müssen: Erstens, schon der Machttheoretiker Niccolò Machiavelli empfahl, die bei Wandelvorhaben kaum vermeidbaren Grausamkeiten flugs hinter sich zu bringen. Zweitens, im digitalen Hyperwettbewerb mit seiner Plattformökonomie bedeutet Zeit und damit Speed nicht nur Geld, sondern ist eine Überlebensstrategie, um den Kopf über dem Wasser zu halten.[75] Die wirklich guten Change-Leader wissen, dass Geschwindigkeit ihre einzige Chance ist. Zum Glück gibt es im Wirtschaftsleben keine Radarkontrollen.

73 Duarte, N./Sanchez, P.: Illuminate: Wie Sie mit überzeugender Kommunikation Ihre Mitarbeiter für den Wandel begeistern, 2017, S. 211
74 Kotter, J. P.: Leading Change: Why Transformation Efforts Fail, 1996
75 D'Aveni, R. A.: Hyperwettbewerb, 1995

„Entschleunigen!"

Andererseits: behutsam

Bei Transformationen darf das Jagdfieber im Topmanagement nicht zur organisatorischen Hetzjagd werden. Inzwischen ist vielen Menschen bereits der Alltag zu stressig, gerade im Arbeitsleben. Deshalb sind soziale Bewegungen zur Verlangsamung entstanden. Zunehmend rücken solche Entschleunigungsinitiativen von den fernen Rändern der Gesellschaft in Sichtweite der Unternehmen. Immer mehr Mitarbeitern und Führungskräften geht es um ein Gleichgewicht im persönlichen Ressourcenhaushalt. Damit der Druck in Zeiten des Wandels besser ausgehalten werden kann und die Gesundheit weniger leidet. Zumal die Risiken von Dauerstress wie etwa Herz-Kreislauf-Erkrankungen, Diabetes und Depressionen (Burnout) nicht mehr ausgeblendet werden können (Changement 8/18, S. 46–50). Das Arbeitsleben ist ein Marathon und keine Aneinanderreihung von 100-Meter-Sprints.

Aus der bewährten Redensart „Gut Ding will Weile haben" ist von McKinsey und Konsorten der Buchstabe W wegrationalisiert worden. In den Wirtschaftsmedien ist das Leitbild des hyperaktiven Managers entstanden. Es gibt die Sage von Geschäftsführern, die nur vier Stunden schlafen und rund um die Uhr in drei Achtstundenschichten jeweils mehrere Assistenten auf Trab halten. Es gibt sogar die Erzählung von Vorstandsvorsitzenden, die mithilfe von Schlafforschern versuchen, dass ihre Manager mit weniger Ruhezeit auskommen und diese durch produktives Träumen besser nutzen. Gerade jüngere Talente werden diesen Volldampf für eine gewisse Zeit annehmen, in ihren Zwanzigern, meist auch noch in den Dreißigern. Am Beginn der Karriere sind viele bereit, zwei Leben in ihr einziges zu packen. Und auf soziale Beziehungen oder sogar sich selbst zu verzichten. Bis die ersten Sporen verdient sind und sie auf die Erfolgsspur einbiegen. Immerhin wird in denselben Magazinen gelegentlich auch das Gegenmodell vorgestellt: Der Leader, der die Ausschalttaste für seine „Always on"-Mentalität (24/7/365) kennt und nutzt. Die Auszeit ist längst zum Lifestyle und Statusmerkmal geworden. Übrigens, falls Mitarbeiter keine ausreichenden Erholungszeiten zugestanden bekommen, kennen sie Oasen der Ruhe, die in jeder Organisation zu finden sind. Oder sie verlegen sich auf geheuchelten Aktionismus: volle Outlook-Kalender mit vielen Workshopterminen. Meetings ohne Ziel und Agenda werden als legitimierte Atempausen genutzt.

Entschleunigung und ein verlangsamter Arbeitsrhythmus stehen im Widerspruch zu den zusätzlichen Anstrengungen bei Veränderungsprojekten, die vom Topmanagement selbstverständlich on top erwartet werden. Ein Großteil des Widerstands bei Wandelvorhaben entsteht aus diesen Extrastunden. Deshalb muss der Turbomodus vermindert werden, durch gestreckte Verläufe, durch zusätzliche Kapazität, durch anschließende Entspannung sowie durch Abstriche bei den Alltagserwartungen. Natürlich beeinträchtigt dies den Business Case der Transformation. Die Alternative wäre der Organizational Burnout. Im Grunde gibt es nur zwei Möglichkeiten: Augen zu und durch (und sich vor dem Projektflop rechtzeitig aus dem Staub machen). Oder zeitlich realistische Ergebnisse (Deliverables), selbst wenn diese dem Topmanagement reichlich spät erscheinen.

Wenn – wie die Erfahrung lehrt – ein Kulturwandel in der Old Economy selten unter zehn Jahren zu haben ist, eine Änderung des Geschäftsmodells bis zu fünf Jahre dauert, eine Merger-&-Acquisition-Integration ähnlich lange Verdauungsprozesse aufweist, für eine simple Reorganisation bis zum Einschwingen neuer Strukturen zwei Jahre nichts sind und selbst der Mini-Change eines neuen Vorgesetzten mehr als ein Jahr des Ankommens beansprucht: Dann sind die für die meisten Transformationen vorgesehenen deutlich kürzeren Zeiträume Augenwischerei.

Leitfragen

1. Müssen existenzielle Krisen schleunigst zum Besseren gewendet werden?
2. Ist die Fragestellung nicht nur dringend, sondern auch wichtig?
3. Hat die Organisation genügend Ressourcen, um schnell zu sein?
4. Bringt Schnelligkeit der Organisation kompetitive Vorteile?
5. Bringt Schnelligkeit den Mitarbeitern persönliche Vorteile?
6. Haben die Mitarbeiter ein Speed-Mindset?

Situative Entscheidung

Schnell ...

1. **... wenn es ums Überleben der Organisation geht:**
   Es gibt Miseren, die derart problematisch sind, dass nur noch eine radikale Veränderung hilft, bei der vor allem das Tempo zählt. Derartige Tiefpunkte lassen sich aber nicht mehr mit dem typischen Change Management bewältigen, dann wird Krisenmanagement notwendig. Wie in der Medizin: Bei erträglichen Beschwerden geht man zum Facharzt, bei unerträglichen Schmerzen direkt in die Notfallambulanz.

2. **... wenn es um Wesentliches geht:**
   Dem US-Präsidenten Dwight D. Eisenhower wird die Unterscheidung von dringenden und wichtigen Aufgaben zugeschrieben. Schnell müsse der Change-Leader nur bei solchen Herausforderungen sein, die beides sind, dringend und wichtig. Alles andere könne anders erledigt werden, entweder durch Mitarbeiter und nicht durch einen selbst (wenn nicht wichtig) oder später (wenn nicht dringend) oder gar nicht (wenn weder wichtig noch dringend). Wer schnell sein möchte, muss sich auf die Hauptsache konzentrieren und darf sich nicht von Nebensächlichkeiten bremsen lassen.

3. ... wenn genügend Luft vorhanden ist:

Es mag seltsam klingen, aber für Berater sind die größten Wettbewerber nicht die anderen Consultants. Der größte Wettbewerber ist die fehlende innere Ruhe vieler Firmen: „Leider momentan keine Zeit für zukunftsorientierte Projekte." Und das „momentan" ist dort geflunkert, weil die Muße eigentlich immer fehlt. Mittlerweile raubt der Alltagsdruck den meisten Managern ihren Atem. Dann aber fehlt der Sauerstoff für Hirn und Herz, um neue Herausforderungen aufzuspüren und anzugehen. Solche Unternehmen sind nicht einmal langsam bei ihren Wandelvorhaben, sie sind so gut wie untätig. Bevor diese Firmen bei ihren Veränderungsprojekten schnell werden können, müssen sie erst einmal die Vollbremsung „keine Zeit" abstellen und sich wieder Organisational Slack verschaffen, um in Fahrt zu kommen *(siehe Kapitel III.4)*.

4. ... wenn es für das System vorteilhaft ist:

Eine Organisation, die in einer monopolartigen Situation tätig ist, muss nicht schnell sein. Deshalb haben Behörden die Tendenz zur Langsamkeit. Aber selbst in kompetitiven Märkten ist Speed nicht automatisch Erfolg versprechend, denn Pioniere sind mitnichten immer diejenigen, die letztlich gewinnen. Die beiden gern erzählten Schnelligkeitsthesen – „first mover advantage" und „time to market" – sind für Innovationsexperten empirisch keineswegs eindeutig.[76] Firmen müssen nicht unbedingt schneller sein, sie müssen aber zweifelsohne besser sein, selbst wenn dies etwas mehr Zeit benötigt. Praxisbeispiele gibt es für beides, den Vorteil von Schrittmachern wie etwa Amazon und den Untergang von Wegbereitern wie etwa Netscape. „Wait and see" und damit die Taktik des bewussten Aussitzens gehört zu den wesentlichen Strategien beim Umgang mit Spannungsfeldern – falls sich ein Unternehmen solche Verzögerungen finanziell leisten kann.

[76] *Grant, A.: Originals: How Non-Conformists Move the World, 2016, S. 103–108*

5. ... wenn es für die Individuen vorteilhaft ist:

Proaktives Verhalten ist das Wunschbild sämtlicher Organisationen, dies zeigt der Blick in Leitbilder und Stellenanzeigen. Unternehmen erwarten im Anforderungsprofil, dass die Bewerber über ein hohes Maß an Eigeninitiative verfügen. Denn solche Mitarbeiter bringen zusätzlichen Schub und machen ihre Firma schneller. Doch ist dieses individuelle Verhalten überhaupt klug? Der Frankfurter Arbeitspsychologe Andreas Wihler verneint dies. Mitarbeiter, die Gas geben, würden von ihren Vorgesetzten als anstrengend und von ihren Kollegen als Streber empfunden: „Proaktive Mitarbeiter fallen vielerorts unangenehm auf, weil sie gegen den Strom schwimmen." (Changement 3/18, S. 38–40). Dies erinnert an die unbeliebten Klassenbesten früher in der Schule. Eine wichtige Voraussetzung für Schnelligkeit ist also, ob das organisatorische Klima überhaupt darauf eingestellt ist und der proaktive Mitarbeiter (Actionable Mindset) ein positiv besetztes Rollenmodell darstellt, nicht in der Stellenanzeige, sondern bei Veränderungsprojekten.[77]

[77] *Argyris, C.: Knowledge for Action: A Guide to Overcoming Barriers to Organizational Change, 1993*

6. … wenn die Belegschaft weit überwiegend speedy veranlagt ist:
Organisationen sind unterschiedlich getaktet. Es gibt betriebsame und behäbige Unternehmen. Was für den Alltagsbetrieb zutrifft, überträgt sich auf Wandelvorhaben. Ein Beispiel für eine dynamische Firma ist, wenig verwunderlich, der Bereich Motorsport von Porsche. Dort herrscht „ein Speed-Mindset, also eine Präferenz für Geschwindigkeit, Arbeiten unter Druck sowie ein positiver Umgang mit Wettbewerb."[78] Es ist klar, dass es in einem solchen Umfeld flinker zugeht als in einem trägen Unternehmen. Und es ist auch klar, dass Firmen jeweils einen solchen Persönlichkeitstypus anziehen, der ihrer Organisationskultur entspricht. Bei Veränderungen haben Betriebe mit gemütlichen Führungskräften und Mitarbeitern einen klaren Nachteil, besonders in einer zunehmend volatilen Branche. Für einen ersten Eindruck, wie speedy ein Unternehmen ist, reicht es oft schon, bei einem Termin in der Firmenzentrale eine halbe Stunde vor der Zeit da zu sein und beim Warten die dortige Betriebsamkeit zu beobachten. Übrigens: Jeder externe Dienstleister tut gut daran, sein eigenes Speed-Mindset nicht zum Maß aller Dinge zu erklären.[79] Besonders die hektischen Consultants verzweifeln an trödelnden Kunden (und umgekehrt).

[78] *Bruch, H./Berger, S.: Das Konzept „Speed": Sieben Leadership-Prinzipien aus dem Porsche Motorsport, in: Organisationsentwicklung 3/2018, S. 5–12*

[79] *Stouten, J. u. a.: Successful Organizational Change: Integrating the Management Practice and Scholarly Literatures, in: Academy of Management Annals, 2018, H. 2, S. 752–788*

Erfahrung und Empfehlung

Die Geschwindigkeit der Veränderung ist ein besonders zwiespältiges Spannungsfeld für den Change-Leader. Für die Kommunikation ist es meistens besser, auf dem Gaspedal zu bleiben, weil ansonsten die Transformationsenergie erlahmt. Bei der Implementierung ist es hingegen oftmals angeraten, immer wieder auf die Bremse zu treten und nach links und rechts zu blicken, weil vor lauter Hektik kritische Probleme übersehen werden. Wie beim Straßenverkehr liegt es in der Verantwortung desjenigen am Lenkrad, wann er auf der Überholspur rasch vorankommt und wann es besser ist, auf einen Parkplatz abzubiegen, um sich eine Unterbrechung zuzugestehen *(siehe Infobox „Die Pause")*. Bei diesem Innehalten kann der Status beurteilt und gegebenenfalls die Parameter neu eingestellt werden.

Dieses Spannungsfeld erfordert eine nahezu tägliche Reflexion, welcher der beiden Modi aktuell der bessere ist: schnell oder behutsam? Wobei der Grundmodus im Business natürlich die Schnelligkeit bleibt, weil sie zum einen die gewöhnliche Taktung jeder betriebswirtschaftlichen Veränderung ist und zum anderen der üblichen Disposition im Leadership (und ihrer Consultants) entspricht. Ein Beispiel von vielen ist Karl-Thomas Neumann, von 2013 bis 2018 Vorstandsvorsitzender von Opel: „Ich glaube, die Geschwindigkeit entscheidet in sehr vielen Fällen über den Erfolg von Veränderungsmanagement." (Changement 2/17, S. 30)

Allein, die entscheidende Frage ist, welche Geschwindigkeit für die Organisation am besten ist, und nicht, ob sie dem Speed-Mindset im Topmanagement entspricht. Es gibt dauergehetzte Firmen, denen statt eines Turbomodus die Verlangsamung guttun würde. Außerdem gibt es einen simplen Trick: Change-Leader gewinnen Zeit und können eine Veränderung langfristiger anlegen, wenn sie nicht so lange warten, bis es gar nicht mehr anders geht. Last-Minute-Manager werden sich immer beeilen müssen.

Die Pause

Die Kräfte müssen eingeteilt werden, das ist die Funktion der Pause. Dies wissen alle Bergsteiger auf ihrem Weg zum Gipfel. An sie gerichtet meint Walter Pause, der wirklich so hieß: „Rasten ist geadeltes Nichtstun." Manche Meeresfreunde kennen Heinrichs Bölls Anekdote zur Senkung der Arbeitsmoral, illustriert von Emile Bravo. Bei ihr geht es um einen klugen Fischer, der weiß, wie gut ein Päuschen tut. Und der Zeitforscher Karlheinz Geißler appelliert an Führungskräfte im Business: „Macht Schluss mit der Übernutzung der Zeit: Das Schnelle ist nicht immer gut, das Langsame nicht immer schlecht. Warten kann sich lohnen und Pausen sind keine überflüssigen Zeitlöcher. Sie unterbrechen ein Tun durch ein Nichtstun, unterscheiden zwei Handlungssequenzen durch ein Unterlassungshandeln."[80]

Der amerikanische Unternehmensberater Kevin Cashman hat die Pause sogar als Erfolgsfaktor Nummer eins für Veränderungsprojekte bezeichnet und „The Pause Principle" mit seinem Copyright versehen.[81] *Wegen dieses Urheberrechts habe ich bei ihm nachgefragt. Seine Antwort: „No problem to use the word ‚pause' in any way you like. If you use ‚Pause Principle' as a phrase, then you should give myself credit as source." Somit kann man jedem Change-Leader die Pause mit gutem Gewissen empfehlen, wenn sie nicht zum Prinzip erhoben wird.*

---

[80] *zitiert nach Pause, W.: Mit glücklichen Augen, 1948; Böll, H./Bravo, E.: Der kluge Fischer, 1963/2014; Geißler, K. A.: Enthetzt Euch! Weniger Tempo – mehr Zeit, 2012*
[81] *Cashman, K.: The Pause Principle: Step Back to Lead Forward, 2012*

Wagemut

zuversichtlich ⇌ vorsichtig

9

Spannungsfeld

Veränderungen sind in die Zukunft gerichtet. Risiko! Niemand weiß, was das Morgen bringen wird, besonders dann nicht, wenn der Change-Leader das Bekannte aufgibt und freiwillig etwas Neuartiges anstrebt. Zumal die Ungewissheit der Zukunft dazu führen kann, dass ein Vorhaben misslingt. Doppeltes Risiko! Wenn die Verantwortlichen mit dem Veränderungsprojekt scheitern, werden sie in wenig fehlertoleranten Organisationskulturen mit der Schuldfrage konfrontiert, ein böses Spiel, das man kaum gewinnt. Dennoch wagen sich experimentierfreudige Naturelle immer wieder an ein Wandelvorhaben. Zumindest weitaus häufiger als sogenannte Gewohnheitstiere, eine Eigenschaft, die den meisten Menschen zugeschrieben wird. Die Vorfreude auf den angeblich besseren Soll-Zustand (wirklich besser?) trifft dann auf die Wehmut beim Abschied vom vermeintlich schlechteren, aber seit Jahren bekannten Ist-Zustand (wirklich schlechter?).

Verwandte Begriffe & Konzepte

zuversichtlich: optimistisch, euphorisch, positives Denken, Risikobereitschaft, Utopien
vorsichtig: pessimistisch, skeptisch, negatives Denken, Furchtsamkeit, Dystopien

[82] *Maslow, A. H.: Motivation and Personality, 1954/1970; Seligman, M.: Learned Optimism, 1990; Csíkszentmihályi, M.: Flow: Das Geheimnis des Glücks, 2017 (Neuausgabe)*

Einerseits: zuversichtlich

„Geht nicht, gibt's nicht!"

Veränderungen können nur gelingen, wenn sie mit festem Vertrauen auf den guten Ausgang begonnen werden. Negative Gefühle wie Ängste und Sorgen verdunkeln den Blick in die Zukunft, lähmen die Veränderungsbereitschaft und führen in eine emotionale Abwärtsspirale. Dies ist aus der positiven Psychologie bekannt.[82] Optimismus steht für eine grundsätzlich zuversichtliche Haltung bei Veränderungen und nicht dafür, alle problematischen Fakten des Vorhabens auszublenden. Change ist aber weitaus mehr eine Chance als ein Risiko.

Lassen wir die Vergangenheit doch Vergangenheit sein, wenden wir unsere Augen voller Neugierde der Zukunft zu und machen wir doch die Entscheidungsfreude zum Kulturmerkmal der Organisation. Denn kein Change-Leader kann warten, bis alles ins letzte Detail abgeklärt ist, und er darf selbst dann nicht den Mut verlieren, wenn etwas nicht so klappt wie ursprünglich geplant. Entsteht nicht gerade dann der gewisse Kitzel, der Veränderungsprojekte so schön aufregend macht?

Zugegeben, bisher war nicht alles schlecht. Vor Jahren gab es offenbar gute Gründe für die bisherigen Lösungen, die aus früheren Einschätzungen heraus (vermutlich) richtig waren. Man darf die Traditionalisten nicht vor den Kopf stoßen, sie als Ewiggestrige abstempeln und die Vergangenheit als düsteres Mittelalter brandmarken. Allerdings sind Wandelvorhaben zukunftsgerichtet und somit müssen die Fortschrittsgläubigen ernster genommen werden als die Nostalgiker, Dauernörgler, Bedenkenträger: „the American way" statt „German angst".

Die Menschheit wäre immer noch in der Steinzeit, wenn alle Entdecker, Erfinder und Veränderer schon bei der ersten Krux aufgegeben hätten. Wegbereiter wie Christoph Columbus, Thomas Alva Edison und Mahatma Gandhi hatten großen Mumm. Heute wird jede Veränderung von Anfang an durch ängstliche Kleingeister kritisiert. Das ist der Reflex moderner Gesellschaften, weil es irgendjemand immer besser zu wissen glaubt. Der Change-Leader darf solche Kritik, besonders wenn sie konstruktiv gemeint ist, nicht ausblenden, aber sie darf ihn nicht aufhalten. Das Geheimnis des außerordentlichen Menschen ist in den meisten Fällen nichts anderes als seine Courage.[83]

Früher in der Disco oder heute im Club sollte man eines gelernt haben: Miesepeter und Heulsusen küsst man nicht, sie werden zu Eckenstehern und Mauerblümchen. Heruntergezogene Mundwinkel, regelmäßige Panikattacken und eine defizitorientierte Weltsicht entziehen auch einem Wandelvorhaben die gesamte Energie. Positives Denken ist das maßgebliche Prinzip im Change Management. Der Blick auf die bereits erreichten Resultate und die vorhandenen Ressourcen – statt auf die unleugbaren Risiken und Probleme – weckt selbst in schwierigen Phasen neue Kräfte. Der Change-Leader braucht Vertrauen in sich selbst und in die Kraft seiner sich selbsterfüllenden Prophezeiungen.[84] Also: Geht nicht, gibt's nicht – „Let's go for it!"

---

[83] Duckworth, A. L. u. a.: Grit – Perseverance and Passion for Long-Term Goals, in: Journal of Personality and Social Psychology, 2007, H. 6, S. 1087–1101

[84] Merton, R. K.: Soziologische Theorie und soziale Struktur, 1995, S. 399–413

Andererseits: vorsichtig

„Erfolgschance 1:3!"

Der Optimist trickst sich – manchmal sogar bewusst – selbst aus. Er weiß, dass die Zukunft unklar ist, und er ahnt, dass nicht alles gut wird, aber er überspielt alle Fragezeichen. Zuversichtliche Manager sind überzeugt, etwas verändern zu müssen, und reden sich autosuggestiv ein, dass das, was sie entscheiden, die einzig richtige Möglichkeit sei, egal was kommen mag. Manche Change-Leader treten derart überzeugend auf, belegen ihr „alternativloses" Konzept mit vorgeblich hieb- und stichfesten Fakten und möchten damit alle Zweifler mundtot machen. Dann wird Optimismus zur Diktatur des Lächelns *(siehe Infobox „Talk positive")*.

Nüchtern betrachtet ist ein halbvolles Glas auch halbleer. Vorsicht ist die Mutter der Porzellankiste und Veränderungsprojekte sind solche zerbrechlichen Gebilde, besonders weil sich manche Change-Leader wie Elefanten im Porzellanladen bewegen. Selbst wenn jede Transformation mit einer gewissen Portion Optimismus angegangen werden sollte, ist großer Respekt geboten. Man hört ja immer wieder, dass es zig Studien gibt, die sagen, dass drei Viertel aller Veränderungsprojekte nicht von Erfolg gekrönt sind. Warum sollte es gerade jetzt klappen? Die Chancen stehen eins zu drei.

Sind wir doch mal ehrlich: Positives Denken wirkt oft aufgesetzt und wird zur einstudierten Happyologie. Sind nicht die größten Verbesserungen der Menschheit aus einer Unzufriedenheit mit den bestehenden Umständen entstanden? Es gibt also ein Menschenrecht auf schlechte Laune, weil gerade daraus die Kraft zum Wandel entsteht, um eine Misere zu beseitigen. Also Obacht, denn der Blick durch die rosarote Brille übersieht vieles und führt leicht ins Debakel.

Der deutsche Philosoph Wilhelm Schmid ist ein erklärter Freund des Pessimismus und sieht „think positive" als Ersatzreligion mit Erfolgszwang: „Wenn das Positivdenken immer nur positive Konsequenzen hätte, wäre alles gut. Aber es führt zu unguten Verkrampfungen und Enttäuschungen. Wer positiv denkt, fixiert sich auf den Erfolg, aber was ist, wenn der sich einstellt? Erfolg macht leichtsinnig und überheblich. Wer negativ denkt, ist dagegen gewappnet und kann gelassener leben." Er empfiehlt das Negativdenken: „Verblüffenderweise zieht das durchweg positive Konsequenzen nach sich, und zwar doppelt: Wer so denkt, wird weniger enttäuscht. Wird er oder sie aber enttäuscht, dann nur angenehm. Tritt das Negative ein, trifft ihn das nicht unvorbereitet und das Leben geht weiter. Tritt es nicht ein, umso erfreulicher, dann lässt sich der angenehme Zustand genießen." (Changement 3/18, S. 27–29)

Talk positive

„Houston, wir haben gerade ein Problem", funkte die Besatzung von Apollo 13 im April 1970 an die Bodenstation. Nach der Explosion eines Sauerstofftanks befanden sich die drei Astronauten in einer höchst misslichen Lage zwischen Erde und Mond. „Kopf hoch", würden ihnen heute viele Manager und Consultants zurufen und von einer „Herausforderung" sprechen. Eine Herausforderung sei zukunfts- und handlungsorientiert, ein Problem eher lähmend. Denn genauso wie Kleider Leute machen, bestimme die Sprache unsere Stimmung. Weil wir mit Worten auch Werte verbinden, sei es gerade in den schwierigen (besser: „interessanten") Zeiten des Wandels wichtig, welche Begriffe wir wählen. Dafür gibt es inzwischen Listen mit netten Wörtern: „freisetzen" statt „entlassen", „überrascht" statt „stinksauer", „überdenken" statt „missbilligen". Damit aus „talk positive" der Eindruck „think positive" entsteht.

„Ja, aber" – „aber" gehört durch seine Widerrede ebenfalls zu den negativ besetzten Begriffen –, werfen Skeptiker ein und verweisen auf die sogenannte Euphemismus-Tretmühle: Schönfärbende Wörter nutzen sich ziemlich rasch ab, nehmen die negative Bedeutung des früheren Ausdrucks an und werden als Zeichen übertriebener politischer Korrektheit gewertet.[85] Viele Zuhörer werden sogar mit den Augen rollen (wohl eher: einen Verbesserungsbedarf sehen) und meinen, man solle nicht die Sprache, sondern den Zustand verbessern. Wie wählt man in Zeiten des Wandels seine Worte, ohne unschöne Sachverhalte, die bei jeder Veränderung auftreten, zu sehr zu verbrämen?

Axel Ebert, Berater für Unternehmenssprache, weist auf die Nachteile von „Talk positive" hin: „Schöne Worte = schöne Welt? (...) Euphemismen funktionieren nur selten und haben Nebenwirkungen: Sie sind leicht durchschaubar, vermitteln eine gewisse Hilflosigkeit und werden als von oben verordneter positiver Neusprech erlebt. Wer glaubt, mit Sprachkosmetik statt mit Inhalten die Wirklichkeit zu erneuern, wird schnell unglaubwürdig. Da will uns jemand ein X für ein U vormachen. Sprache ist dann stark, wenn sie echt ist. Dazu gehören auch differenzierende Negativformulierungen, denn sie haben eine wichtige Signalfunktion." (Changement 7/18, S. 17–19)

Unabhängig von den Wortgirlanden auf der Sachebene ist der Sprechstil des Change-Leaders wichtig. Spricht er freundlich (Nice Talk), ist dies Ausdruck guter Manieren und einer wertschätzenden Einstellung zum Gegenüber. Im Verlauf von Transformationen werden neben diesem grundsätzlich wohlwollenden Stil immer wieder auch klare Ansagen erforderlich (Tough Talk), mit denen zum Ausdruck gebracht wird, was geht und was nicht geht. Wobei gerade dann auf der Beziehungsebene nicht über die Stränge geschlagen werden sollte (Smart Talk).

---

[85] Pinker, S.: The Blank Slate: The Modern Denial of Human Nature, 2002

Leitfragen

1. Welche Absicherungsmentalität herrscht in der Organisation?
2. Sind die Chancen höher als die Risiken?
3. Gibt es für die absehbaren Probleme ein Risikomanagement?
4. Hat der Change-Leader bereits früher bewiesen, dass er (meistens) erfolgreich ist?
5. Welche Grundstimmung hat der Wandel: Dur oder Moll?
6. Fällt die persönliche Risikoabwägung positiv aus?

Situative Entscheidung

Zuversichtlich ...

1. **... wenn in der Organisation kein Vorsichtsprinzip waltet:**
   Der Abschied von der Nullfehlerkultur und eine nachrangige Schuldfrage sind die Voraussetzungen dafür, dass im Unternehmen couragierte Entscheidungen getroffen werden. In jüngerer Zeit gibt es daher die Tendenz, Misserfolge und Fehlgriffe als Erfolg oder zumindest als Chance für einen zweiten und dann besseren Versuch zu werten.[86] Vielerorts geht es jedoch ganz anders zu, besonders in Konzernen herrscht eine Absicherungsmentalität, die dem Wagemut im Wege steht. Risikoforscher wie Gerd Gigerenzer beobachten sogar eine Zunahme des Vorsichtsprinzips: „Immer mehr Führungskräfte neigen zu defensiven Entscheidungen, mit denen sie sich vor negativen Folgen – in erster Linie für sich persönlich – absichern möchten. Lieber wählen sie eine zweitklassige Lösung, als sich zum Besten ihrer Organisation zu entscheiden. Wenn etwas schief geht, sind sie dafür aus dem Schneider." (Changement 7/18, S. 24–27)

   [86] *Manche Freunde des Scheiterns treffen sich in sogenannten Fuckup-Nights, um aus Fehlern Dritter zu lernen.*

2. **... wenn die Chancen die Risiken (deutlich) überwiegen:**
   Um dies zu ermitteln, gibt es zahlreiche Verfahren. Am bekanntesten ist die Investitionsrechnung, die auch bei Veränderungsprojekten eingesetzt wird, indem die gesamte Transformation als Business Case betrachtet wird. Wichtig ist, dass vorab überhaupt eine seriöse Chancen-Risiken-Abwägung durchgeführt wird, die das Wandelvorhaben nicht tendenziös schönrechnet.

3. **... wenn die identifizierten Risiken im Projektverlauf aktiv gemanagt werden:**
   Ein wesentlicher Bestandteil jeder professionellen Projektsteuerung ist das Risikomanagement. Damit werden bereits vor dem Start der Veränderung die voraussagbaren Probleme aufgedeckt, etwa mittels der Premortem-Technik *(siehe Infobox)*, später dann permanent beobachtet und beim Auftreten von Schwierigkeiten (oder bereits zuvor) geeignete Gegenmaßnahmen eingeleitet (Risk Mitigation).

Premortem-Technik

Im Verlauf von Veränderungsprojekten kann prinzipiell alles schiefgehen. So lange dieses Worst-Case-Denken als Ausgangspunkt für die rechtzeitige Problemvermeidung genommen wird, ist es keine Abkehr von der Zuversicht: sich das Schlimmste ausmalen, um dem Ärgsten zu entgehen. Eine solche Logik ermöglicht die Antizipation von Hürden bei Wandelvorhaben.

Die Premortem-Technik beruht auf der Autopsie verstorbener Patienten, bei der die jeweilige Todesursache ermittelt wird, um Rückschlüsse für künftige Therapien an Lebenden zu gewinnen. Der Psychologe Gary Klein überträgt die Methode auf das Management von Transformationen und verlegt die Autopsie an deren Beginn.[87] Das Verfahren erfordert eine fehlertolerante Unternehmenskultur, die Bereitschaft zur konstruktiv-kritischen Problemanalyse sowie die Vermeidung einer allzu optimistischen Gruppendynamik. Organisationen, die selbst die größten Probleme herunterspielen, werden die Methode wegen ihres negativen Tenors ablehnen.

Die Vorgehensweise lässt sich in vier Stufen unterteilen:
Initiierung: Eine Gruppe von Change-Experten, die die Projektplanung bereits gut kennen, trifft sich zu einem rund einstündigen Workshop. Dieser beginnt mit einer kurzen Einführung: „Stellen Sie sich bitte vor, wir sind ein, zwei Jahre weiter. Unser Veränderungsprojekt wurde mit der vereinbarten Vorgehensweise umgesetzt und es ist spektakulär gescheitert, mit sehr schlimmen Folgen für unsere Firma. Bitte nehmen Sie sich ein paar Minuten Zeit, beschreiben den Hergang dieses Fiaskos und seine wesentlichen Gründe."

Konsolidierung: Die Ergebnisse des individuellen Brainstormings, bei dem jeder Experte für sich die Schwachstellen der Projektplanung notiert, werden anschließend zusammengeführt. Dabei werden im Plenum jeweils zwei bis drei Knackpunkte vorgestellt und von einem Moderator auf Flipcharts festgehalten.

Priorisierung: Die Gruppe priorisiert aus der Auflistung sämtlicher Schwachstellen die gravierendsten Umsetzungshürden. Es sollten nicht mehr als insgesamt fünf bis acht Toprisiken identifiziert werden.

Konsequenzen: Für diese Toprisiken überlegen die Experten die besten Vermeidungsstrategien und verabschieden deren Umsetzung in der Projektplanung. Falls es dazu weiterer Entscheider bedarf, werden die Empfehlungen in den Lenkungsausschuss des Projekts geleitet.

Es empfiehlt sich, die Premortem-Technik in regelmäßigen Abständen zu wiederholen (etwa einmal im Quartal). Mit diesem Vorgehen wird eine permanente Sensibilisierung für die mannigfachen Schwierigkeiten bei Wandelvorhaben erreicht. Es versteht sich von selbst, dass die Methode die gelegentlich recht euphorische Stimmung beim Start von Veränderungsprojekten etwas trübt.

---

[87] Klein, G.: Performing a Project Premortem, in: Harvard Business Review, 85. Jg., 2007, H. 9, S. 18–19

4. **... wenn die Verantwortlichen einen positiven „Track Record" aufweisen können:**
   Die meisten Topmanager haben ein ausgeprägtes Gefühl der Selbstwirksamkeit, weil sie auf eine Reihe von Erfolgen in der Vergangenheit verweisen können. Es nützt einer Veränderung, wenn sie von einem Change-Leader angeführt wird, der sogar über eine Art Sieger-Gen verfügt und dem nicht das Pech am Stiefel klebt.

5. **... wenn eine wohlklingende Melodie zum Wandelvorhaben passt:**
   Dieses Dilemma gab es bereits vor dreitausend Jahren. Im Buch Jesaja des Alten Testaments waren sich die beiden biblischen Autoren uneins. Der eine beschrieb eine positive Hin-zu-Motivation: das gelobte Land des Stammvaters Jakob samt Erscheinung des Messias. Der andere schilderte eine negative Weg-von-Motivation: den bevorstehenden Untergang des Staates Judäa und weitere Dramen. Auch heutige Transformationen können in Dur- oder in Molltönen erklingen *(siehe Abbildung 8)*. In Dur wird eine Zukunft beschrieben, die besser wird, wenn der Wandel vollzogen ist. In Moll wird ein Morgen dargestellt, das sich weiter verschlechtert, falls die Veränderung unterlassen wird. Wie in der Musik klingt beides zusammen ziemlich schräg. Oder es sorgt, wie der Tristan-Akkord von Richard Wagner, für Begeisterung unter Fachleuten, aber für Verwunderung beim Normalhörer. Um eine Breitenwirkung zu erzielen, muss man sich vor dem Beginn einer Transformation für eine der beiden Tonsysteme entscheiden. Wer anfangs auf bedrückende Molltöne setzt, kann nicht immer dabei bleiben: Er wird irgendwann unterwegs in betörende Durmelodien wechseln.

Dur	**Moll**
Soll-Zustand:	**Ist-Zustand:**
verbesserte Zukunft	**unerträgliche Gegenwart**
• Hin-zu-Motivation (pull)	• Weg-von-Motivation (push)
• Charme der Veränderung	• Druck zur Veränderung
• Zukunftsgestaltung	• Vergangenheitsbewältigung
• Chancen des Neuen	• Risiken des Alten
• Change for Excellence	• Change for Survival
• Create a Vision	• Sense of Urgency
• Winning the Princess	• Killing the Dragon
• Go System	• Stop System
• Management of Hope	• Management of Fear
• Paradies/Auferstehung	• Hölle/Verdammnis

Abbildung 8: Grundstimmungen des Wandels

6. ... wenn die individuellen Risiken verkraftbar sind:
Jeder Beteiligte im Change Management stellt sich die eigennutzorientierte Frage: „What's in it for me?" Gefahren und Bedrohungen spielen dabei eine wesentliche Rolle *(siehe Infobox „Negative Schlagseite")*. Wer seine persönliche Situation in den Vordergrund stellt, was nicht verwerflich ist, kann zum Ergebnis kommen, dass ein Veränderungsprojekt für das Unternehmen gut und für einen selbst aber schlecht ist *(siehe Infobox „Individuelle Risikoanalyse")*.

88 *Kahneman, D.: Thinking, fast and slow, 2011*

Negative Schlagseite
Der Verhaltensökonom Daniel Kahneman hat in seinen empirischen Forschungen zwei Hemmnisse für Wandelvorhaben gefunden, die tief in der menschlichen Natur verankert sind. Sein Fazit: „Bad is stronger than good."[88]

» Verlustaversion: Menschen neigen stark dazu, die Nachteile von Veränderungen höher zu gewichten als deren Vorteile. Wir lassen daher lieber alles so, wie es bisher schon war. Dies bedeutet Sicherheit und begünstigt den Status quo. Der Change-Leader muss daher unmissverständlich aufzeigen, dass der Nutzen der Veränderung weit überwiegt.

» Negativitätsdominanz: Menschen beachten für sie nachteilige Informationen stärker und übersehen gute Nachrichten. Botschaften über Risiken und Komplikationen erregen weitaus mehr Aufsehen als solche über die Chancen und das bisher Erreichte. Es gibt Studien, die ermittelt haben, dass eine schlechte Nachricht erst durch fünf gute kompensiert wird. Und für die Medien gilt: „Bad news are good news." Journalisten haben eine ausgeprägte Neigung, die Verlierer einer Veränderung samt ihrer Sorgen und Nöte in den Vordergrund zu stellen.

Individuelle Risikoanalyse
Für die Beteiligten sind Wandelvorhaben nicht risikolos, ganz im Gegenteil. Der Change kann scheitern und dann gilt oft: mitgefangen, mitgehangen. Das bedeutet Kratzer im Lebenslauf, was der weiteren Karriere innerhalb und außerhalb der Organisation schaden wird. Daher ist es klug, sich rechtzeitig zu überlegen, wie groß die Risiken sind und ob es nicht besser ist, am Veränderungsprojekt nicht mitzuwirken.

Eine schnelle Einschätzung bietet die 3x3-Reduktionsmethode. In den Bergen gibt es im Winter viel Schnee und damit die Bedrohung durch Lawinen, die höchst gefährlich werden können. Der Schweizer Bergführer Werner Munter hat deshalb ein Verfahren entwickelt, um die Wahrscheinlichkeit von Lawinen in kritischem Terrain abwägen zu können. Diese Methode lässt sich auf Veränderungsprojekte übertragen, um die persönlichen Risiken einzuschätzen.

Dabei sind neun Fragen zu beantworten (siehe Abbildung 9), entweder mit einem klaren und aufrichtigen Ja oder mit einem ehrlichen Nein. Das Maximum sind neun Ja, was selten vorkommt. Er-

fahrungsgemäß beginnt eine erhebliche Gefahr schon bei weniger als acht Ja, bei sechs und sieben Ja lautet die Warnung bereits „Achtung: große Vorsicht". Bei fünf und weniger Ja gibt es gewaltige Risiken und daher den Ratschlag „Verzicht wird klar empfohlen." Nicht immer hat man die Wahl, ob man bei einer Transformation mitwirken möchte oder nicht. Falls man die Wahl hat, ist die 3x3-Reduktionsmethode ein probates Mittel, um das persönliche Risiko einer Mitwirkung einzuschätzen.

	Aufgabe im Change-Projekt	Rolle im Change-Projekt	Kontext der Veränderung
erster Impuls	Ist meine derzeitige Kompetenz gut genug?	Ist meine eigene Motivation groß genug?	Ist die Organisation überhaupt veränderungsfähig?
Kernfrage	Ist die Aufgabe mit ihren inhaltlichen und fachlichen Herausforderungen zu bewältigen?	Ist die Rolle mit ihren physischen und psychischen Herausforderungen gut auszufüllen?	Sind die wesentlichen Erfolgsfaktoren gegeben (z. B. Zielsetzung, Ressourcen und Stakeholder)?
Lackmustest	Gibt es zuverlässige konzeptionelle Unterstützung, wenn es hart auf hart kommt?	Gibt es zuverlässige emotionale Unterstützung, wenn es hart auf hart kommt?	Gibt es zuverlässige politische Unterstützung, wenn es hart auf hart kommt?

Abbildung 9:
3x3-Reduktionsmethode zur individuellen Risikoanalyse

Erfahrung und Empfehlung

Ganz klar: Zuversicht ist die Basis jeder Veränderung. Transformationen brauchen eher US-amerikanischen Optimismus als deutschen Weltschmerz. Uneingeschränkter Wagemut wird jedoch gefährlich. Eine Portion Besonnenheit gehört immer dazu. Diese Skepsis des Gelingens wird am besten durch prozessuale und personelle Vorsichtsmaßnahmen sichergestellt: zum einen durch ein professionelles Risikomanagement. Zum anderen durch Bedenkenträger in den Projektgremien. Solche Typen nerven zwar, aber genau das ist ihre wichtigste Funktion. Man muss ja nicht Kollegen auswählen, die voller Risikoscheu sind und alles schwarzsehen, sondern solche, die konstruktiv-kritisch argumentieren.

Vor allem die mit großer Euphorie lancierten Modethemen müssen sich drei Fragen gefallen lassen: Erstens, was wäre, falls sich der unterstellte Megatrend nicht in voller Blüte entfaltet? Also wenn etwa die Globalisierung, wofür es gewisse Anzeichen gibt, nicht wie bislang unablässig weiter voranschreitet. Zweitens, was wäre, falls Gegentrends (die es stets gibt, selbst wenn sie beim flüchtigen Blick nicht augenscheinlich sind) eine kräftige Ablehnung erzeugen? Also wenn beispielsweise die weitere Digitalisierung durch Bedürfnisse nach Datensicherheit und -hoheit aufgehalten wird. Drittens, welche dauerhaft kostspieligen Verbesserungen eines Ver-

9. Spannungsfeld

änderungsprojekts (Goodies) bleiben in künftigen Krisen, die immer möglich sind, ganz bewusst erhalten und werden nicht auf dem Altar des Cost Cutting geopfert? Was sind die Felsen in der Brandung und was nur Kiesel an der Sunny Beach, die der nächste Sturm rasch wegspült? Es ist kein Pessimist, wer beim Wandelvorhaben die Frage nach den Sollbruchstellen stellt, also ob ein Schönwetterkonzept die nächste Gemeinkostenwertanalyse von McKinsey überstehen würde.

Noch eine persönliche Einschätzung zum Positive Leadership: Ohne jeden Zweifel ist dies eine wertschätzende Haltung, die besonders in motzigen Produktionsbereichen („Net gschimpft isch gnug globt") eine deutliche Stimmungsaufhellung bringt.[89] Hüten muss man sich jedoch vor dem schönfärberischen Extrem, wenn jedwedes menschliche Gebaren durch die rosarote Brille gesehen wird und Fehlverhalten durch die organisatorischen Umstände entschuldigt wird. Nicht immer ist ausschließlich „das System" für alles verantwortlich, es gibt durchaus toxische Führungskräfte und Mitarbeiter *(siehe Kapitel III.4)*.

89 *Projektbeispiele siehe Changement 7/18, S. 4–9 und S. 20–23*

Anspruch und Niveau

perfekt ⟶ gut genug
(maximizing)   (satisficing)

Spannungsfeld

Wie gut soll das Ergebnis einer Transformation sein? Strebt die Organisation das Optimum an, also Weltklasse? Auf die zum Beispiel der Autobauer Mercedes mit seinem Claim abzielt: „Das Beste oder nichts." Oder ist gut bereits gut genug (Pareto-Prinzip bzw. 80/20-Regel)? Die altbekannte Empfehlung, sich durchzuwursteln,[90] wird in der jüngeren Zeit durch die beiden Trends zu „always beta" und „enoughness" ergänzt.[91] Dies zeigt den Abschied von einem durchgängigen Perfektionsdrang und damit eine gewisse Fehlertoleranz, verbunden mit der Bereitschaft, zumindest unter gewissen Umständen nicht immer und überall exzellent zu sein.[92]

90 *Lindblom, C. E.: The Science of Muddling Through, in: Public Administration Review, 1959, H. 2, S. 79–88*
91 *Gatterer, H.: Future Room: Entdecken Sie die Zukunft Ihres Unternehmens, 2018*
92 *zum Enoughness-Trend im Daimler-Konzern siehe Changement 9/18, S. 34–38*

Verwandte Begriffe & Konzepte
perfekt: exzellent, vollkommen
gut genug: passabel, ausreichend

Einerseits: perfekt (maximizing)

Wenn das Topmanagement keine Ambition hat, das Beste aus sich und seiner Firma herauszuholen, sollte ihm sofort gekündigt werden. Veränderungsprojekte sind dazu da, dass ein Unternehmen dorthin kommt, was momentan State of the Art ist – und am besten noch besser wird. Die Konkurrenz schläft nicht und urplötzlich können neue Wettbewerber auftreten. Jede Führungskraft und im Grunde auch alle Mitarbeiter müssen begreifen, dass in den Märkten die Messlatte Tag für Tag ein Stück höher gelegt wird. Erfolge im Business erfordern ständige Höchstleistungen. Die heutige Perfektion wird morgen bereits zum Standard geschrumpft sein. Außerdem führt Schlamperei meist zu enormen Folgekosten in der Zukunft, wie unzählige Transformationen bewiesen haben, bei denen der spitze Bleistift regierte und später sündhaft teure Reparaturen erforderlich wurden. Also die taktische Schönrechnung des Business Case.

In der lässigen New Economy gibt es die Floskel: „Ask for forgiveness, not for permission." Das ist durch und durch lax und würde mir den Schlaf rauben. Deshalb gilt: „Better safe than sorry." Es ist doch selbstverständlich, dass bei Wandelvorhaben an den Business Case, an Entscheidungsvorlagen und an weitere Aufgabenstellungen, die erfolgskritisch sind, die allerhöchs-

„Better safe than sorry!"

ten Maßstäbe angelegt werden. Im Falle des Schiffbruchs um Vergebung zu bitten zeigt doch nur, dass der Kapitän nicht zum vollen persönlichen Einsatz bereit ist oder bei Problemen als Erster von Bord geht. Man kann jedem Mitarbeiter nur davon abraten, in solche Boote zu steigen.

Großartige Menschen verschieben stets aufs Neue das Limit des Menschenmöglichen, was meist nur eine Grenze im Kopf ist. Reinhold Messner, ein solcher Titan, der in seinem Leben mehrfach das scheinbar Unmögliche wahrgemacht hat, meint: „Grenzgänger zu sein bedeutet zuallererst, seine eigenen Grenzen zu erkennen."[93] Um sie dann zu übertreten. Denn Leistung bringt jeder, Vorsprung erzielt nur ein echter Gigant. Wer sich vorschnell mit dem Erreichten oder dem üblichen Niveau zufriedengibt, der verliert seine Zukunftsfähigkeit. Im Schumpeter'schen Sinn bedeutet Business das ständige Streben nach Verbesserung und keine Erholung auf der bequemen Couch. Nach dem Ende des Berufslebens, im sogenannten Ruhestand, darf man die Füße hochlegen. Fünfe können diejenigen gerade sein lassen, die nicht mehr in der Verantwortung für eine Firma stehen.

Wenn einem Change-Leader mit Hang zur Perfektion nachgesagt wird, er sei verbissen, zeigt dies lediglich den Argwohn von „Standardeuren" und deren Angst vor dem nächsten Entwicklungsschritt, von dem dann aber doch alle profitieren. Normalos sollten stattdessen einen solchen Topmanager loben, weil er sich nicht mit dem Gewöhnlichen zufriedengibt und die neue S-Kurve angeht. Aber schon klar: Perfektion ist nichts für Typen, die bereits beim Abitur mit einer Gratwanderung zwischen den Noten 2 (gut) und 3 (befriedigend) ständig am Rand des Abgrunds standen.

[93] *Messner, R.: Über Leben, 2014*

„Nobody is perfect!"

Andererseits: gut genug (satisficing)

Heute wollen zu viele der Beste und der Erste sein. Deswegen gibt es die zahlreichen Ranglisten. Aber auch als Nummer fünf oder sogar als Nummer zwölf lebt es sich nicht schlecht. Warum soll man sich ein Bein ausreißen, um ganz oben zu stehen und sich dann mit dem verbliebenen Bein ziemlich wacklig auf dem Gipfel zu halten? Zumal es über kurz oder lang eh jemand anders geben wird, der einen an der Spitze ablöst. Die persönlichen Dramen solcher Sockelstürze stehen in der Yellow Press oder werden vom Manager-Magazin genüsslich ausgeschlachtet.

Es gibt immer mehr Menschen, die durchaus leistungsorientiert sind, aber die sich von „not enoughness" nicht verrückt machen lassen und stattdessen auf „good enoughness" setzen. Das ist eine Haltung, für die es den vergessenen Begriff Selbstgenügsamkeit gibt, die bekanntlich Zufriedenheit und Glück ergibt. Warum immer mehr und mehr und mehr? Reinhold Messner sind die Worte von Klaus Hoi entgegenzuhalten, einem gleichaltrigen und durchaus erfolgreichen österreichischen Bergsteiger, der weniger bekannt und etwas weniger getrieben ist: „Ziele dürfen nicht zu Zwängen werden."[94] Man kann sich Menschen wie ihn als zufrieden vorstellen. Sie werden nicht von etwas angestachelt, das die Psychologen den Perfektionsantreiber nennen. Solche Typen wollen sich – und am liebsten der ganzen Menschheit – ständig beweisen, dass niemand an sie heranreicht. Dieses Motiv entsteht oft aus mangelnder Zuwendung in der Kindheit. Warum aber soll eine ganze Organisation unter ständigem Leistungsdruck und einer Steigerungsspirale leiden, nur weil der CEO von seinem Vater nicht beachtet wurde? Das mag nach Küchenpsychologie klingen, aber es sind solche Trigger, die das Maximizing auslösen. Jeder perfektionssüchtige Change-Leader hat irgendeinen Knall.

Und was haben Mister und Madame Perfect davon? Nichts, im Gegenteil, es wartet kein Ende der Anstrengung, sondern die nächste und noch gewaltigere Herausforderung. Irgendwann macht es dann „plopp" und die Heroen sind ausgebrannt. So war ihr Leben ein Hamsterrad, ein Abonnement des Defizits und eine „Tretmühle des Glücks".[95] Was übrigbleibt sind Nachrufe mit Sätzen wie: „Er war von 2008 bis 2015 Weltmarktführer für Uhrenarmbänder aus Kautschuk."

Gerade bei Wandelvorhaben ist das Satisficing-Prinzip sinnvoll, weil nicht alles bis ins letzte Detail durchdacht werden kann und meist schnell entschieden werden muss. Gut ist heute meist gut genug und in anspruchsvollen Märkten bereits schwer genug. Wer ein Unternehmen und seine Veränderungsprojekte zur Dauerbaustelle erklärt, der hat zwar prinzipiell recht, aber er wird mit dieser defizitorientierten Sicht, die nur das sieht, was noch nicht exzellent ist, die organisatorische Energie drosseln. „Nobody is perfect." Warum es dann ständig versuchen? Es gibt ein Menschenrecht auf Unvollkommenheit *(siehe Infobox „Entscheidungsregeln beim Satisficing")*.

94 *in Löwer, H.-J.: Die Welt zu Füßen, 2015*

95 *Binswanger, M.: Die Tretmühlen des Glücks, 2006*

96 *Simon, H. A.: A Behavioral Model of Rational Choice, in: Quarterly Journal of Economics, 69. Jg., 1955, H. 1, S. 99–118*

Entscheidungsregeln beim Satisficing

Der US-amerikanische Soziologe Herbert A. Simon, einer der ersten Träger des Wirtschaftsnobelpreises, prägte den Begriff „Satisficing" als Kombination der beiden Worte „*satisfying*" (= zufriedenstellend) und „*suffice*" (= genug sein).[96] Das Satisficing-Prinzip plädiert dafür, die erstbeste zufriedenstellende Alternative zu wählen – nicht mehr, aber auch nicht weniger. Dazu gibt es zwei Entscheidungsregeln:
1. *Das Anspruchsniveau muss vor der Entscheidung feststehen, um beurteilen zu können, ob es durch die Wahl einer Alternative erfüllt wird.*
2. *Es müssen nicht sämtliche Optionen identifiziert und analysiert werden. Es muss nur so lange nach Lösungen gesucht werden, bis eine davon das Anspruchsniveau erfüllt. Diese Erwartung muss auf jeden Fall erfüllt werden (good enough), ein noch größerer Nutzen und eine weitere Suche nach besseren Lösungen sind jedoch nicht erforderlich.*

Leitfragen

1. Ist Exzellenz der Leitgedanke im Geschäftsmodell der Organisation?
2. Welche Risiken birgt der Verzicht auf Perfektion?
3. Was bedeutet Perfektion konkret?
4. Wie wird verglichen, mit den anderen (Benchmarking), mit dem Absoluten (Messlatte)?
5. Welche Kosten verursacht das Streben nach Perfektion?
6. Welche Zielkonflikte gibt es auf dem Weg zur Perfektion?
7. Kann die Perfektion schrittweise erreicht werden?
8. Führt der Perfektionsdrang zur Verkrampfung?
9. Passen exzellente Worte und exzellente Taten zusammen?

Situative Entscheidung

Perfekt ...

1. ... wenn die Vollkommenheit geschäftsentscheidend ist:
Es versteht sich von selbst, dass das Streben nach Vollkommenheit richtig ist, wenn das Geschäftsmodell einer Firma nach ihr verlangt. Allein, die Perfektion im Front End erfordert keine durchgängige Perfektion im Back End, bei sämtlichen Prozessen, Systemen und Strukturen. Längst nicht überall muss das Unternehmen exzellent sein. Denn kein Konkurrent ist ohne Defizite, sogar die momentan idealisierten Firmen der amerikanischen Internetökonomie haben erschreckende Schwachstellen. Falls beispielsweise die Lohnabrechnung leicht höhere Stückkosten aufweist und die Fehlerquote im Promillebereich größer ausfällt als bei den Wettbewerbern, hat dies geringfügige Auswirkungen auf den Bilanzgewinn, ist aber kein Desaster, das sofort beseitigt werden müsste. Hermann Simon, höchstplatzierter Deutscher im globalen Ranking der Managementgurus (Thinkers 50), rät zur Gelassenheit: „Hüten Sie sich davor, jedes 1-Prozent-Problem mit einer 100-Prozent-Regel zu bekämpfen. Es ist effizienter und billiger, gewisse Fehler durchgehen zu lassen, als alles perfekt kontrollieren zu wollen."[97]

2. ... wenn die Perfektion überlebenswichtig ist:
„Zero defect!" In Hochrisikobereichen wie im Flugzeug gibt es eine jahrzehntelange Erfahrung mit der prophylaktischen Problemanalyse, weil Fehler dort verheerende Konsequenzen haben können. Bereits die Nennung dieses beispielhaften Risikos erinnert uns an schlimme Unglücke, die auf technisches Versagen, systemische Probleme oder den Faktor Mensch zurückzuführen sind. Risikoexperten fordern deshalb keine Kompromisse, eine konstruktive Fehlerkultur und die Akzeptanz der eigenen Fehlbarkeit, um das Handeln selbstkritisch zu reflektieren, Pannen vorzubeugen oder sie schnellstmöglich abzustellen (Changement 1/16, S. 8–10). Veränderungsprojekte sind ebenfalls ein Hochrisikobereich. Perfektion wird deshalb zum Mantra mancher Change-Leader. Besonders dann, wenn sie um ihr Überleben in der Organisation fürchten.

[97] Simon, H.: Hidden Champions des 21. Jahrhunderts. Die Erfolgsstrategien unbekannter Weltmarktführer, 2007, S. 194

3. **... wenn es nichts Besseres gibt:**
Perfektion bedeutet höchste Vollendung und vollkommene Meisterschaft. Wie bei vielen Einschätzungen kann die Wahrnehmung jedoch subjektiv verzerrt sein. Um seriös beurteilen zu können, ob etwas perfekt ist, braucht es einen Maßstab, am besten mit quantitativen Werten. Und es braucht den Nachweis, am besten aus neutraler Warte, dass es derzeit nirgends im Erdenrund nicht doch noch besser geht. Ansonsten wäre etwas nicht perfekt, weil offensichtlich wird, dass ein Stück zur andernorts gezeigten Brillanz fehlt. Sobald eine situative Relativierung zugelassen wird („unter den gegebenen Umständen perfekt"), verzichtet man auf das mögliche Maximum und bleibt nur suboptimal. Manches Eigenlob von Topmanagern („world leading") hinterlässt einen schalen Nachgeschmack. Viele lokale Größen erweisen sich nämlich als globale Zwerge. Diese Überraschung erlebte kürzlich auch der deutsche Spitzenfußball.

4. **... wenn es eine valide Perfektionsskala gibt:**
Im Business gibt es lediglich in den „harten" Feldern metrische Variablen mit definierten Kennzahlen und (halbwegs) objektiven Messmethoden, etwa in der Finanzfunktion oder im Produktionsbereich. Bei strategischen Zielgrößen wie etwa Agilität und Digitalisierung sind allenfalls Einschätzungen möglich, besonders durch Experten, denen aber oft der Überblick fehlt oder die – als Dienstleister – interessengeleitet urteilen. Besondere Schwierigkeiten ergeben sich bei der Einschätzung von Change-Projekten und Change-Experten. Dafür sind mir keine Rankings bekannt. Übrigens: Eigene publizistische Überlegungen – wie etwa „change of the year" – haben wir wegen der großen Subjektivität schnell wieder begraben. Vermutlich hätten wir uns wegen der Sieger kurze Zeit später nicht mehr gut gefühlt. Wie bestimmt auch die Redaktion des Manager-Magazin. Aus der „Hall of Fame" der 100 wichtigsten deutschen Konzernchefs im Jahr 2013 ist beim Schreiben dieser Zeilen die Nummer eins schon vier Jahre im unrühmlichen Ruhestand und die Nummer drei ist unlängst aus dem Gefängnis entlassen worden.

5. **... wenn das Budget nicht ausufert:**
Perfektion muss man sich leisten können. Der Charme des Satisficing liegt darin, dass nicht nur der Nutzen, sondern auch die Kosten der diversen Optionen und der Aufwand bei der Lösungssuche berücksichtigt werden. Damit wird dem Gesetz des abnehmenden Grenznutzens Rechnung getragen, nach dem sich Perfektion lediglich mit immensen Anstrengungen erreichen lässt. Die 80/20-Regel (Pareto-Prinzip) ist ein bekanntes Beispiel für das Satisficing. Nach ihr werden 80 Prozent des Ertrags mit 20 Prozent des Aufwands erreicht. Für die verbleibenden 20 Prozent bis zum Optimum werden jedoch 80 Prozent des Aufwands benötigt, was man sich gut überlegen sollte. Meinetwegen können gern auch 95/5 angestrebt werden. Im Change Management ist 100/0-Perfektion jedoch nicht nur unerreichbar, sondern wird unbezahlbar.

6. ... wenn Perfektion bei einem Ziel keine/kaum Abstriche bei anderen Zielen bedeutet:
Die meisten Optima isoliert betrachteter Ziele ergeben lediglich einen suboptimalen Gesamtzustand für das Unternehmen und seine Menschen, weil ebenfalls wichtige Ziele ausgeblendet werden. Im Business und damit im Change Management gibt es klassische Zielkonflikte wie etwa den zwischen Kosten und Nutzen. Perfektion ist deshalb das Gesamtoptimum aller Ziele, wofür bei einzelnen Zielen mittels Satisficing ein Mindestniveau vereinbart werden kann. Übrigens: Für den Change-Leader könnte dies zum Grundsatz seiner Work-Life-Balance werden: „Ich setze mich mit voller Kraft für das Veränderungsprojekt ein, wenn ich werktags spätestens um 19:00 daheim bin."

7. ... wenn Verbesserungen sukzessive vorgenommen werden:
Perfektion erfordert Geduld und Ausdauer und gelingt selten auf einen Schlag. Rom wurde schließlich auch nicht an einem Tag erbaut. Ein zeitgemäßes Beispiel für diesen iterativen Prozess ist das sogenannte Minimum Viable Product: Ein erster Prototyp beschränkt sich auf wenige Kernfunktionen, die frühzeitig von Testkunden beurteilt werden. In weiteren Schritten und in ständiger Kundenabstimmung wird der Produktnutzen peu à peu in kurzen Zyklen verbessert. Allerdings tun sich besonders die auf Perfektionismus getrimmten deutschen Ingenieursfirmen mit den anfänglichen Unzulänglichkeiten schwer (Changement 5/18, S. 36–40).

8. ... wenn das Maximalstreben keine Überspannungen bringt:
Eine große Gefahr des Perfektionsdrangs sind Verkrampfungen, die das Vorwärtskommen lähmen. Die höchste Kunst ist es, die eigene Meisterschaft als etwas Lässiges erscheinen zu lassen. Die Italiener haben dafür den Begriff Sprezzatura, der die Fähigkeit beschreibt, seine Anstrengungen unkompliziert und problemlos, also ohne jede Mühe erscheinen zu lassen.[98] Die jugendliche Version der Sprezzatura, „alles easy", wird heute allerdings oft nur so dahingesagt.

98 *Der Begriff geht zurück auf Baldassare Castiglione, einen Höfling aus dem 16. Jahrhundert.*

9. ... wenn Perfektion nicht nur behauptet, sondern auch verwirklicht wird:
Besonders bei diesem Spannungsfeld gibt es vielerorts eine offensichtliche Lücke zwischen der Kommunikation und der Realisierung. Dieses Phänomen ist aus dem Produktmarketing allzu gut bekannt, wenn die Werbebotschaften etwas anpreisen, das vom Machwerk nicht gehalten wird. Bei Wandelvorhaben drücken die meisten Betroffenen im Falle eines leichten Schwindels beide Augen zu. Aber sie ärgern sich, falls vom Change-Leader das Blaue vom Himmel versprochen und dann doch nur Irdisches geboten wird.

Erfahrung und Empfehlung

Nicht jede der zahlreichen Unvollkommenheiten einer Organisation muss „not-wendig" verbessert werden, schon gar nicht bis zur Perfektion. Viele suboptimalen Prozesse, Systeme und Strukturen können weiterhin so bleiben, wie sie sind. Vor allem dann, wenn die Wettbewerber darin nicht besser sind oder es sich um Nebensächlichkeiten handelt. Unternehmen und ihre Belegschaften können mit vielen Imperfektionen gut leben. Keines der durchaus unbestrittenen Problemchen sollte mit Alarmismus zur Katastrophe hochstilisiert werden. Wäre es nicht die wahre Meisterschaft, wenn es der Firma gelänge, die erfolgskritischen Defizite von alltäglichen Nörgeleien zu unterscheiden?

Es gibt übersteigerte Wandelvorhaben, die wie Ikarus vom Himmel stürzen. Beispiel: „neue Steuerungsinstrumente". Damit wollte das deutsche Bundesland Baden-Württemberg sein Finanzmanagement in die Zukunft katapultieren. Mehr als fünf Jahre nach Projektbeginn stellte der Landesrechnungshof fest: „Eine unveränderte Weiterführung ist nicht vertretbar. Bisher ist der wirtschaftliche Nutzen nur ansatzweise erkennbar."[99] Vergleichbare Bruchlandungen gibt es auch bei Vorhaben in Wirtschaftsunternehmen, etwa als die Deutsche Post DHL Group mit dem zu ambitionierten IT-Projekt „New Forwarding Environment" einen dreistelligen Millionenbetrag in den Sand setzte.

[99] *www.rechnungshof.baden-wuerttemberg.de/de/informationen/presse/272725.html (aufgerufen am 03.06.2019)*

Das Perfektions-Narrativ wird auch weiterhin einen hohen Stellenwert im Erzählrepertoire des Topmanagements behalten. Veränderungsprojekte sind freilich weit davon entfernt, perfekt auszugehen. Vollkommenheit bei Wandelvorhaben erreichen zu wollen ist lebensfremd: Die hundertprozentige Zustimmung aller Stakeholder – utopisch. Die vollständige Partizipation aller Betroffenen – idealistisch. Die lückenlose Qualifizierung aller Mitarbeiter – unrealistisch. Stattdessen muss eine Transformation die illusionslosen Ansprüche des Change-Leaders und wichtiger Stakeholder erfüllen. Dafür gibt es das Satisficing-Prinzip. Es strebt für den Zielzustand kein Nonplusultra an, sondern legt eine realistische Messlatte auf und setzt die Mittel sparsam ein, damit der Wandel mit einer Okay-Lösung fortgesetzt werden kann. Dafür gibt es einen Grundsatz: „Lieber 90 oder sogar 95 Prozent morgen als 100 Prozent erst in fünf Jahren und mit überzogenem Budget."

Dieses Spannungsfeld ist ganz wesentlich eine Typenfrage des Change-Leaders (und seiner Einflüsterer). Mister und Madame Perfect sind keine aussterbende Spezies. Sie findet in vielen Unternehmen ein förderliches Biotop. Allerdings täte es manchen Führungskräften und Mitarbeitern gut, wenn sie weniger verbissen unterwegs wären. In vielen Fällen würden sie mit geringerer Verkrampfung sogar bessere Ergebnisse erzielen (Changement 5/18, S. 36–40). Übrigens: In meiner persönlichen Entwicklung habe ich mich etwas vom Maximizing zum Satisficing bewegt. Besonders in solchen Momenten, in denen die Antwort auf die selbstgestellte Frage „Why perfect?" nicht überzeugend ausfällt. Und weil die eigene Perfektion vom Markt längst nicht immer goutiert und honoriert wird. Natürlich muss man weiterhin wissen, wann Könnerschaft unverzichtbar bleibt und was die „Big Points" sind.

Entscheidungen
hierarchisch ⇄ partizipativ

Spannungsfeld

Üblicherweise kommen Transformationen erst dann voran, wenn Entscheidungen getroffen und umgesetzt werden. Doch wem steht das Entscheidungsrecht zu? Die Old Economy praktiziert einen Feudalismus, bei dem entsprechend des Top-down-Prinzips entschieden wird: Ober(schicht) sticht Unter(tanen). Das vom Statusdenken und von der über viele Jahre mühsam erarbeiteten Seniorität geprägte Topmanagement fordert eine entsprechende Disziplin ein und versieht seine Entscheidungen mit dem Stempel der Verbindlichkeit. Mit dem Slogan „New Work" experimentieren inzwischen immer mehr Organisationen mit wenig autoritären Formaten, bei denen das Bottom-up-Prinzip, die vielbeschworene Augenhöhe und das sogenannte Unbossing eine Rolle spielen, zumindest im Vorfeld der Entscheidung. Dabei kommt der kollektiven Intelligenz, also einer Weisheit der vielen, eine große Bedeutung zu – auf Kosten des Expertenurteils tatsächlicher oder vermeintlicher Koryphäen (Changement 2/17, S. 9–11). Da die hierarchische Herangehensweise im Zwist nichts grundsätzlich Verwerfliches sieht und partizipative Formate eine Neigung zum Miteinander zeigen, wird das verwandte Spannungsfeld Konflikt versus Kooperation nicht separat behandelt.

Verwandte Begriffe & Konzepte
hierarchisch: autokratisch, elitär, konfliktär
partizipativ: demokratisch, egalitär, kooperativ

„Keine Rechte ohne Pflichten!"

100 Kühl, S.: Wenn die Affen den Zoo regieren: Die Tücken der flachen Hierarchien, 2015 (6. Aufl.)

Einerseits: hierarchisch

Entscheidungen werden von denen getroffen, die die Verantwortung tragen und deshalb für die Ergebnisse geradestehen müssen. Diese Haltung scheint derzeit zwar nicht besonders populär zu sein, weil alle bei allem mitreden, selbst wenn sie keinen blassen Schimmer haben, sondern bloß ein flaues Gefühl äußern. Bullshit! Es gibt nur einen Entscheider, den Change-Leader und damit das Topmanagement: „Wir brauchen weniger Geschwätz. Es ist ein Führungsfehler, Betroffene zu Beteiligten zu machen," meint Matthias Kolbusa, der sich wie nur noch wenige traut, dem Egalitätswahn öffentlich zu widersprechen (Changement 8/17, S. 21–23).

Wer die Hierarchie ablehnt, wird zum Freund der Anarchie und die endet stets im Chaos, das zeigt die Menschheitsgeschichte. Es war schon immer so, dass Organisationen und Transformationen von einem Leader angeführt werden, der diese Rolle beherrscht und nach Macht strebt. Dieser eine Kopf hat das Sagen – basta! Falls sich, was überaus selten vorkommt, ein Chef nicht im Dienst seines Unternehmens aufzehrt, muss man ihn ablösen. Aber das ist doch kein Grund, gleich ganz auf Hierarchie zu verzichten. Zumal sie bekanntermaßen zwei wesentliche Funktionen hat: Erstens die Beschleunigung und Verbindlichkeit von Entscheidungsprozessen.[100] Zweitens die Entlastung aller Nichtentscheider von der Verantwortung. Wobei die Leute meinetwegen sogar über die hierarchischen Beschlüsse ein bisschen herummosern dürfen. Beispiel Sport: Dort wird eine Mannschaft vom Trainer aufgestellt und nicht durch die aufgeregten Fans. Was wäre das für ein Tohuwabohu?

Sind denn die derzeit erfolgreichen Firmen partizipativ ausgerichtet? Nein! Bei Amazon ist es Jeff Bezos, der sich am Leitmotiv des Absolutismus orientiert: l'état, c'est moi. Von den drei typischen Kennzeichen demokratischer Unternehmen – Wahl von Führungskräften, Abstimmung über Unternehmensstrategie und Freiräume zur Tätigkeitsentfaltung – können sich solche Kaiser allenfalls mit dem dritten Punkt anfreunden, in eng gezogenen Grenzen und unter ständiger Aufsicht. Macht, Einfluss und Herrschaft werden immer ungleich verteilt sein, da darf man sich keiner Illusion hingeben. Außerdem ist es ja nicht so, dass es einen weltweiten Drang zur Partizipation gibt. In Asien und Lateinamerika, im arabischen Raum und in osteuropäischen Ländern wie Russland würde man mit einer breit angelegten Mitwirkungsoffensive eine große Verunsicherung bei den Mitarbeitern auslösen. Dort, aber auch hierzulande haben viele Menschen begriffen, dass ihnen die Hierarchie eine Chance zum persönlichen Aufstieg bietet, zum Wachstum im Sozialgefüge der Organisation und damit eine Chance auf mehr Geld, Macht und Status. Man kann sich doch nicht gegen das stellen, was einem selbst mittel- und langfristig nützlich ist.

Dass Mitarbeiter hierzulande in „ihrem" Unternehmen mitreden möchten, ist nachvollziehbar, weil Vergütung heutzutage kein Schweigegeld mehr bedeutet. Nur ist das wirtschaftliche Zielsystem eng an das Recht auf Privateigentum gebunden. Warum sollen Shareholder und deren Statthalter im Topmanagement etwas von ihren Befugnissen abgeben? Außerdem gibt es die bereits erwähnte Rückseite der Entscheidungsmünze: Verantwortung. Keine Rechte ohne Pflichten, die Mitbestimmung ist nicht ohne die Mitverantwortung zu haben, zumindest nicht für erwachsene Menschen. Und die Mitverantwortung ist stets mit einer Risikobereitschaft verbunden, die die Möglichkeit des Scheiterns bis hin zum persönlichen Absturz einschließt. Nicht jeder Mitarbeiter ist dazu bereit. Das ist völlig okay! Nicht in Ordnung wäre es, dennoch auf Partizipation zu pochen. Mitwirkung einerseits und Sicherheit andererseits kann niemand ernsthaft verlangen.

Immerhin gibt es gewisse Anzeichen, dass die Ablehnung von Eliten und die Alle-sind-Experten-Ideologie ein Fehltritt der Postmoderne sind. Top-down wird sein Comeback erleben und die Gleichmacherei wird zu einer Anekdote aus dem Baukasten der Utopien werden.[101] Der Partizipationstraum in Unternehmen ist viel zu weit über das aus der Politik bekannte Prinzip der repräsentativen Demokratie hinausgeschossen. Entscheidungsprozesse können nicht endlos dauern. Das Palavern ist kein Freund der Effizienz. Für Veränderungsprojekte braucht es die Fähigkeit, Diskussionen auch abzuschließen, gelegentlich sogar mit klaren Worten, und verbindlich über Ziel und Weg zu entscheiden.

101 *Strauß, B.: Der Plurimi-Faktor: Anmerkungen zum Außenseiter, in: Der Spiegel, 29.07.2013*

Andererseits: partizipativ

Die feudalistische Vorstellung ist längst überholt. Der Wandel fließt nicht vom Denken des Topmanagements per Befehl in das Handeln der Mitarbeiter. Vielen Konzepten aus der Firmenspitze, seien sie visionär oder brachial, fehlt die Bodenhaftung, was sich spätestens bei der Implementierung zeigt. Deswegen muss das in den Unternehmen an vielen Stellen vorhandene Know-how durch Mitwirkung gezielt ausgeschöpft werden, um tragfähige Lösungen zu finden. Das erhöht zugleich die Identifikation mit diesen Ansätzen. Obendrein ist es ein gezieltes Täuschungsmanöver machtversessener Leader, dass Organisationen durch eine breite Beteiligung entscheidungsunfähig würden. Das Konsentprinzip (Soziokratie) und das Prinzip integrativer Entscheidungsfindung (Holacracy) beweisen die Funktionalität basisdemokratischer Abstimmungen.

Die Omnipotenz des Topmanagements und der Great-Leader-Mythos waren ein Narrativ des 20. Jahrhunderts. Wir leben nun im dritten Jahrtausend. Ohne die kollektive Intelligenz sämtlicher Menschen im Unternehmen gibt es keine Innovationen mehr. Eine Idee ist nicht deshalb gut, weil sie von einem Topmanager kommt, sie ist dann gut, wenn sie die Firma voranbringt. Das Verständnis einer Führungskraft hat sich von der Führung auf die Kraft verlagert, um eine Organisation und ihre Mitarbeiter zu „enablen", damit die Menschen das Wandelvorhaben erfolgreich gestalten *(siehe*

„Kollektive Intelligenz nutzen!"

102 z. B. Doppler, K./ Lauterburg, C.: Change Management: Den Unternehmenswandel gestalten, 2002 (10. Aufl.); Häfele, W.: OE-Prozesse initiieren und gestalten: Ein Handbuch für Führungskräfte, Berater/innen und Projektleiter/innen, 2007

Infobox „Transformationales Leadership"). Unternehmen brauchen endlich Debatten ohne Blick auf die Schulterklappen, um besser zu entscheiden und schneller zu verändern.[102]

Zwischen absoluter Hierarchie und kompletter Partizipation gibt es Zwischenstufen. Entscheidungen sind das Ergebnis eines Prozesses, bei dem es um Willensbildung geht. Wenn der Change-Leader von sich aus die Mitarbeiter fragt, ihre Meinungen ernstnimmt und in seine Abwägung aufnimmt, dann ist zumindest die erste Partizipationsstufe erreicht. Die Entscheidung fällt dann nicht zwingend im Sinne aller Betroffenen aus, aber sie werden mit ihren Argumenten immerhin gehört. Eine solche „halbe" Partizipation ist besser als gar keine. Denn auch sie verbessert Veränderungsprojekte, weil das ganze Spektrum an Kenntnissen und Sichtweisen zu einem frühen Zeitpunkt in die Gestaltung des Wandels einfließt. Zudem fällt die Mobilisierung leichter und das Engagement ist höher, wenn die Belegschaft nicht nur stumpf die Entscheidungen aus der Vorstandsetage exekutieren muss, sondern durch partizipative Beteiligungsformate so eingebunden wird, dass ihre Worte ein Gewicht haben.

Und nicht zu vergessen: Die Kräfte im Arbeitsmarkt haben sich fundamental gewandelt, weg vom Kapital und hin zur Arbeit. Die begehrten Experten und Talente möchten nicht mehr, dass über ihren Kopf hinweg entschieden wird. Ansonsten sind sie weg und gehen dorthin, wo man ihnen tatsächlich zuhört. Und wo der Werbesprech im Personalmarketing mehr als leere Versprechen bietet.

Transformationales Leadership

Dies ist die wichtigste Führungstheorie im Change Management. Ihre Grundidee: „Es geht für das Management darum, die Mitarbeiter zu außergewöhnlichen Leistungen zu befähigen und dabei sicherzustellen, dass Leistungen vor allem für die Organisation und weniger im Dienste eigener Interessen erbracht werden. Als Voraussetzung dafür wird eine Transformation des Geführten angesehen, vor allem der Wert- und Motivprioritäten. An die Führenden werden hohe Ansprüche hinsichtlich ihrer kognitiven, emotionalen, motivationalen Fähigkeiten und, wenn man es ernst nimmt, auch moralischen Qualitäten gestellt. Das Konzept setzt auf einsichtsfähige Akteure, die bei Konflikten letztlich die Interessen des Ganzen als Ziel haben."[103] Diese letzte Bedingung, dass persönliche Anliegen zurückgestellt werden, wird von den meisten Verfechtern der transformationalen Führung allerdings ausgeblendet. Dennoch gehört zu gutem Leadership auch ein gutes Followership.

103 Changement 7/17, S. 16–17; Weibler, J.: Personalführung, 2016 (3. Aufl.), S. 339–347

Leitfragen

1. Benötigt die Veränderung Entscheidungen „von oben"?
2. Ist die Veränderung hinsichtlich ihrer Ziele und Wege alternativlos?
3. Geht es um eine Veränderung, von der zunächst nicht alle erfahren sollen?
4. Können Sachzwänge und weitere sensible Aspekte verständlich dargestellt werden?
5. Wie dominant ist das Autoritäts-Gen im Topmanagement?
6. Wie bedeutsam ist die Entscheidung für den Change-Leader?
7. Wie bedeutsam ist die Entscheidung für wichtige Stakeholder?
8. Befindet sich das Veränderungsprojekt in einer Schwächephase?
9. Wie reif ist die Organisation für eine breite Partizipation?
10. Gibt es unüberbrückbare weltanschauliche Unterschiede?
11. Gibt es egoistische Partikularinteressen?

Situative Entscheidung

Hierarchisch ...

1. **... wenn das Wandelvorhaben hierarchische Entscheidungen erfordert:**
   Was tautologisch klingt – Hierarchie braucht Hierarchie –, ist weitgehend die organisatorische Wirklichkeit. Und es zeigt den Selbsterhaltungstrieb autoritärer Systeme. Traditionelle Firmen verlangen für viele, selbst nebensächliche Fragestellungen im Veränderungsprojekt eine dezidierte Beschlussfassung, oft sogar von höchster Stelle *(siehe Infobox „Lenkungsausschuss")*. Ansonsten stockt die Transformation. Oder die partizipativen „Beschlüsse" werden lediglich als Diskussionsbeiträge gesehen und die Debatte geht munter weiter. Hingegen machen agile Organisationen selbst Veränderungen mit grundlegender Tragweite einfach so – ohne sie jemals offiziell zu beschließen. Marc Maurer, Geschäftsführer des Laufschuhherstellers On: „Für klassische Firmen ist es oft überraschend, dass es bei uns noch nie ein Geschäftsleitungsprotokoll gegeben hat." (Changement 6/17, S. 11). Aber selbst wenn solche Unternehmen häufig in den Medien und auf Konferenzen vorgestellt werden, darf nicht vergessen werden, dass sich ihr Anteil derzeit noch im Promillebereich bewegt.

Lenkungsausschuss
Bei Veränderungsprojekten dient üblicherweise ein Lenkungsausschuss (oder Steuerkreis) als letzte Instanz. Wobei dessen Hoheitsrechte – parallel zur etablierten Linienorganisation – in vielen traditionellen Unternehmen meist das Ergebnis eines schwierigen Entscheidungsprozesses sind. Denn die Festlegung von Entscheidungsthemen (was entscheiden?), Verfahrensweisen (wie entscheiden?) und Zusammensetzung (wer entscheidet?) gleicht einem Machtkampf mit vielfältigen Interessen.

Es gibt Wandelvorhaben, da wird diese Vor-Entscheidung in einem eigenständigen und inhaltsleeren Vorprojekt mit mehrmonatiger Laufzeit geklärt. In dieser Zeit geschieht bei der angestrebten Transformation wenig bis nichts. Meist ist das oberste Gremium dann ein Abbild der bisherigen Machtbalance: vor der Veränderung. Besonders wenn skeptische und opponierende Stakeholder sich Sitz und Stimme verschaffen können, droht die Erneuerung zu scheitern oder zumindest verwässert und verzögert zu werden.

2. **... wenn nur eine einzige Herangehensweise zweckmäßig ist:**
   Eine breit angelegte Partizipation ist besonders in akuten Krisen (Change for Survival) kontraproduktiv, weil dadurch wertvolle Zeit verlorengeht. In Situationen, in denen es hart auf hart kommt und es besonders pressiert, kann allenfalls vor dem Krisenmanagement kurz innegehalten werden, um die Frage zu stellen, ob es tatsächlich keine Alternativen gibt. Der Change-Leader ergreift dann aber eigenmächtig die Initiative und macht sein Ding. Applaus von allen Seiten kann er dafür nicht erwarten. (Changement 1/17, S. 28–33; 8/18, S. 22–27)

3. **... wenn es um ein Vorhaben mit Topsecret-Charakter geht:**
   Nicht nur akute Krisen sind Veränderungsanlässe, bei denen es aus rechtlichen oder taktischen Gründen angeraten ist, eine breite Beteiligung auszuschließen. Dazu gehören Organisationsthemen wie Reorganisationen und Restrukturierungen, Unternehmensfusionen (Mergers & Acquisitions) sowie Themen mit Börsenrelevanz, bei denen Ad-hoc-Meldungen zwingend vorgeschrieben sind. Beispielsweise ist es besser, eine Neuorganisation während der Analyse- und Designphase geheim zu halten. Ansonsten werden von den Betroffenen zu viele Wünsche geäußert, die vom Verantwortlichen nicht erfüllt werden können. Konkret: Wer mit einer Kapazität von 100 startet, die er eigentlich auf 80 reduzieren möchte, landet sonst schnell bei 150.

4. **... wenn (zunächst) nicht alles erläutert werden kann:**
   Offene Kommunikation gilt als Grundregel für ehrbare Kaufleute und freundliche Menschen. Transparenz ist aber besonders am Beginn von Wandelvorhaben nicht immer geschickt. Es gibt Themen, die sensibel oder kompliziert sind, beispielsweise bei Standortverlagerungen. Wenn das Management dazu in Verhandlungen mit dem Betriebsrat tritt, um einen Deal zu erreichen, ist es unklug, bereits am Anfang mit offenen

Karten zu spielen *(siehe Infobox „Betriebsrat")*. Die Aussage „zu sensibel und zu kompliziert" dient allerdings auch als faule Ausrede: „Habt Vertrauen und lasst uns mal machen!" In dieser abwiegelnden Funktion erreicht sie immer seltener ihr Ziel. Heute fuchsen sich engagierte Gegner selbst in vermeintlich nebensächliche Details der Veränderung ein und entlarven die saloppen Statements des Change-Leaders als falsch. Dann wird es peinlich, der eingeforderte Vertrauensvorschuss ist weg und es entsteht ein nur noch schwer zu behebendes Glaubwürdigkeitsproblem. Für Topmanager bleibt Transparenz freilich stets eine Gratwanderung, weil ihre diversen Stakeholder unterschiedliche Wahrheiten hören möchten.

Betriebsrat
Der Sozialpartner als Anspruchsgruppe bei Transformationen ist besonders in Deutschland nicht zu unterschätzen. Die Bandbreite reicht von konstruktivem, aber parteiischem Verhalten bis hin zur Fundamentalopposition. Der Change-Leader sollte sich Typen wie Uwe Hück, langjähriger Gesamtbetriebsratsvorsitzender von Porsche, wünschen, die die Interessen ihrer Klientel vertreten, aber den Lauf der Zeit nicht aufhalten: „Die heutige Welt war gestern gut. Morgen ist sie aber womöglich schon längst veraltet. Das sollte jedem klar sein. Der Betriebsrat muss einen Spagat schaffen. Er soll dem notwendigen Fortschritt nicht im Weg stehen und gleichzeitig die berechtigten Interessen der Beschäftigten etwa zum Schutz vor Überlastung vertreten. Betriebsräte sollten die Entwicklungen nicht behindern, sondern sie gestalten. Aber bei allem, was sie tun, muss erkennbar sein, wer am Ende auf welcher Seite des Tisches sitzt." (Changement 5/18, S. 54–55)

5. ... wenn der Boss so veranlagt ist:
Partizipation ist manchmal nur eine Gaukelei. Managern aus dem Reich der dunklen Triade[104] – also mit den drei Persönlichkeitsmerkmalen Narzissmus, Machiavellismus und Psychopathie – dient sie als raffiniertes Feigenblatt in schönen Zeiten oder vor dem Mikrofon von Journalisten. Ein derart geprägter Change-Leader wird jedoch selten zum diskussionsfreudigen Menschen. Besonders gebieterische Firmeneigner oder CEOs mit Staralllüren haben nie gelernt, ihre einsamen Entscheidungen zur Disposition zu stellen. Warum auch? Selbst viele angestellte Führungskräfte bleiben autoritär und schauspielern Partizipation *(siehe Infoboxen „Ende der Diskussion – der Basta-meter" und „Mikropolitik")*. Und manche Vorgesetzte, die mit dem Anspruch breiter Beteiligung angetreten sind, erkennen deren Grenzen, sobald sie merken, dass selbst mit ihrer Maxime des Zuhörens nicht alle erhört und zufriedengestellt werden. Deshalb: Wer mit einem autoritär veranlagten Change-Leader mehr Partizipation erreichen möchte, wird scheitern. Statt einer Umerziehung ist seine Ablösung anzuraten.

[104] Kaufman, S. u.a.: *The Light vs. Dark Triad of Personality: Contrasting Two Very Different Profiles of Human Nature*, in: Frontiers in Psychology 10/2019

Ende der Diskussion – der Basta-meter

Veränderungsprojekte müssen sich mit vielfältigen und teils einfältigen Sichtweisen auseinandersetzen: „Geht doch!", „Geht nicht!", „Geht anders!". Die Ersten sagen „hü!", die Zweiten „hott!" und die Dritten „brr!". Bei Wandelvorhaben gibt es eine Hochkonjunktur der Meinungen, die sich nicht nur auf das deutsche Grundgesetz, sondern auch auf die partizipativen (Schein-)Werte ihrer Organisation berufen können. Wer aber jedem und jeder zuhört und alle Äußerungen ernst nimmt, wird ob seiner Allparteilichkeit zunehmend desorientiert. Von Topmanagern, die nicht nur dafür bezahlt werden, dass sie abwägen, sondern dass sie entscheiden, wird ein entschlossenes Vorgehen erwartet. Entscheidungen im Business und deren Umsetzung erfordern klare Worte. Ohne „Schluss!", „Punkt!", „Ende!" geht es nicht voran.

Deshalb hat sich bei Change-Leadern ein Entscheidungsverhalten etabliert, das ab einem gewissen Moment – hinter einer mehr oder weniger ausgeprägten partizipativen Kulisse – vom Zuhören in den Modus „Ende der Diskussion" umschaltet. Dieser Punkt ist bei der einen Führungskraft früher und bei der anderen später erreicht, aber jeder Manager hat ihn. Dies lässt sich mit dem Basta-meter veranschaulichen. Der ist so eine Art „Hau den Lukas" (siehe Abbildung 10). Es gibt toughe Manager mit eigenmächtigen Entscheidungen ohne jedes Wenn und Aber (Basta-meter = 10). Und es gibt softe Manager mit der Bereitschaft zur Diskussion bis zum Sankt-Nimmerleins-Tag (Basta-meter = 0). Ende der Diskussion bedeutet übrigens kein Ende der Kommunikation. Denn nach einer verbindlichen Entscheidung beginnt die breite Information, die zur Bekräftigung ständige Wiederholungen erfordert.

Für Veränderungsprojekte gibt es beim Basta-meter das ganze Spektrum von null bis zehn, in der Praxis liegen die Werte meist zwischen fünf und sieben. Partizipation, Interaktion und die offenen Ohren des Change-Leaders werden als wichtig und richtig empfunden, also die sogenannte Humble Inquiry.[105] *Beispiel Daniela Büchel, Mitglied der Geschäftsführung im Handelskonzern Rewe: „Wir müssen offen dafür sein, während der Umsetzung zu lernen, Feedback einzuholen und unsere Entscheidungen zu hinterfragen. Dabei stellen wir nicht die Veränderung an sich und die damit verbundenen Ziele infrage, sondern der Weg dahin kann verändert bzw. verbessert werden. Wenn Dinge nicht funktionieren, so möchte ich davon erfahren – und das so schnell wie möglich. Es braucht eine offene Feedbackkultur, bei der ich auch auf die leisen Töne achte. Ein vertrauensvolles Umfeld und ausreichend Zeit für ehrliche Feedbackrunden sind unbezahlbar, denn*

Abbildung 10: Basta-meter

nur so funktioniert dieses Frühwarnsystem. Aber nicht jeder Aspekt muss bis ins kleinste Detail diskutiert werden. Es ist wichtig, dass man gut zuhört, aber auch mutig entscheidet." (Changement 5/18, S. 35). Warum aber muss das zutiefst menschliche Verhalten des Zuhörens überhaupt zum Change-Instrument erhoben werden? Wohl um selbstbezogene Führungskräfte vom Dauermodus Senden zumindest ab und an auf den Empfangsmodus umzustellen.

Nach dem Zuhören kommt stets der Entscheidungspunkt, an dem die Zeit reif ist zu sagen „So und nicht anders!" Und dann muss der Change-Leader entscheiden. Und dann muss er es wahrmachen. Und dann muss er es durchhalten. Zum Lackmustest jeder Transformation wird es, wie lange die Zweifler und Gegner mit ihren Bedenken erhört werden. Appelle an die Vernunft oder Hoffnungen auf Einsicht münden in ewige Diskussionen wegen gegensätzlicher Zielsetzungen und unterschiedlicher Wertvorstellungen. Daher ist die Partizipation endlich. Ansonsten dauert die Transformation unendlich.

Mikropolitik

Im sozialen Miteinander von Menschen, gerade in Organisationen und besonders bei Veränderungen, hat Macht zwei wesentliche Funktionen: eine gute und eine, die als weniger gut empfunden wird. Zum einen löst sie Entscheidungsblockaden.[106] Zum anderen nützt Macht beim Streben nach Entscheidungshoheit und damit bei der Durchsetzung eigener Absichten, der sogenannten Mikropolitik.[107] Der gezielte Einsatz von politischem Gewicht gehört zum Verhaltensrepertoire des Change-Leaders. Es wäre lebensfremd zu glauben, man käme mit der Transformation voran, wenn der hierarchische Einfluss durch eine breite Beteiligung „wegpartizipiert" würde. Und wer von sich aus auf Power verzichtet, der wird bemerken, dass es kein Machtvakuum gibt, weil andere diese Leere über Nacht besetzen, da gerade in Zeiten des Wandels das gewohnte Machtgefüge ins Wanken gerät.

Manche Manager haben wenig mikropolitische Hemmungen, einige genießen Machtspiele sogar. Andere Führungskräfte sind zögerlicher und haben Skrupel. Sie möchten die Veränderung sachlich und nicht taktisch lösen und berufen sich auf vier Glaubenssätze: Erstens, das Richtige würde sich ohnehin durchsetzen (wie es Logik und Rationalität formulieren). Zweitens, in der Welt gäbe es Gerechtigkeit (wie es Rechtsstaatsprinzipien postulieren). Drittens, Führung ginge auch ohne Macht (wie neue Leadership-Konzepte darlegen). Viertens der unbändige Wunsch, selbst ein anständiger Mensch zu bleiben. Macht hat in demokratischen Gesellschaften nämlich kein gutes Ansehen. Zumal Despoten wie Stalin sie missbrauchten: „Fragen von Sein oder Nichtsein wurden von ihm nicht durch ‚gute' Argumente und ‚formale' Mehrheiten, sondern durch die Macht entschieden."[108]

Vor der Machtdimension die Augen zu verschließen, ist im Change Management allerdings ziemlich blauäugig und endet meist mit einem blauen Auge. Daher gibt es – auf durchaus fairem Niveau – nutzwertige Ratgeber zu Politikspielen und Machttaktiken.[109] Solche Leitfäden gehören zur Pflichtlektüre. Damit kann man seinen Frieden mit der Macht schließen: „So, welcome to the real world. It may not be the world we want, but it's the world we have!"[110]

Natürlich kollidieren manche Machttechniken mit den offiziellen Unternehmenswerten. Ob sie legitim sind, entscheidet der Anwender. Jeder Change-Leader muss unter Einbeziehung des persönli-

chen Wertekanons das eigene No-Go finden und achten. Bei der Selbstbegrenzung hilft die sogenannte Goldene Regel: „Behandle andere so, wie du von ihnen behandelt werden willst." Vor Winkelzügen Dritter, unanständigem Powerplay und Mistkerlen ist in Zeiten des Wandels indessen niemand gefeit.

---

105 *Schein, E. H.: Humble Inquiry: The Gentle Art of Asking Instead of Telling, 2013*
106 *Kühl, S.: Organisationen. Eine sehr kurze Einführung, 2011; Changement 2/17, S. 20–23*
107 *Weidner, J.: Die Peperoni-Strategie, 2005; Neuberger, O.: Mikropolitik und Moral in Organisationen: Herausforderung der Ordnung, 2006 (2. Aufl.); Pfeffer, J.: Power: Why Some People Have It and Others Don't, 2010; Hoffmann, W. K. H.: Stimmen der Macht: Bekenntnisse und Erkenntnisse aus Unternehmen, 2016*
108 *Altrichter, H.: Stalin. Der Herr des Terrors, 2018, S. 81*
109 *z. B. Changement 2/17, 40–43 (mikropolitische Taktiken); 2/17, S. 36 (Tit-for-tat-Strategie); 9/17, S. 34 (Ad-hominem-Strategie)*
110 *Pfeffer, J.: Power Play, in: Harvard Business Review, 88. Jg., 2010, H. 7/8, S. 92*

6. ... wenn es für den Verantwortlichen um Wesentliches geht:

Eines der gängigsten Instrumente im Change Management ist das Stakeholder Mapping *(siehe Kapitel III.7)*. Dabei wird unter anderem analysiert, welche Bedeutung eine gewisse Entscheidung für die verschiedenen Akteure hat. Wenn für den Change-Leader ein Thema hochbrisant ist, er also „skin in the game" hat, nimmt seine Bereitschaft zur breiten Diskussion rapide ab. Kein Topmanager möchte andere bei etwas mitwirken lassen, bei dem es für ihn selbst um alles geht. Sobald eine Angelegenheit von großer persönlicher Tragweite ist, legt niemand gern sein Schicksal in die Hände Dritter.

7. ... wenn es für die erfolgskritischen Stakeholder nicht um Wesentliches geht:

Bei jeder Angelegenheit einer Organisation gibt es mittlerweile Mitarbeiter und externe Akteure, die mitwirken möchten. Die Frage ist, wie wichtig sie sind und ob es schlimm wäre, falls sie ignoriert werden. Deshalb lohnt erneut der Blick auf das Stakeholder Mapping und die Bedeutung, die dort einzelnen Akteuren zugeschrieben wird. Es ist klug, wenn bedeutende Player bei Entscheidungsprozessen dabei sind. Und es ist ebenfalls klug, wenn bedeutungslose Stakeholder keine Beachtung finden, selbst wenn die sich dadurch missachtet fühlen. Erfahrene Entscheider wissen ohnehin, dass sie es nicht jedem recht machen können. Sie müssen aufpassen, dass die Beteiligung unwichtiger Akteure nicht zum Zeitdieb wird.

8. ... wenn das Projekt stabil dasteht:

Warum sollte man mit den Bedenkenträgern oder gar mit den Gegnern sprechen, solange alles gut vorangeht? Die ausbleibende Einbindung kann freilich eine fatale Konsequenz haben: Ende der Transformation. In den Schwächephasen einer Veränderung, die jedes Projekt hat, kann mittels Partizipation auf Zeit gespielt werden. Die Opponenten kennen nämlich die typischen Sollbruchstellen und nutzen diese Knackpunkte: unscharfe Entscheidungen, verzögerte Zeitpläne, ausufernde Budgets, unerwartete IT-Probleme, misslungene Pilotierungen. Dann ist der Change-Leader verletzlich und kann nicht mehr einfach durchregieren. In den instabilen Phasen ist der Widerstand argumentativ im Vorteil und kann die (Wieder-)Aufnahme von Partizipation verlangen. Wobei dies nur die halbe Wahrheit ist. Denn auch die erneut aufwallende Hierarchie kann ein Wandelvorhaben stabilisieren: Wenn der Change-Leader ein Machtwort spricht und wenn er die Kräfteverhältnisse richtig einschätzt. Der Ruf nach einem starken Führer in brüchigen Zeiten begleitet die Menschheitsgeschichte nicht erst seit dem 20. Jahrhundert.

9. **... wenn die Organisation kulturell noch nicht so weit ist:**
Partizipation ist ein Kulturmerkmal und längst noch nicht für jedes Unternehmen selbstverständlich. Beispiel HP:[111] Als Meg Whitman im Jahr 2011 an die Spitze berufen wurde, gab es eine große Distanz zwischen Topmanagement und Belegschaft, die durch Folgendes symbolisiert wurde: Der Chefparkplatz war durch einen hohen Stacheldrahtzaun abgetrennt, es gab einen separaten Eingang „Nur für Führungskräfte" und diese residierten in klassischen Einzelbüros. Partizipation – Fehlanzeige. Selbst in vermeintlich modernen Unternehmen werden Entscheidungen ganz oben getroffen. Beispiel Apple: Als Steve Jobs dort noch herrschte, war allen klar, dass er das letzte Wort hatte und einsame Beschlüsse fasste. Beispiel Uber: Als Travis Kalanick dort noch das Sagen hatte, war offenkundig, dass er tun und lassen konnte, was ihm gerade in den Sinn kam. Beispiel Amazon: Was über den Führungsstil von Jeff Bezos bekannt ist, lässt sich nicht mit dem Begriff Partizipation charakterisieren. In solchen Organisationskulturen würde bottom-up zur Alibiveranstaltung und zum Lippenbekenntnis. Auch in Mitteleuropa existieren viele Firmen und ganze Branchen, die durch und durch hierarchisch geprägt sind. Der organisationskulturelle Trend geht allerdings klar in Richtung Partizipation. Sogar der autoritär veranlagte Change-Papst John Kotter ist inzwischen von seinem Top-down-Prinzip auf ein duales Betriebssystem aus Hierarchie und Partizipation umgeschwenkt.[112] Denn Hierarchien haben stets die Neigung zur expliziten und impliziten Zensur, was Innovationen ausbremst. Hingegen ermöglicht Partizipation den Mitarbeitern, diese organisatorischen Fesseln zu sprengen *(siehe Infobox „Bottom-up meets top-down")*. Und sie befriedigt eine menschliche Sehnsucht: „Mistakes we regret are errors of omission. If we could do things over, most of us would censor ourselves less and express our ideas more."[113]

[111] *nach Duarte, N./Sanchez, P.: Illuminate: Wie Sie mit überzeugender Kommunikation Ihre Mitarbeiter für den Wandel begeistern, 2017, S. 124*

[112] *Kotter, J. P.: Die Kraft der zwei Systeme, in: Harvard Business Manager, 12/2012, S. 22–36*
[113] *Grant, A.: Originals: How Non-Conformists Move the World, 2016, S. 91*
[114] *Pascale, R. T./Sternin, J.: Your Company's Secret Change Agents, in: Harvard Business Review, 83. Jg., 2005, H. 5, S. 73–81*

Bottom-up meets top-down
Einen Mittelweg bietet der Positive Deviance Approach.[114] Bei diesem Ansatz wird das Problem von oben erkannt und die Lösung von unten gesucht. Bei offenkundigem Verbesserungsbedarf haben bereits erste Innovatoren einen – manchmal sogar noch offiziell verbotenen – Umgang mit den Schwierigkeiten gefunden. Die Praktiken (work around) dieser Pioniere (secret agents) werden für die gesamte Organisation nutzbar gemacht. Leadership bedeutet dann nicht direktive Wegweisung, sondern erleichtert den gemeinsamen Suchprozess nach der besten Lösung von innen heraus (inside out). Agile Methoden wie Scrum, Hothousing und Design Thinking erweitern diese Prinzipien, indem sie kreativen Mitarbeitern großzügig Raum zur Entwicklung eigener Ideen bieten.

---

10. ... wenn ein ideologischer Streit unentscheidbar bleibt:

Die persönliche Meinung hat hierzulande in einer historisch kurzen Zeitspanne von 75 Jahren den Weg von der Freiheit (als Anrecht zur Äußerung) über die Vielfalt (als Spektrum der Positionen) hin zum Bekenntnis (als Statement von Werten) genommen:[115] „Das Bekennen von Werten schmeichelt dem eigenen Selbstbewusstsein. Nicht wenige Menschen entwickeln einen Wertstolz, tanken regelmäßig ihr gutes Gewissen auf und neigen dazu, auf andere Menschen herabzublicken und ihnen ein Wertebewusstsein abzusprechen. Werte sind zu einem Statussymbol geworden." (Changement 6/18, S. 12–16). Was eignet sich besser für den Wertesprech, als einfach mal so seine Meinung zu äußern, ohne dass diese Haltung gleich zur Handlung werden muss? Deswegen ist die bei vielen Sachthemen im Hintergrund mitschwingende Auseinandersetzung zwischen unterschiedlichen Weltanschauungen zeitraubend und in den meisten Fällen sogar fruchtlos. In der heutigen Diskussionsrealität führt jedes Statement der einen Seite zum Gegenargument der Opposition, es entstehen Zoff und Dauerstreit. Fakten und Studien sind inzwischen für jede Weltsicht leicht erhältlich. Medien und Internet verstärken dieses Spiel. Juristen und Mediatoren erleben einen Boom. Kompromisse gelingen allenfalls auf dem kleinsten Nenner und bleiben zerbrechlich. Und bei drohender Niederlage bleibt noch die Flucht in die Emotionen. Natürlich ist es möglich zu versuchen, ethisch-moralische Konflikte diskursiv zu lösen. Aber die hierarchische Entscheidung, flankiert von politischer Macht, bietet meist den kürzeren Weg, wenn die normative Basis für eine Diskussion abhandengekommen ist.

[115] Baumann, Z.: Moderne und Ambivalenz: Das Ende der Eindeutigkeit, 1995; Eagleton, T.: The Meaning of Life, 2007; Sommer, A. U.: Werte: Warum man sie braucht, obwohl es sie nicht gibt, 2016; Ullrich, W.: Wahre Meisterwerte: Stilkritik einer neuen Bekenntniskultur, 2017

11. ... wenn es eigensinnige und rücksichtslose Gesellen gibt:

Es gibt den Reflex moderner Menschen, bei einer wahrgenommenen Benachteiligung mit Widerstand zu reagieren. Wandel kann immer auch eine Art von Enteignung der persönlichen Interessen und Besitzstände zum Wohle eines großen Ganzen bedeuten. Das Sankt-Florians-Prinzip, englisch Nimby (not in my backyard), charakterisiert ein Verhalten, das Veränderungen im eigenen Dunstkreis ablehnt. Mit harten Nimbys gibt es keine Verständigung, selbst wenn gerade sie den Dialog vehement einfordern, weil sie ihre roten Linien beim Status quo ziehen und der Veränderung keinen Millimeter zugestehen. Ihnen gegenüber ist Klartext angebracht *(siehe Infobox „Konsequenzmanagement")*. Weiche Nimbys agieren geschickter, weil sie ihr Eigeninteresse im Gewand des Gemeinwohls verkleiden. Mit ihnen muss sich der Change-Leader gütlich auseinandersetzen, wobei er sich vor ihrer Raffinesse hüten muss *(siehe Infobox „Problem der gelösten Probleme")*.

Konsequenzmanagement

Menschliche Einsicht ist kein Naturgesetz. Wie geht der Change-Leader damit um, wenn einige Führungskräfte und Mitarbeiter nicht so wollen, wie sie sollen? Es kann nicht im Sinn der Veränderung sein, falls sie weiter an den bisherigen Lösungen festhalten oder aktiv rebellieren. Aber welche Sanktionen sind angebracht, falls keine Einsicht erfolgt und bloße Appelle nicht fruchten? Es geht um Fragen der Grenzziehung und Zurechtweisung, die Eltern aus der Erziehung ihrer Kinder kennen. Diesbezügliche Ratgeber nennen unterschiedliche Rezepte, weiche und harte.

Bei Veränderungsprojekten gibt es vier Erfahrungen:
1. *Entscheidungen gegen stabile Mehrheiten produzieren Widerstand. Was meist die Eskalation ins nächsthöhere Gremium zur Folge hat (wenn das nicht längst erreicht ist).*
2. *Entscheidungen gegen widerborstige Minderheiten erzeugen Widerstand. Dieser Gegendruck reicht oftmals bis zur Anarchie und zu anderen Formen der Rebellion.*
3. *Entscheidungen gegen verdeckte Minderheiten bedeuten Widerstand. Was den Partisanen im Unternehmen mutigen Nachwuchs zuführt.*
4. *Entscheidungen gegen Werte, Moral und Anstand bewirken Widerstand, der sich nicht immer wie bei Mahatma Ghandi in friedlicher Zurückhaltung ausdrückt.*

Veränderung zeigt sich nicht auf Powerpoint, sondern im Normalbetrieb. Die Missachtung von Festlegungen ist auch die Folge taktischer Überlegungen: Wie wahrscheinlich ist es, ertappt zu werden, und welche unangenehmen Folgen hat dies? Wir kennen diese Denkweise von uns selbst bei der Beachtung von Verkehrsregeln.

Ob die Verantwortlichen entweder Machtworte oder sogar Bestrafungen einsetzen, bleibt stets Ermessenssache. Mancherorts ist der Glaube an den guten Willen und das beste Wollen der Menschen unerschütterlich. Für die toughe Linie spricht, dass es kein Change-Leader zulassen kann, wenn ihm jemand bei einer als richtig erkannten Lösung auf der Nase herumtanzt. Spätestens beim zweiten Verstoß muss er konkret etwas unternehmen: „Wo nichts passiert, wenn nichts passiert, passiert nichts!" (Changement 8/17, S. 22)

Bei Veränderungsprojekten bedeutet die Bereitschaft zum Konsequenzmanagement, mit gelben Karten als Warnung und roten Karten als Ausschluss, keine überbordende Autorität. Übrigens: Mittels Compliance machen viele Organisationen genau dies, passen bei externen Richtlinien genau auf und bestrafen Verstöße, weil Justiz und Medien die Unternehmen mit Argusaugen betrachten. Im Inneren, bei Führung und bei Projekten, sind viele Firmen deutlich lascher und lassen lange Leinen. Es handelt sich um einen permissiven Stil, der durch eine fehlende Begrenzung und übergroße Zurückhaltung charakterisiert ist, also Toleranz oder sogar Ignoranz. Selbst offensichtliche Fouls gehen ungeahndet durch. Wandelvorhaben erfordern allerdings Grenzziehung und Zurechtweisung, weil ansonsten das Veränderungsprojekt allenfalls halbherzig umgesetzt wird.

Problem der gelösten Probleme

In modernen Gesellschaften werden manche Menschen nicht dankerfüllt und zufrieden, sondern bleiben weiterhin anspruchsvoll und fordernd. Obwohl sich längst vieles zum Besseren entwickelt hat,[116] beginnen sie erneut zu klagen – auf höherem Niveau – und verschieben ihre Maßstäbe ins Wunderland. Denn stets ist irgendetwas nicht so, wie sie es ihres Erachtens erwarten dürfen. Die zunehmende Sensibilisierung beim Blick auf eine niemals perfekte Welt lenkt die Aufmerksamkeit auf das verbliebene Defizit, die „Katastrophen" des Alltags, über die man sich fürchterlich aufregt. Daraus entsteht das sogenannte Problem der gelösten Probleme.

Statt die Bewältigung wesentlicher Probleme zu würdigen, werden die unvermeidbaren Problemchen beanstandet: „Im Menschen wohnt offenbar ein tiefes Meckerbedürfnis, eine Art unstillbarer Empörungstrieb. Das treibt in den Wahnsinn, wenn jede blöde Meinung in ein verletztes Gefühl oder ins Vorstadium eines Traumas mündet. Das lähmt, das lenkt von den wahren Problemen ab. Die Erbse unter der weichen Matratze unseres im Großen und Ganzen doch ziemlich angenehmen Lebens lässt sich vielleicht nicht entfernen oder ignorieren. Doch es hilft, sich manchmal bewusst zu machen: Es handelt sich um eine Erbse."[117] Im Change Management ist es allerdings keine leichte Aufgabe, gegenüber Prinzessinnen (und Prinzen) die Erbse wieder ins rechte Licht zu rücken.

---

[116] *Pinker, S.: Aufklärung jetzt: Für Vernunft, Wissenschaft, Humanismus und Fortschritt. Eine Verteidigung, 2018; Mingels, G.: Früher war alles schlechter: Warum es uns trotz Kriegen, Krankheiten und Katastrophen immer besser geht, 2017*
[117] *Sebastian Herrmann, in: Süddeutsche Zeitung, 01.07.2016*

Erfahrung und Empfehlung

Bei Veränderungsprojekten und deren Entscheidungen bewegt sich die Mitwirkung formal nicht zuständiger Stakeholder weiterhin zwischen null und hundert (Changement 8/18, S. 19–21). Die Intensität der Partizipation hat aber deutlich zugenommen. Zweifelsohne gibt es eine Tendenz zur Bottom-up-Beteiligung, auch weil es im deutschsprachigen Raum einen gesellschaftlich kultivierten Drang zur Teilhabe gibt. Was ein Mitarbeiter heute als Bürger – laut Demokratieidee – an Mitspracherechten zugestanden bekommt, will er als „abhängig Beschäftigter" nicht vollständig aufgeben. Was ein Mitarbeiter inzwischen als Kunde – laut Marktwirtschaft – an Auswahlmöglichkeiten geboten bekommt, will er als „abhängig Beschäftigter" nicht gänzlich preisgeben. Was ein Mitarbeiter derzeit als Wertschöpfer – laut Talentmanagement – an Gestaltungsraum aufgezeigt bekommt, will er als „abhängig Beschäftigter" nicht komplett zurückstellen.

Inzwischen sind viele Veränderungsprojekte nicht mehr als ein Angebot von Unternehmen an ihre Belegschaften. Führungskräfte und Mitarbeiter werden, wie es die Hierarchen verlockend äußern, dazu eingeladen. Immer seltener gibt es einen unausweichlichen Zwang durch autoritäre Kräfte. Somit wird Change Management zu einer Art politischem Wahlkampf *(siehe Infobox „Stabile Mehrheit als Zielsetzung")*. Diesen gewinnt man nicht mit Überwältigung, sondern durch Überzeugung. In freiwilligen Organisationen, wie es die meisten Firmen sind, erwächst die Einsicht aus der Mitwirkung. Womit man bei einem überstrapazierten Bonmot ankommt: Betroffene zu Beteiligten machen. Natürlich steckt in der Schlussfolgerung

„Beteiligung bringt Zustimmung" eine längst nicht überall realistische Erwartung, mancherorts wirkt sie sogar naiv. Und selbstverständlich muss die Kampagne zeitlich begrenzt werden, weil Wandelvorhaben auf verbindliche Entscheidungen angewiesen sind.

Maßgeblich bleibt die Organisationskultur:[118] Ein hierarchisches Unternehmen legt großen Wert auf Struktur und Effizienz. Selbst beim Wandel wird Stabilität oder zumindest der Anschein davon gewahrt, was Top-down-Entscheidungen bedingt. Hingegen agiert eine Clan-orientierte Firma wie eine große Familie ohne einen dominanten Patriarchen, was partizipative Formate ermöglicht. Es ist klar, welche Kultur für die begehrten Talente attraktiver ist. Daher werden feudale Firmen mit elitären Leadern – ob deutscher Mittelständler oder amerikanischer Internetgigant – bei ihren Transformationen einen wachsenden Gegenwind spüren. Immer wieder werden aber ausgerechnet Autokraten die organisatorischen Kräfte für den nächsten „Moonshot", „Breakthrough", „Game Changer" bündeln. Der völlige Verzicht auf hierarchische Kräfte ist eben nicht nur vorteilhaft.

[118] *Siehe Kulturtypologie von Kim Cameron und Robert Quinn (Organizational Culture Assessment Instrument)*

[119] *Claßen, M.: Change Management aktiv gestalten, 2013, S. 133–137*

Stabile Mehrheit als Zielsetzung

In zwei meiner früheren Change-Studien zeigte sich die (fast) normalverteilte Stimmungslage in der Ausgangssituation, quasi als Naturgesetz von Veränderungsprojekten. „Fast" nur deswegen, weil es am Beginn eine leichte Tendenz zu skeptischen Sichtweisen gibt.[119] Zu 100 Prozent wird man keine Belegschaft auf die Seite der Transformation ziehen können, selbst mit breit angelegter Partizipation nicht. Die Möglichkeit zur Mitwirkung hat aber eine klare Zielsetzung: Gewinnung von weiteren Gruppen der Mitarbeiter und Führungskräfte. Es geht darum, die anfangs normalverteilte Einstellungskurve möglichst rasch, möglichst weit und möglichst konstant ins Positive zu verschieben. Dabei gibt es – wie beim politischen Wahlkampf – vier Ansatzpunkte (siehe Abbildung 11):

» *Unterstützer nutzen (als Multiplikatoren)*
» *Neutrale gewinnen (mit Argumenten)*
» *Skeptiker beruhigen (mit Angeboten)*
» *Gegner neutralisieren (mit Mikropolitik)*

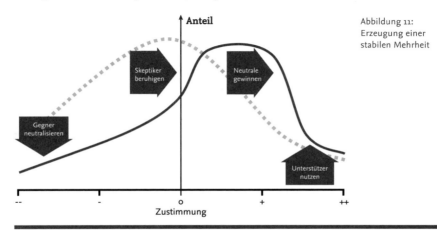

Abbildung 11: Erzeugung einer stabilen Mehrheit

12 Begründungen

quantitativ → qualitativ
(rational) ← (emotional)

Spannungsfeld

Jede Entscheidung sollte den von ihr Betroffenen erklärt werden. Erst durch überzeugende und verständliche Argumente werden sich Führungskräfte und Mitarbeiter auf die Veränderung einlassen. Dabei stehen, bildlich gesprochen, zwei menschliche Empfangsstellen zur Verfügung: einerseits der Kopf und das Hirn, also Verstand und Intelligenz, und andererseits der Bauch und das Herz, also Gefühl und Emotion. Fehlen nachvollziehbare Gründe, muss der Change-Leader bei der Durchsetzung auf politische Mittel setzen.

Verwandte Begriffe & Konzepte
quantitativ: Hard Facts, faktisch, kognitiv, objektiv, Kennzahlen, Excel
qualitativ: Soft Facts, intuitiv, affektiv, subjektiv, Empfindung, Storys

„Harte Fakten!"

Einerseits: quantitativ (rational)

Veränderungen müssen bewiesen werden, damit sie den Buy-in bekommen und behalten. Das Ziel und der Weg werden erst dann angenommen, wenn die Fakten auf dem Tisch liegen. Diese wirken am besten mit einer zahlenbasierten Begründung. Bereits vor zweieinhalbtausend Jahren sagte Pythagoras: „Die Zahl ist das Wesen aller Dinge." Dass dies immer noch gilt, wissen wir durch den Zitatklassiker von Peter Drucker, den viele für den wichtigsten Managementdenker der Neuzeit halten: „If you can't measure it, you can't improve it."

Im Business und selbstverständlich auch bei Transformationen braucht es harte Fakten, um das Was und das Wie entscheiden zu können. Weil jedes Veränderungsprojekt eine Investition in die Zukunft ist, muss man es anfangs sauber durchrechnen und im Verlauf ständig überprüfen. Damit die Verantwortlichen wissen, ob sie richtig unterwegs sind. Es wäre grob fahrlässig, Change Management von der ökonomischen Beurteilung – Nutzen minus Kosten – auszunehmen. Wandelvorhaben sind zwar keine emotionsfreie Zone, aber der Change-Leader wird nur dann Erfolg haben, wenn er nüchtern nach vorne blickt. Change ohne Controlling ist wie ein Flugkapitän ohne Bordinstrumente, nur ein Bruchpilot wagt den Blindflug und verlässt sich auf sein Bauchgefühl. Um den Absturz zu vermeiden, braucht es Analytics und Monitoring, die messen, was funktioniert und was nicht.

Begründungen

Die Abwendung von Fakten und die Hinwendung zur persönlichen Sicht der Wirklichkeit lassen sich nur durch die grassierende Abkehr vom gesunden Menschenverstand erklären. Es ist ein krasser Denkfehler zu behaupten, dass es den nicht gibt. Natürlich bereitet es etwas Mühe, sich dem logischen Denken zu stellen, aber es lohnt sich.[120] Vergessen wir also die Behauptung des Konstruktivismus, jeder Mensch schaffe sich seine eigene Wirklichkeit. Populäre Zitate wie „Wirklich ist, was wirkt", die wir aus der Psychoecke von Paul Watzlawick und Carl Gustav Jung kennen, haben doch nur die Funktion, den Menschen jeden irgendwie erdenklichen Blödsinn zunächst zuzugestehen, um sie dann therapeutisch von ihren Ängsten und Zwängen heilen zu können. Wirklich ist, was mit Zahlen, Daten und Fakten bewiesen werden kann. Sonst nichts!

[120] *Mukerji, N.: Die 10 Gebote des gesunden Menschenverstands, 2017*

Andererseits: qualitativ (emotional)

Dem Denken gegenüber den Gefühlen eine Überlegenheit zuzuschreiben ist für sich genommen bereits ziemlich irrational. Drei Gründe, damit es selbst der letzte Kopfmensch begreift: Erstens, unser Gehirn schaltet zunächst die emotionalen Regionen ein (Amygdala) und dann erst weiter auf die rationalen Sphären (präfrontaler Kortex).[121] Deshalb zweifeln nicht nur manche Neurowissenschaftler an der menschlichen Willensfreiheit. Zweitens, jede Kommunikation hat einen Inhalts- und einen Beziehungsaspekt, wobei Letzterer den ersten bestimmt.[122] Beziehungen sind aber selten zunächst vom Verstand geprägt. Drittens zweifeln sogar die weltbesten Denker am Rationalitätsprinzip: „Nicht alles, was zählt, kann gezählt werden, und nicht alles, was gezählt werden kann, zählt" (Albert Einstein zugeschrieben).

„Reine Gefühlssache!"

Als ob es nur das wäre. Im Change Management beginnen die Probleme einer Quantifizierung bereits bei der unscharfen Zielsetzung: Das Ziel der Mobilisierung besteht darin, die Belegschaft zum angestrebten Wandel zu bewegen. Die Kommunikation bezweckt, das Ziel und den Weg zu verdeutlichen. Mithilfe der Qualifizierung werden die künftig erforderlichen Kenntnisse vermittelt. Wie kann all dies zentimetergenau vermessen und in monetäre Werte übersetzt werden? Im Grunde verabschieden sich Transformationen bereits vor dem Start von der objektiven Messung. Da die Budgets aber „irgendwie" legitimiert sein müssen, werden die weichen Fakten so lange geschmiedet, bis sie dem Change-Leader hart genug erscheinen.

[121] *Lieberman, M. D.: Social: Why Our Brains Are Wired to Connect, 2013*
[122] *Watzlawick, P. u. a.: Menschliche Kommunikation: Formen, Störungen, Paradoxien, 2011 (12. Aufl.)*

Grundlage der meisten Veränderungsprojekte ist ein Business Case, der eine leicht durchschaubare Funktion hat, nämlich die bisherige Lösung schlechtzumachen und die künftige Lösung schönzurechnen. Deswegen werden die Zahlen frisiert, was auf Excelsheets mit optimistischen Nutzenerwartungen und konservativen Kostenannahmen ein Kinderspiel ist. In

Anlehnung an die Informatikregel „garbage in, garbage out" gibt es die Change-Regel „optimism in, optimism out."

Wer beim späteren Benefit Tracking jedoch ehrlich ist, dem zeigt sich eigentlich immer, dass der tatsächliche Nutzen nur halb so groß und die ausgabenwirksamen Kosten doppelt so hoch ausfallen wie anfangs angenommen. Es wäre interessant zu erfahren, ob Beratungsfirmen mit der Neigung zum Zahlenfetisch den Business Case (ex ante) und das Benefit Tracking (ex post) ihrer Projekte miteinander vergleichen, um daraus Lehren für künftige Vorhaben zu ziehen, indem die systematische Verzerrung endlich mal vermieden wird. Oder brauchen Wandelvorhaben dieses Zerrbild, damit sie pseudorational durchgewunken werden?

Die Investitionsrechnung im Change Management ist eine Wette mit (zu) vielen Unbekannten und gerät zum Glücksspiel. Denn bei Veränderungsprojekten gibt es so gut wie keine rationalen Beweise, das Allermeiste bleibt ein Mix aus subjektiver Meinung und individueller Erfahrung. Machen wir anderen und uns selbst doch nichts vor! Wenn es um die völlig ungewisse Zukunft geht, bleibt alles nur eine brüchige Fiktion oder wie auch immer solche Spekulationen unter dem Motto „Pi mal Daumen" genannt werden: „Tatsächlich wirken im Rückblick allzu viele Prognosen geradezu albern."[123] Statt eine fiktive Parallelwelt zu erfinden, sollte der Change-Leader seine Objektivierungsversuche bleiben lassen und besser gleich sagen: „Ich will das aber jetzt so!"

Ohnehin sind die quantitativen Werte nur für das Topmanagement gedacht, dort werden sie als entscheidungsrelevant angesehen. Handlungsrelevant für die Betroffenen sind die normativen Werte, die ihren Ausdruck in einer wohlklingenden Erzählung finden: „Zahl und Wort: Beide bürgen für eine Wahrheit: facts tell, stories sell. Mit Zahlen machen wir die Rechnungen, mit Worten sorgen wir dafür, dass ihnen auch alle Folgen leisten."[124] Die Zukunftsstory muss passen und im Hier und Jetzt als glaubwürdig durchgehen. Zahlen sind dabei höchstens ein schmückendes Beiwerk, in Details vertieft sich sowieso kaum jemand.

Ein Schelm, wer Böses dabei denkt? Es wundert nicht, dass die Versprechen von Veränderungsprojekten gebrochen werden, dafür aber deren Kostenrahmen explodiert. Beispiele kennt jeder: die allermeisten Infrastrukturprojekte, das Solarprojekt Desertec (Saharastrom für Europa), Making Life Multiplanetary (Elon Musks Spleen zur Marsbesiedlung ab 2024). Und besonders die sogenannten Blasen (von Dotcom um die Jahrtausendwende über die Finanzmärkte vor zehn Jahren bis zu den weit mehrheitlich gescheiterten Start-ups der Gegenwart) beruhen jeweils auf einer attraktiven Prognose, über die wir inzwischen wissen, an welchen Zahlen gedreht wurde. Change Management ist und bleibt Gefühlssache und lässt sich nicht in die harte Währung des Business übersetzen *(siehe Infobox „Emotionen")*.

---

[123] Beckert, J.: Imaginierte Zukunft: Fiktionale Erwartungen und die Dynamik des Kapitalismus, 2018, S. 348

[124] Schönthaler, P.: Portrait des Managers als junger Autor: Zum Verhältnis von Wirtschaft und Literatur, 2016, S. 46–47

Emotionen

Im Vergleich zur rationalen und politischen Dimension ist die Welt der Gefühle der mit deutlichem Vorsprung wichtigste Faktor bei Transformationen. Meine Studien haben gezeigt, dass Emotionen (48 Prioritätspunkte) bei Veränderungsprojekten fast so wichtig sind wie Politik/Macht (28) und Rationalität (24) zusammen.[125]

Die Gestaltung des Wandels wird es künftig noch stärker mit der affektiven Revolution hin zur puren Emotionalität zu tun bekommen.[126] Die Emanzipation des Subjektiven wird ein emotionales Wirrwarr erzeugen, das unbeherrscht wirkt und unbeherrschbar scheint. Die Gefühle, Stimmungen und Gemütszustände in der Belegschaft können sogar zum Brandbeschleuniger bei Veränderungsprojekten werden.

Die wichtigen und wuchtigen Emotionen in Organisationen – etwa das Vertrauen, die Angst und der Neid – sind Affekte, mit denen der Change-Leader umgehen muss. Er kann sie nicht als Pathologien abtun. Darum ist seine emotionale Kompetenz (EQ) gefragt, neben der Grundvoraussetzung einer kognitiven Kompetenz (IQ). Es geht darum, die Widerstände aus der Gefühlswelt mit emotional aufgeladenen und empathisch eingesetzten Impulsen zu verringern, besonders dann, wenn rationale Argumente ins Leere laufen.

Manchmal sind dies vermeintlich nebensächliche Signale, die nichts kosten, wie etwa eine glaubwürdige Mimik im entscheidenden Augenblick. Ab und an kann der Einsatz von Gefühlen im Arbeitsleben aber ganz schön kostspielig werden.[127] Und bei Wandelvorhaben werden gelegentlich sogar aufwendige Instrumente erforderlich, wie etwa ein monatelanger Mediationsprozess zur Beruhigung der Gemüter.

Aus einem als unangenehm empfundenen Gefühl heraus ist Verhalten im Sinne des Projekts kaum zu erwarten. Negative Empfindungen bremsen die Veränderungsbereitschaft und können sogar die Veränderungsfähigkeit hemmen. Deswegen muss Change Management an solchen Zeitpunkten, an denen das Feeling ins Negative zu kippen droht, möglichst viele positive Akzente setzen. Falls dies nicht gelingt, erwächst kein Buy-in.

Da Transformationen aus vielen Ereignissen bestehen, die von den Betroffenen höchst unterschiedlich empfunden werden, sind Emotionen allgegenwärtig und vielschichtig. Gefühle sind zunächst einmal Privatsache: Jeder Mitarbeiter empfindet für sich selbst. Erst die Interaktion und Kommunikation während eines Wandelvorhabens bringen Stimmungen an die Oberfläche der Organisation. Die Zulässigkeit des sogenannten Sentiments und sein Ausmaß sind ein wesentliches Merkmal der Unternehmenskultur. Es gibt emotionssensible Firmen und solche mit einer Vernunftsteuerung, die Emotionen mit Rationalität zu kaschieren versuchen.

Welche Emotionen gibt es und welche müssen im Business beachtet werden? Der amerikanische Psychologe Robert Plutchik bietet mit seinem Rad der Emotionen eine Systematik der emotionalen Gemengelage hinsichtlich Art, Stärke und Richtung menschlicher Empfindungen (Changement 5/17, S. 29). Bei seinen 24 Primäremotionen entlang von acht Dimensionen (siehe Abbildung 12) hat er sogar noch einige Gefühle vernachlässigt, die bei Wandelvorhaben bedeutsam sind, wie etwa Eitelkeit (zugunsten des Ego) und Missgunst (gegenüber anderen).

12. Spannungsfeld

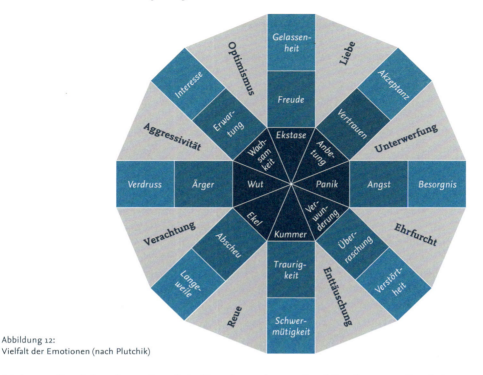

Abbildung 12:
Vielfalt der Emotionen (nach Plutchik)

Ist der emotionale Impuls zu schwach, lockt er niemanden aus der vielbeschworenen Komfortzone. Ist er zu stark, besteht die Gefahr einer Überreaktion mit unerwünschten Nebeneffekten wie Hektik oder Hysterie. Bei einer emotionalen Intervention muss also nicht nur das richtige Gefühl angesprochen werden. Das Ausmaß sollte ebenfalls stimmen. Wie in der Medizin wird eine falsche Dosis zu Gift. Viel hilft nicht immer viel.

---

[125] Claßen, M.: Change Management aktiv gestalten, 2013, S. 44–46
[126] Gardner, H.: Abschied vom IQ: Die Rahmen-Theorie der vielfachen Intelligenzen, 1991
[127] Hochschild, A. R.: The Managed Heart: Commercialization of Human Feeling, 1983

Leitfragen

1. Wird für Entscheidungen eine quantitative Begründung verlangt?
2. Braucht der Change-Leader überhaupt einen rationalen Beweis?
3. Ist für die Fragestellung überhaupt gesichertes Wissen vorhanden?
4. Gibt es solide Fakten aus dem HR-Controlling?
5. Kann in der eigenen Organisation geforscht werden?
6. Ist der Erfahrungstransfer aus ähnlichen Veränderungen möglich?
7. Was sagt der gesunde Menschenverstand?
8. Wie logisch ist „logisch"?
9. Werden dunkle Mächte ins Spiel gebracht?

Situative Entscheidung

Quantitativ …

1. … wenn vom Change-Leader konkrete Zahlen, Daten, Fakten erwartet werden:

Da das Topmanagement gewöhnlich rational geprägt ist, will es dieser Logik entsprechend mit quantitativen Argumenten versorgt werden. Daran führt kein Weg vorbei! Was aber tun, wenn dies nicht seriös möglich ist? Schnell gerät der Change-Leader dann in Teufels Küche, in der ein diabolischer Trunk gebraut wird. Wie wird beim späteren Benefit Tracking (dem Sein) etwas nachverfolgt, das zuvor beim Business Case (dem Schein) mit Wohlgeschmack angereichert worden ist? Ziemlich bald muss der Umsetzungsverantwortliche dann die appetitanregenden Würzmittel eingestehen. Wer aus diesem üblen Spiel als Sieger hervorgeht, ist eine Machtfrage, dafür gibt es den nicht salonfähigen Begriff der Arschkarte. Zudem: Es ist kein einfaches Unterfangen, aus einem rationalen Entscheider einen emotionalen Vermittler von Beschlüssen zu machen, wobei gerade diese kommunikative Begabung bei Veränderungsprojekten unabdingbar ist. Manche Change-Leader üben deshalb bereits am Morgen vor dem heimischen Badezimmerspiegel ihre Mimik für den Tag.

2. … wenn eine rationale Begründung die Entscheider bei ihren Plänen nicht stört:

Eigentlich sollte man davon ausgehen, dass Manager guten Argumenten gegenüber aufgeschlossen sind. Der Alltag in den Unternehmen zeigt jedoch gelegentlich das Gegenteil. Reinhard Sprenger, Leadership-Experte mit Klartextgarantie, sieht dies sogar als Regelfall: „Wir haben uns im postfaktischen Zeitalter längst daran gewöhnt, dass es eine riesige Differenz gibt zwischen dem, was Wissenschaft weiß, und dem, was Wirtschaft tut. Es ist eben unmöglich, jemandem etwas begreiflich zu machen, wenn sein Einkommen davon abhängt, es nicht zu begreifen." (Changement 5/17, S. 17)

3. … wenn Studien und Experten (relativ) eindeutig sind:

Es gibt kaum mehr ein Thema, das heute unumstritten ist und bei dem für die diversen Standpunkte keine angeblich beweiskräftigen Analysen vorliegen. So verneint etwa die Flat Earth Society mit „starken" Belegen unsere landläufige Vorstellung, die Erde sei eine Kugel. Bei den allermeisten Change-Themen gibt es ebenfalls einen ungelösten Streit unter Fachleuten (siehe Infoboxen „Empirisch bestätigte Weisheiten" und „Wissenschaftliche Erkenntnisse zum Change Management"). Es gibt vier Prüffragen:[128] Wird ein konkreter Experte zitiert (nicht nur allgemein: „Studien zeigen, dass …")? Gilt der benannte Experte überhaupt als Kenner des strittigen Themas? Hat dieser Experte tatsächlich geäußert, was ihm nachgesagt wird? Wie sehen andere renommierte Experten dasselbe Thema? Wird ein Change-Konzept mit wissenschaftlichen Kompetenzsignalen ausgestattet, helfen diese Prüffragen bei der Absicherung.

[128] nach Mukerji, N.: Die 10 Gebote des gesunden Menschenverstands, 2017, S. 177–186

Empirisch bestätigte Weisheiten

Zwei Forscherteams haben kürzlich unabhängig voneinander in Metastudien die Bestseller zum Change Management auf „Weisheiten" durchforstet und überprüft, ob es empirische Analysen gibt, die die Weisheiten losgelöst vom situativen Kontext als generelle „Wahrheiten" bestätigen (Changement 1/17, S. 40–41; 1/19, S. 38–39). Keine stabilen Belege gibt es beispielsweise für die beiden populären Statements, dass Partizipation Erfolg versprechend sei und dass Quick Wins das Vorhaben absichern. Generalisierbar sind immerhin folgende Erfolgsfaktoren:

» *Vorabanalyse von Chancen und Risiken*
» *Planung des Veränderungsprozesses*
» *Vermittlung einer klaren Vision*
» *fairer Prozess*
» *Vertrauen in den Change-Leader*
» *Führen mit Zielen und Feedback*
» *Stärkung der Veränderungsbereitschaft, auch durch materielle Motivatoren*
» *Investition in die Kompetenzvermittlung (Qualifizierung)*
» *Change-Controlling*
» *Verankerung des Vorhabens in der Organisationskultur*

Das alles überrascht die Kenner der Standardliteratur nicht. Ohne wissenschaftliche Antwort bleiben Change-Leader, wenn sie nach signifikanten Wirkungsparametern fragen, etwa im Sinne: „Um wie viel Euro muss ich das Kommunikationsbudget erhöhen, damit die Zustimmung zur Veränderung um zehn Prozentpunkte steigt?" Das sogenannte Evidence Based Change Management liefert derzeit keinerlei konkrete Werte. Wobei für die 2020er-Jahre zu erwarten ist, dass sich der Trend zu Change Analytics verstärken wird.

Wissenschaftliche Erkenntnisse zum Change Management

Der Nobelpreisträger Daniel Kahneman hat sich in empirischen Studien mit Change Management beschäftigt. Die wichtigsten Ergebnisse von ihm und seinen Forscherkollegen:[129]

» *Veränderungsresistenz: Menschen haben eine geringe Bereitschaft, bewährte und lieb gewonnene Überzeugungen abzulegen, seien es Erklärungen über das große Ganze (Weltbild), die Sicht auf sich (Selbstbild) oder die Wahrnehmung von Dritten (Fremdbild). Wir schätzen das, was wir kennen, selbst wenn es von außen gesehen nicht mehr optimal funktioniert. Die Hoffnung von Change-Leadern, dass sich das objektivieren ließe („Wir müssen die Neuerung nur besser erklären"), ist daher trügerisch.*

» *Faulheitstendenz: Menschen sind von Natur aus träge, es gilt das Gesetz des geringsten Aufwands. Arbeit, Anstrengung und Aufmerksamkeit bedeuten individuelle Kosten, gerade bei Veränderungsprojekten. Change-Leader müssen gegen den inneren Schweinehund der Belegschaft ankämpfen. Beispielsweise zeigt die Ökonomie der Aufmerksamkeit, nach der Interesse und Konzentration ein knappes Gut sind, eines der größten Hindernisse im Change Management: Führungskräfte und Mitarbeiter sind durch in ihren Augen wichtigere Dinge abgelenkt.*

» *Eigenbeitragsverzerrung: Menschen überschätzen ihre eigenen Leistungen gegenüber denen anderer Beteiligter. Dieser Bias führt dazu, dass wir uns ständig zu unseren Gunsten vergleichen und dabei Dritten gegenüber unfair werden. Die realistische Einschätzung individueller Beiträge ist allenfalls dann zu erwarten, wenn der Change-Leader psychologisch geschickt die Maßstäbe zurechtrückt.*

» *Sättigungsgrenzen: Für materielle Anreize gibt es einen abnehmenden Grenznutzen. Ab einem bestimmten Einkommen – den Forschern folgend liegt es bei 60.000 bis 80.000 Euro – verlieren monetäre Incentives ihre Wirkung. Da viele Führungskräfte und Spezialisten gehaltsmäßig bereits oberhalb dieser Reizschwelle liegen, haben sie keinen finanziellen Beweggrund, sich an der Veränderung zu beteiligen, sondern müssen anders motiviert werden.*

» *Expertendebakel: Das Vertrauen der Öffentlichkeit in ausgewiesene Fachleute ist stark gesunken, zumal sich besonders Koryphäen und Gurus auf ihre bisherigen Überzeugungen versteifen oder im fachfremden Terrain belanglose Statements abgeben. Kahneman bestätigt den „abnehmenden prädiktiven Grenzertrag von Wissen". Er rät den Experten dazu, sich eng auf ihre Wissensdomäne zu beschränken.*

Dieses letzte Ergebnis trifft etwa für die Neurowissenschaften zu, in denen weitreichende Schlussfolgerungen über die Funktionsweise des menschlichen Gehirns gezogen werden. Mit bildgebenden Verfahren erwecken manche Wissenschaftler den Eindruck, als ob unser Denken und Fühlen kurz vor der Entschlüsselung stünde. Mit eingängigen Thesen setzen populäre Hirnforscher mitunter auf mediale Inszenierung.[130] Wegen fundamentaler Erklärungslücken ist stattdessen jedoch die Zurückhaltung von Neurowissenschaftlern wie Stefan Rotter und Leadership-Experten wie Jürgen Weibler deutlich glaubwürdiger (Changement 3/18, S. 30–32; 6/18, S. 24–25).

4. ... wenn das vorhandene HR-Controlling aussagefähig ist:
Die konzeptionelle Literatur zum HR-Controlling legt die Messlatte erstaunlich hoch und erweckt damit den Eindruck, als ob bei People-Themen die quantitative Begründung inzwischen zur Routine gehört. Allein, es bleibt beim Wunsch. Heute gibt es nicht viele Unternehmen, die im Personalbereich wesentlich mehr entscheidungsrelevante Kennzahlen erheben als die drei Klassiker Faktorkosten, Krankenstand und Fluktuation, und wenige, die etwas mit Relevanz für das Change Management ermitteln. Auf das vorhandene HR-Controlling können Veränderungsprojekte demnach kaum zurückgreifen. Sie müssen ihre Daten eigentlich immer selbst messen, was ein Aufwand ist, der häufig gescheut wird *(siehe Infobox „Change-Montoring")*.

129 *Kahneman, D.: Thinking, Fast and Slow, 2011*
130 *Heinemann, T.: Populäre Wissenschaft: Hirnforschung zwischen Labor und Talkshow, 2012*

Change-Monitoring

Change-Monitoring ist oft nur qualitativ angelegt. Wie im Controlling üblich lautet die wichtigste Empfehlung: Die richtigen Fragen stellen. Dann kann überlegt werden, was die beste verfügbare Analyse ist. Ziemlich oft folgt das Eingeständnis: „Sorry, dazu können wir derzeit keine seriöse Aussage treffen."

Vor der Veränderung: Am Beginn des Wandels wird eine klassische Investitionsrechnung (Business Case) erwartet, mit der Möglichkeit zur anschließenden Nachverfolgung (Benefit Tracking). Dieser Wunsch ist in der Praxis nicht hieb- und stichfest zu erfüllen. Bereits die Frage, welche Kosten die Gestaltung der Transformation im Projektverlauf verursachen wird, lässt sich vorab selten genau beantworten. An der Frage nach dem absehbaren Nutzen wird man scheitern, weil keine validen Wirkungsmodelle bekannt sind. Für Change Management gibt es vorab keine überzeugenden Berechnungen. Die Bereitschaft dazu bleibt Gefühlssache und entsteht aus Überzeugung.

Während der Veränderung: Jetzt geht es darum, Probleme bei der Konzeption zu erkennen, Lösungen für die Implementierung zu entwickeln und Entscheidungen für das weitere Vorgehen zu begründen. Zudem dient das Change-Monitoring als Frühwarnsystem. Es bietet Antworten auf wesentliche Leitfragen, wie etwa: Werden das Ziel und der Weg des Projekts verstanden? Wie stehen wichtige Stakeholder zum Vorhaben? Greifen die durchgeführten Change-Maßnahmen?

In der Praxis werden oft qualitative Instrumente eingesetzt, die auf einer Interaktion mit Entscheidern und der Belegschaft bauen: Fokusinterview mit Stakeholdern (Einzelgespräch zur Ermittlung der individuellen Perspektive), Sounding Board mit Führungskräften (regelmäßige Feedbackrunden mit konstruktiv-kritischen Managern), Workshop mit Change Agents (Diskussionsrunden mit Multiplikatoren der Veränderung) oder Gruppendiskussion mit Mitarbeitern (moderierter Workshop mit repräsentativen Kollegen).

Besonders bei größeren Vorhaben ist es üblich, die digitale Welt der Sichtweisen und Stimmungen systematisch auszuwerten. Verbreitet sind offene Interaktionsplattformen speziell für ein Projekt (z. B. Whatsapp, Slack, Yammer), am besten mit wenig hoheitlichen Impulsen seitens Projektleitung und Unternehmensführung. Solche Stimmungsbilder dienen als „Quick & Dirty"-Analyse zu aktuellen Erwartungen und Befindlichkeiten der Belegschaft und ermöglichen sofortige Maßnahmen. Hingegen sind Mitarbeiterbefragungen ein Kraftakt. Sie erfolgen in weiten Zeitabständen und haben lange Reaktionszeiten.[131]

Neben diesen Stimmungsbildern gibt es weitere Kennzahlen: Teilnahmequote (Beteiligung an Veranstaltungen des Projekts), Weiterbildungsquote (erfolgreiche Teilnahme an Projekttrainings), Click Rate (Nutzung des Projekt-Intranet) oder Regretted Leavers (Anzahl unerwünschter Kündigungen). Solche Kennzahlen sind allenfalls ein Indiz für günstige oder ungünstige Entwicklungen, da sie nicht auf Kausalmustern beruhen. So sagt etwa die Teilnahme an Events nichts über die Wirkung beim einzelnen Mitarbeiter aus.

Artikel zur Vertiefung:
» Ziele und Nutzen von Change Monitoring: hbfm.link/c2
» Methoden und Instrumente des Change Monitoring: hbfm.link/c3
» Praxisbeispiel bei BMW: hbfm.link/c4

---

[131] *zu ihren Stärken siehe Changement 4/18, S. 42–46*

5. ... wenn eigene Experimente durchgeführt werden können:
Für das Change Management liegen keine generellen Wirkungsparameter vor. Ist aber das nicht gerade eine Ermunterung, zunächst selbst zu „forschen", bevor gleich das gesamte Unternehmen einem nicht praxis-

erprobten Konzept ausgesetzt wird? In einer frühen Projektphase können die Verantwortlichen harte Evidenz in der eigenen Firma gewinnen. Dies ist oft gar nicht aufwendig. Experimente gelten dabei als Königsweg *(siehe Infobox „Pilotierung/Prototyping" im Spannungsfeld 5)*. Danach bleibt kein Raum für ideologische Behauptungen. Objektive Fakten ersetzen die Stimmungsmache. Wobei ein unerwünschtes Ergebnis von den Gegnern oft reflexartig schlechtgemacht wird, was ihnen bei einer geschluderten Pilotierung oder bei fragwürdigen Annahmen leichtfällt. Oder wenn sich der Change-Leader auf simple Kausalitätsmuster versteift *(siehe Infobox „Kausalitätsillusion")*.

132 Kahneman, D.: Thinking, Fast and Slow, 2011, S. 102
133 von Wright, G. H.: Explanation and Understanding, 1971

Kausalitätsillusion

Die Welt, unser Leben und wir Menschen lassen sich nicht in einfache Wenn-dann-Muster gießen. Beispielsweise wäre die populäre Feststellung „Wenn mehr Beteiligung, dann mehr Zustimmung" nach Daniel Kahneman ein Paradebeispiel für die sogenannte Kausalitätsillusion.[132] Menschen möchten ihr Umfeld aber verstehen und gestalten. Sie bedienen sich dazu bei Ursache-Wirkungs-Annahmen. Wie seine Forschungen zeigen, ziehen wir eine Scheinbegründung einer fehlenden Erklärung oder gar dem Zufall vor. Dieser Rückzug in kausale und dabei oft simple Komfortzonen wird weiter zunehmen, damit wir weiterhin den Eindruck haben, Herr(in) der Lage zu sein. Beispiel: „Wenn wir die Veränderung mit all ihrem Tohuwabohu bleiben lassen, dann geht es uns endlich wieder besser."

Die Wissenschaftstheorie ist sich allerdings weitgehend einig, dass in den Sozialwissenschaften das Kausalitätsprinzip problematisch ist. Die Kausalität gilt sogar als „Sorgenkind der Erkenntnistheorie."[133] Anders als in den Naturwissenschaften, in denen zum Beispiel die Gravitationskraft empirisch nachweisbar ist. Aber selbst dort wurde der vermeintliche Determinismus spätestens mit der Quantenphysik samt deren Zufallsprinzip wieder relativiert. Also Obacht: Nicht jeder augenscheinliche Zusammenhang ist richtig, geschweige denn zu quantifizieren. Wenn Klaus Müller morgens griesgrämig wirkt, kann dies an seinen Bedenken gegen die Veränderung liegen. Oder er ist bei der Anfahrt mal wieder lange im Stau gestanden.

Muster bei der Verwendung von Kausalität
- *Wird oft durch menschliche Wahrnehmung gestützt.*
- *Wird leicht mit Korrelation verwechselt.*
- *Suggeriert so etwas wie Wahrheit.*
- *Bewährt sich als Fiktion (als ob).*
- *Verweist auf unendliche Wirkungsketten ohne einen Anfang (weil, weil, weil).*
- *„Wirkt" meist komplex und multifaktoriell.*
- *Erfreut Manager („Prima, ich kann etwas tun").*
- *Erschreckt Manager („Ach je, ich muss etwas tun").*
- *Ist die Logik hinter der Verantwortung („Klaus Müller ist schuld").*
- *Wird gern mit Macht und Moral aufgeladen.*

12. Spannungsfeld

6. ... wenn es allgemeingültige Lessons Learned gibt:
Es ist der Kerngedanke dieses Buchs, dass jedes Wandelvorhaben seine Eigenheiten aufweist und es auf die konkrete Situation ankommt. Bei den allermeisten Fragestellungen ist es aber nicht so, dass der Change-Leader als allererster Mensch damit konfrontiert wird. Merke: Man kann (und darf) von anderen Unternehmen und Führungskräften lernen! Um bei den klassischen Problemen voranzukommen, hilft der Blick über den Tellerrand, mit dem die guten Lösungen andernorts erkannt werden. Heute wissen wir, dass die Menschheit das Rad mehrfach erfunden hat, was daran lag, dass unsere Vorfahren anno Tobak nicht miteinander kommunizieren konnten. Falls aber heute ein Change-Leader noch den quantitativen Nachweis verlangt, dass für Wandelvorhaben eine attraktive Zielvorstellung nützlich ist, dann ist er nicht der richtige in dieser Rolle. Die Mehrheitsmeinung im Change Management sollte bei eigenen Change-Vorhaben berücksichtigt werden, wobei sie nicht gleich zur Wahrheit erhoben werden muss.

7. ... wenn der gesunde Menschenverstand die Oberhand behält:
Bei Wandelvorhaben wird gern an den sogenannten gesunden Menschenverstand appelliert: Es ginge nur so, wie die Fakten es beweisen, und nicht anders, weil das Gefühl meist trügt. Seit der Aufklärung gibt es diesen Leitspruch: „Habe Mut, dich deines eigenen Verstandes zu bedienen". Mit dem gesunden Menschenverstand war es freilich schon damals so eine Sache. Jeder hat den seinen und fast alle Menschen glauben, ausgerechnet ihr Verstand sei kerngesund. Nun gibt es ein Genre der Businessliteratur, das die Grenzen menschlichen Denkens aufzeigt.[134] Diese Bücher sind Bestseller, was einer Mischung aus Einsicht und Erschrecken der Leser entspringen dürfte. Wer sie liest, könnte ob der schier unendlichen Möglichkeiten an Trugschlüssen an seinem Menschenverstand zweifeln: „Menschen sind vernunftbegabt, aber nicht unbedingt vernünftig. Wir wissen, dass Veränderungsprozesse dazu führen können, dass Menschen unvernünftiger denken und unter Umständen empfänglich für irrationale Argumente sind. Unsere Neigung, bei strittigen Themen eher am gesunden Menschenverstand des Gegenübers zu zweifeln als am eigenen, liegt schlicht daran, weil wir gern recht behalten und ungern unsere Meinung ändern." (Changement 9/17, S. 38–43). Deshalb gibt es den Ratschlag „Erst denken, dann handeln". Dass die Befolgung dieser Empfehlung extrem anspruchsvoll ist, zeigen „Die 10 Gebote des gesunden Menschenverstands" (plus rund 100 Zusatzregeln) von Nikil Mukerji.

8. ... wenn ein Sachverhalt plausibel erscheint:
Ein Zusammenhang ist für Menschen plausibel, wenn er einleuchtend und verständlich ist. Der Begriff stammt vom Lateinischen „plausibilis" und bedeutet „Beifall verdienend". Womit die Nähe zum Applaus deutlich wird und damit auch die Subjektivität der Einschätzung. Denn ein plausibler Sachverhalt beruht auf einem bestimmten Wertesystem. Wird dieses

---

[134] Taleb, N. N.: The Black Swan: The Impact of the Highly Improbable, 2007; Dobelli, R.: Die Kunst des klaren Denkens. 52 Denkfehler, die Sie besser anderen überlassen, 2011; Dueck, G.: Schwarmdumm: So blöd sind wir nur gemeinsam, 2015

nicht geteilt, erscheint ein Argument nicht als offensichtlich, sondern möglicherweise als abwegig. Beispiel: Die Erweiterung von Betriebsflächen ist für die einen plausibel, weil sie die Ertragssituation verbessert. Hingegen ist sie für andere unplausibel, weil sie gegen Naturschutz und Tierwohl verstößt. Besonders die Echokammern im Internet sind wertegebunden und basieren auf der sogenannten intrinsischen Plausibilität. Plausibel und damit „wahr" ist etwas dann, wenn ein Mensch die dafür erforderlichen Werte teilt. Tut er dies nicht, dann beurteilt er denselben Sachverhalt völlig anders.

9. ... **wenn Verschwörungstheorien als Blödsinn entlarvt werden können:** Ziemlich oft werden im Hintergrund von Veränderungsprojekten obskure Kräfte mit einer Hidden Agenda vermutet. Ominöse Gestalten hätten einen von langer Hand angelegten Masterplan, der unter der Oberfläche des Wandelvorhabens verborgen sei. Sie würden in konspirativen Zirkeln die Strippen ziehen, ihre Intrigen spinnen oder gar einen Komplott schmieden. Der Fantasie sind keine Grenzen gesetzt. Solche Kopfgeburten nehmen wieder stark zu und sind ein Indikator, dass für manche Menschen etwas Grundsätzliches nicht mehr stimmt (Changement 2/18, S. 8–10). Verschwörungstheorien, besonders die, die im Internet verbreitet werden, sind kommunikativ und argumentativ fast nicht in den Griff zu bekommen. Dies ist besonders dann der Fall, wenn der „aufgeklärte" Change-Leader die in seinen Augen absurde Parallelwelt der Verschwörungstheorie als Nonsens abtut. Was wiederum zum massiven Widerstand ihrer Anhänger führen kann, die sich gelegentlich sogar als Retter des Abendlands fühlen.

Erfahrung und Empfehlung

Der Change-Leader hat die Wahl zwischen zwei Übeln: Strenge Kalkulation des Vorhabens, trotz der allgegenwärtigen Berechnungsprobleme, oder einfach mal etwas wagen, aus dem Bauchgefühl heraus. Was kann man ihm da raten? Die im Topmanagement übliche Praxis ist, seinen Glauben in Zahlen zu verpacken, die für andere glaubwürdig wirken – plus eine mehr oder weniger große Portion Macht.

Dafür hatte ich zusammen mit Kollegen vor über zehn Jahren ein Instrument entwickelt: Return on Change Management.[135] Dieses Tool samt seiner App hat durchaus Charme, kann jedoch nicht auf wissenschaftlich validierte Parameter zurückgreifen, sondern muss von plausiblen, erfahrungsgestützten Annahmen ausgehen. Die Resonanz darauf war gleich null. Die Freunde von Change Management brauchen kein solches Verfahren, die Zweifler lassen sich nicht auf ein derartiges Vorgehen ein oder kritteln am Modell herum. Schade eigentlich.

[135] *Claßen, M.: Change Management aktiv gestalten, 2008 (1. Aufl.), S. 277–286*

In Europa gibt es eine lange geisteswissenschaftliche Tradition, nach der Gefühl und Glauben dem Verstand und Wissen übergeordnet oder zumindest gleichrangig sind. Sämtliche Religionen und die meisten Ideologien

12. Spannungsfeld

basieren auf dem Subjektiven. Anselm von Canterbury predigte vor knapp tausend Jahren: „Ich glaube, damit ich verstehe". Rousseau stellte sich gegen die Aufklärung und die Ratio (und wurde deshalb von Voltaire für wahnsinnig gehalten). Lebensphilosophen wie Schopenhauer, Nietzsche und Bergson lehnten eine dominante Vernunft ab. Das Leben sei nicht durch Denken allein zu erfassen, die Vernunft habe nur eine dienende Rolle. Heute erkennen Zukunftsforscher in der westlichen Kultur einen Rückgang der zwischenzeitlichen kognitiven Vorherrschaft und einen neuerlichen Höhenflug der Emotionen bis hin zu ihren spirituellen und esoterischen Formen. Das gute Gefühl, der emotionale Buy-in gilt wieder als Wert an sich. In anderen Kulturkreisen gab es die rationale Dominanz ohnehin noch nie.

Change Management muss sich dieser affektiven Renaissance stellen. Die Gefühlswallungen in Zeiten des Wandels – weit entfernt vom objektiv Vernünftigen und analytisch Richtigen – können sogar einen emotionalen Flächenbrand auslösen, der weit über die organisatorischen Grenzen hinausgeht. Beim Löschen solcher Feuersbrünste sind selbst Profis überfordert, da hilft lediglich noch Powerplay, vielleicht. Am besten lässt man es gar nicht so weit kommen und setzt von Anfang an nicht nur auf Kopf und Hirn, sondern spricht Bauch und Herz an. Bevor die Ratio ins Leere läuft und weil sie nicht alles ist.

Das Sentiment der Organisation und ihrer Individuen ist längst ein harter Change Fact. Emotionen, ungehörig? Subjektives, unangebracht? Irrationales, unzeitgemäß? Wird heute nicht mehr durchgehen! Die Gestaltung des Wandels bedeutet immer auch Feel-Good-Management, den Aufbau von Sympathie und Vertrauen, das Verscheuchen von Angst, Neid und anderen unguten Gefühlen und das Vertreiben von Langeweile. Bei alledem bedarf es gelegentlich auch Zahlen und Fakten, aber eben nur ab und an.

Lassen wir doch zwei Managementgurus zu Wort kommen. Peter Drucker, bekanntlich ein großer Zahlenfreund, meinte schon vor langer Zeit, dass Fakten bei weichen Themen vor allem als Marketingkniff genutzt werden: „Die permanente Sorge von Personalern ist es, dass sie nicht in der Lage sind, ihren Wertbeitrag für die Firma zu verdeutlichen. Deswegen suchen sie verzweifelt nach einem Gimmick, mit dem sie ihre Kollegen im Business beeindrucken können, um ihren Status zu verbessern."[136] Viele Jahre später zieht Henry Mintzberg eine Bilanz: „Wo ist unser gesunder Menschenverstand geblieben? Es gab mal so etwas wie eine Urteilskraft jenseits aller Zahlen, quasi aus dem Dunkel heraus. Und dann kamen die Zahlen mit ihrem grellen Licht. Das war gut, solange sie nur zusätzliche Anhaltspunkte für die Beurteilung boten. Messen Sie ruhig, was Sie messen können, aber überlassen Sie den Rest dann Ihrem Urteilsvermögen. (…) Wir dürfen uns nicht länger von Zahlen hypnotisieren lassen und zulassen, dass die harten Informationen die weichen verdrängen, sondern wir müssen beide, wann immer möglich, kombinieren."[137]

[136] Drucker, P. F.: The Practice of Management, 1954, S. 275 (übersetzt)

[137] Mintzberg, H.: Managen, 2010, S. 289–290

Offenheit

vertraulich ⇌ freimütig

Spannungsfeld

Über was kann (und muss) bei einem Veränderungsprojekt gesprochen werden? Über alles! Weil ohnehin jedes Geheimnis eher früher als später ans Tageslicht kommt. Was hochnotpeinlich werden kann, denn Lügen haben kurze Beine und Ehrlichkeit währt am längsten. Oder über (fast) nichts! Denn der Volksmund weiß auch, dass der Ehrliche am Ende meist der Dumme ist. Weil Reden Silber und Schweigen Gold ist. Oder sprechen Veränderungsmanager möglichst nur über solche Sachverhalte, die kein Erregungspotenzial haben? Was man nicht weiß, macht einen nicht heiß. Wobei auch diese Faustregel längst nicht immer stimmt. Denn die automatisch folgenden Gerüchte können Menschen erst recht ziemlich aufbringen. Oder wird dieses Spannungsfeld in Zeit und Raum verschoben, indem der Change-Leader schon über alles spricht – nur eben nicht sofort und gleich mit allen? Alles zu seiner Zeit.

Lebensweisheiten hin und her, jedenfalls gilt offene Kommunikation als Schlüssel zum glaubwürdigen Leadership. Die Wirklichkeit im Topmanagement ist hingegen das absichtsvolle Rollenspiel, bei dem die Offenheit taktisch eingesetzt wird. Denn wie bei kaum einem anderen Spannungsfeld fallen in der Praxis ethische Normen und politische Finesse weit auseinander *(siehe Infobox „Ehrlichkeit")*.

Verwandte Begriffe & Konzepte
vertraulich: diskret, heimlich, gespielt
freimütig: transparent, unverblümt, glaubwürdig

Ehrlichkeit
„Alles, was du sagst, sollte wahr sein. Aber nicht alles, was wahr ist, solltest du auch sagen" (Voltaire zugeschrieben). Offenheit und Ehrlichkeit sind nicht dasselbe. Sie sind bei Wandelvorhaben jedoch eng miteinander verbandelt: Freimütig ist meist ehrlich und seriös und vertraulich oft verlogen und intrigant. Ehrlichkeit wird weithin als Redlichkeit, Aufrichtigkeit und Wahrhaftigkeit verstanden. Im betrieblichen Alltag und gerade bei Transformationen ist es freilich ein weiter Weg vom Wollen über das Sagen zum Machen, ein Pfad der Tugend, auf dem unehrliche Verlockungen lauern.

In Zeiten des Wandels trifft das Zitat des englischen Schriftstellers William Somerset Maugham am meisten zu: „Ehrlichkeit ist höchstwahrscheinlich die verwegenste Form der Tapferkeit." Weil die fehlt, wird im Change Management nach bestem Wissen und Gewissen gelogen. Dazu gibt es vier Techniken:
» ungünstige Sachverhalte weglassen oder davon ablenken (halbe Wahrheiten)
» über- oder untertreiben (à la Münchhausen)
» angeblich fehlende Erinnerung (taktische Demenz)
» gezielte Falschinformation (Lügengeschichte)

Natürlich leiden die ganze Menschheit und jeder Einzelne unter der Lüge (von anderen). Aber sie hat einen großen Nutzen, was sich im Alltagsgebrauch und mittlerweile besonders in ihrer Ausbreitung im Internet zeigt. Die Zivilisationskritiker und Moralapostel, ob in den Feuilletons oder unter den Sozialwissenschaftlern, haben das Phänomen bisher lediglich diagnostiziert, aber noch keine wirkungsvollen Gesellschaftstherapien zur „Verehrlichung" entwickelt. Derzeit sind wir mal wieder in einer Phase des Staunens über die Macht der Lüge und ihrer Vorstufe, dem Nonsens.

Für Change Management bedeutet dies, die Lüge und den Nonsens weder zu verurteilen noch zu unterschätzen. Sie sind eine Realität der Gegenwart (und waren in der Menschheitsgeschichte schon immer präsent). Niemand kann Topmanager permanent an einen Lügendetektor anschließen oder ihnen mit investigativen Methoden den geäußerten Nonsens vorhalten (gestern: „Wir schätzen die große Erfahrung unserer älteren Kollegen", heute: „Wir haben ein Ruhestandsprogramm für die verdienten Endfünfziger entwickelt"). Gerade deshalb muss dem Change-Leader bewusst sein, dass der Vorwurf seiner Verlogenheit ständig im Raum steht. Er wird viel damit zu tun haben, dass ihn das interne und externe Publikum als ehrlich wahrnimmt. Und er wird sich öfter, als ihm lieb ist, als ungerecht behandelt empfinden.

„Wissen ist Macht!"

Einerseits: vertraulich

Der offene, ehrliche und authentische Change-Leader, der sein wahres Ich zeigt und organisatorische Geheimnisse nicht unter Verschluss hält. So steht es im Vorwort von Kommunikationsbüchern für Anfänger. PR-Abteilungen erschaffen solche Figuren, um sie dann mit wohlklingenden Statements vor jede greifbare Kamera zu zerren und in Homestorys einen Menschen wie du und ich zu zeigen. Manche Vorstände nutzen mehrere interne und externe Medienbetreuer in Vollzeit, die für ihr Image in der realen und virtuellen Welt zuständig sind. Diese designte Fassade zielt auf unsere menschliche Sehnsucht: Wir möchten nicht belogen und nicht betrogen werden und falls doch, dann allenfalls von jemandem, den wir eigentlich sympathisch finden und der dies nur macht, weil er nicht anders kann.

Es ist allerdings völlig egal, wie eine Managerin als Mensch ist, wie ihre Kindheit war, wie sie jetzt ihr Leben lebt, wie sie im tiefen Inneren tickt – Hauptsache, sie macht in ihrem Job möglichst viele Dinge richtig. Change braucht keinen aufgehübschten Leader an der Spitze. Dort muss eine Rolle gespielt werden, um den diversen Funktionen, die mit einer solchen Position verknüpft sind, gerecht zu werden. Und zur Businessrolle gehört es nun einmal, dass man öfter, als einem vielleicht sogar selbst lieb ist, seinen Mund hält, weil es um Themen geht, die noch nicht alle etwas angehen. Bei jeder Transformation sind Informationen geldwerte Güter, die nicht einfach so an alle verschenkt, sondern ganz gezielt zugeteilt werden: Wissen ist Macht. Man stelle sich mal vor, der CEO eines Konzerns verrät alles, was er weiß. Dass Rolf Breuer, ehemaliger Chef der Deutschen Bank, im Fall Leo Kirch eine flapsige Bemerkung machte, kostete das Unternehmen fast eine Milliarde Euro als Vergleichszahlung.

Zudem muss man realistisch bleiben. Welcher Change-Leader wird offen über die Gründe zum Wandel sprechen, wenn er den Schlamassel selbst verschuldet hat, oder seinen Vorgänger an den Pranger stellen, weil der nichts unternommen hat, oder seine Fragezeichen beim Business Case vor aller Welt darlegen? Solche blinden Flecken werden bewusst kultiviert. Wir sollten von den Verantwortlichen nicht allzu viel selbstkritische Reflexion und schonungslose Information erwarten. Dies verträgt sich nicht mit dem Wagemut, den man bei einer Veränderung braucht. Der Optimismus schlägt die Offenheit.

Andererseits: freimütig

„Glaubwürdigkeit und Vertrauen!"

Von der Not zur Lüge ist es ein kurzer Weg. Auch aus Taktgefühl darf man flunkern, um sein Gegenüber nicht zu kränken. Bei Loyalitätskonflikten bieten Ausflüchte meist die einzige Rettungstür. Die meisten Verträge beinhalten Verschwiegenheitsklauseln samt einer Strafandrohung bei Missachtung. Und wenn nicht klar ist, was wahr und unwahr ist, gleicht die Ehrlichkeit einer Gratwanderung. Zumal uns beim Sprechen elegante Schwindeltüren offenstehen, durch schöne Sprache oder beredtes Schweigen. Es gibt sogar Checklisten erlaubter und damit moralisch gerechtfertigter Ausreden. Wer völlig ohne Lüge sei, meinte sinngemäß schon die Bibel, der werfe den ersten Stein. Wie Jägerlatein und Ammenmärchen gehört die Lüge zum professionellen Repertoire in Wirtschaft und Politik.

Aber wenn bei Wandelvorhaben offensichtlicher Fake als Fakt verkauft wird oder falls die Lebenslüge einer Organisation alle Zweifel tabuisiert, wird die Verbotslinie überschritten. Es gehört sich nicht, bei Veränderungsprojekten die Offenheit zu missachten, indem man auf Vertraulichkeit setzt. Schon Kinder lernen: Wer flüstert, der lügt! Hier geht es um normativ-ethische Fragen.

Wandelvorhaben werden durch den Change-Leader personifiziert, als glaubwürdiger Mensch und nicht als Lügenbaron im Stil von Münchhausen. Durch sein authentisches Verhalten gilt der Verantwortliche als integer, ja er kann sogar zum Vorbild werden. Aus der Kommunikationsforschung ist bekannt, wie wichtig Offenheit und Ehrlichkeit sind und damit die Übereinstimmung von Sagen und Tun („walk the talk"). Denn Menschen haben ein untrügliches Gespür, wann ihnen jemand etwas vorflunkert, falls er Geheimniskrämerei betreibt und wenn er nicht im Einklang mit seinen innersten Werten und Motiven handelt. Gerade bei Veränderungsprojekten sind die Mitarbeiter doppelt vorsichtig, sehen genau hin und hören achtsam zu, um die Glaubwürdigkeit dessen zu erkennen, was vom Topmanagement behauptet wird. Zumal sie in der Vergangenheit schon viel zu oft erleben mussten, dass ihnen ein X für ein U vorgemacht wurde.

Früher hat die soziale Kontrolle in überschaubaren Wirtschaftsbiotopen weniger Auslaufflächen geboten und mehr Ausgleichsflächen erfordert. In der unübersichtlichen Gegenwart ist die authentische Führung zunehmend schwieriger geworden (Changement 9/17, S. 32–33; 3/18, S. 46–47). Sie erfordert Selbsterkenntnis, ergänzt um ehrliche Fremdbilder, und Selbststeuerung, auf der Basis moralischer Prinzipien. Wer glaubwürdig ist, zu dem fassen die Menschen Vertrauen. Bekanntlich ist Vertrauen eine der wichtigsten Währungen in der Wirtschaft (Changement 5/17, S. 33–37). Im Change Management führt dies zu einer einfachen Gleichung: Glaubwürdigkeit = Vertrauen = Change. Und es gilt die Umkehrung der Gleichung: unglaubwürdig = kein Vertrauen = Stillstand.[138]

138 *Authentizität wird in manchen Firmen sogar gemessen: SAP ermittelt auf Aggregatebene den „Leadership Trust Score", der 2017 bei als hoch einzuschätzenden 61 Prozent lag. Der US-amerikanische Hedgefonds Bridgewater erhebt für jeden Mitarbeiter den Believability Score als Maß der persönlichen Glaubwürdigkeit.*

Leitfragen

1. Eignet sich der Change-Leader für eine offene Kommunikation?
2. Gilt die Organisation als offen?
3. Eignet sich das Thema für die breit angelegte Information?
4. Ist eine (verhandlungs-)taktische Zurückhaltung geboten?
5. Ist die Zeit schon reif, um in die breite Information zu gehen?
6. Geht es um Persönlichkeitsrechte?
7. Gibt es Gerüchte, die größere Verwirrung stiften?

Situative Entscheidung

Vertraulich ...

1. **... wenn der Change-Leader kein glaubwürdiger Treiber des Wandels ist:**
   Es gibt Topmanager, die durch ihr früheres Verhalten von der internen bzw. externen Öffentlichkeit als unglaubwürdig empfunden werden. Vertrauen wird schnell verspielt und ein Luftikus braucht dann viel Zeit, um wieder als seriös zu gelten, falls das Image überhaupt repariert werden kann (Changement 9/17, S. 45–47). Manchen Vorständen und Geschäftsführern nimmt man aufgrund ihrer Persönlichkeit keine offene

und ehrliche Kommunikation ab, selbst wenn PR-Abteilungen die Imagepolitur versuchen. In beiden Fällen ist es unausweichlich, sie in ihrer Rolle als Change-Leader abzulösen und durch ein glaubwürdiges Gesicht zu ersetzen. Bloße Appelle wie „Bitte vertrauen Sie mir doch" sind vergebliche Liebesmüh und kosten nur Zeit.

2. ... wenn die Organisation insgesamt als unglaubwürdig gilt:
Ein authentischer Anführer ist nur die halbe Miete und wird leicht zur tragischen Figur. Oft werden seine guten Absichten vom bestehenden System durchkreuzt, gegen das er sich bei der operativen Umsetzung nicht durchsetzen kann. Wie lange hatte etwa die westliche Welt daran gezweifelt, ob sich Michail Gorbatschow in der „bösen" Sowjetunion behaupten kann? Das Fazit: „Die glaubwürdige Führung einzelner Leader in einer insgesamt als ungerecht empfundenen Organisation wird am Ende verpuffen." (Changement 9/17, S. 33)

3. ... wenn es um ein Tabu geht:
Bei jedem Wandelvorhaben gibt es sensible Aspekte, die am besten nicht angesprochen werden, wie etwa Macht- und Verfahrensthemen und gelegentlich sogar die Transformation selbst (zumindest am Projektbeginn). Ein Tabu ist eine in der Firma stillschweigend praktizierte Übereinkunft, die nicht hinterfragt wird und keine rationale Begründung braucht. Dies kann durchaus legitim sein: „Tabus haben eine Funktion für das Unternehmen, weil sie Handlungsspielräume für Akteure schaffen oder erhalten. Dies kann – selbst bei Veränderungsprozessen – stabilisierend wirken. Daher muss die Überwindung von Tabus gut überlegt werden. Der Tabubruch darf nicht zum Selbstzweck werden. Deshalb erfordert die Kommunikation von beobachteten Tabus eine ganz eigene Form von Intervention, die häufig nur in homöopathischen, aber immer wiederholbaren Dosierungen möglich ist." (Changement 9/17, S. 9–11). Jeder Tabubrecher muss sich die Frage gefallen lassen, ob es ihm um das Wohl seines Unternehmens geht oder ob er nur sein Mütchen kühlen möchte.

4. ... wenn sich der Change-Leader durch Redseligkeit verwundbar machen würde:
Im Prinzip sind Veränderungsprojekte eine Serie von Verhandlungen, was gerade noch geht und was doch nicht möglich ist. Bei Verhandlungen ist es gang und gäbe, rote Linien zu ziehen: bis hierhin und nicht weiter. Ein solches No-Go markiert eine materielle Zielsetzung, eine moralische Haltung, auf jeden Fall eine alternativlose Position, die die Gegenspieler akzeptieren sollen. Es gehört zu den Verhandlungskünsten, für die Kommunikation solcher Eckpunkte das beste Timing zu finden, damit die rote Linie nicht zum roten Tuch wird. Daher braucht es Geduld, bis man alle seine Karten auf den Tisch legt. Es ist taktisch geschickt, seine Ziele frühzeitig festzulegen, für sich, diese aber nicht vorschnell an die große Glocke zu hängen (Changement 2/18, S. 43–45).

Übrigens: Auch für den Verhandlungsprozess wird von den Parteien oft vereinbart, dass der Ablauf im Raum bleibt und keine Details nach außen durchgestochen werden.

5. ... wenn die Zeit noch nicht reif ist:
Bei wabernden Entscheidungsprozessen ist es meist besser, keine Zwischenstände (Wasserstandsmeldungen) zu kommunizieren. Im Fall einer solchen Zurückhaltung muss aber der Zeitpunkt genannt werden, wann die Betroffenen mit konkreten Informationen rechnen können. Dieses Terminversprechen ist unbedingt einzuhalten. Es bringt jedoch viel Unmut, etwa frühzeitig über einen Stellenabbau zu schwadronieren, wenn Betriebsvereinbarung und Sozialplan noch nicht in trockenen Tüchern sind. Denn jeder potenziell Betroffene würde sofort die Frage stellen: „Was bedeutet dies für mich?" Wenn dazu noch keine verbindlichen Aussagen getroffen werden können, ist es ratsam, mit der breiten Information noch zuzuwarten. Die meisten Mitarbeiter verstehen das, selbst wenn bei Transformationen der menschliche Wissensdurst unstillbar erscheint *(siehe Infobox „Vorgehen wichtiger als Ergebnis")*.

Vorgehen wichtiger als Ergebnis
Wichtiger als die Kommunikation über das Was der Veränderung (Change-Ergebnis) ist die über das Wie (Change-Vorgehen). Dies haben zwei Studien bestätigt:[139] *In vier von fünf Unternehmen führt fehlende Information über den Transformationsprozess zu negativen Produktivitätseffekten. In lediglich zwei von fünf Firmen ergeben sich Produktivitätsverluste aus fehlender Information über das Transformationsergebnis.*

Folglich lässt sich die Belegschaft stärker durch eine ausbleibende Kommunikation zum Verlauf des Wandels als zu dessen Folgen ablenken. Das zeigt ihren Realitätssinn. Mitarbeiter erwarten, dass konkrete Informationen über den Prozess schon in frühen Projektphasen gegeben werden. Sie sehen aber ein, dass Informationswünsche über die materiellen Resultate anfangs nicht erfüllt werden können, weil sich diese erst mit der Zeit ergeben. Wer den Veränderungsprozess freimütig kommuniziert, zeigt, dass er ihn im Griff hat und damit etwas Vernünftiges als Outcome zu erwarten ist. Wird in der Kommunikation ein Versprechen gegeben – über das Vorgehen oder das Ergebnis der Transformation –, dann kann dieses nicht gebrochen werden, ohne einen Vertrauensverlust zu riskieren.

Die Kommunikation während Veränderungsprojekten ist jedoch stets weit davon entfernt, perfekt zu sein. Besserwisser haben ein leichtes Spiel. Sie können und werden ihre Finger in die offensichtlichen Wunden legen. Der Change-Leader darf sich davon nicht kirre machen lassen, denn bei Wandelvorhaben lässt sich die Kommunikation immer optimieren.

---

139 *Claßen, M.: Change Management aktiv gestalten, 2013, S. 52–54*

6. **... wenn einzelne Personen geschützt werden müssen:**
In Zeiten des Wandels gibt es immer wieder Situationen, in denen die persönlichen Belange von Akteuren berührt werden. Das geht nicht jeden etwas an, selbst wenn es natürlich die ganze Firma brennend interessiert, was beispielsweise die echten Gründe einer Entlassung sind. Die Erklärung „im gegenseitigen Einvernehmen" wird zwar keine menschliche Neugier befriedigen, aber sie ist ein Gebot des Anstands und wahrt die Persönlichkeitsrechte.

7. **... wenn das Eingehen auf Gerüchte keine Vorteile bringt:**
Bei Veränderungsprojekten ist der Flurfunk ein ständig störendes Nebengeräusch. Und in der Gerüchteküche jeder Organisation wabern viele unangenehme Gerüche. Egal ob diese Spekulationen nun falsch, halbwegs richtig oder zutreffend sind, die Belegschaft erwartet eine Reaktion des Change-Leaders, der mit der offiziellen Information womöglich noch warten möchte. Die Aussage „kein Kommentar", die bereits eine vielsagende Information darstellt, weil bekanntlich nicht nicht kommuniziert werden kann, muss daher im Einzelfall genau abgewogen werden. Noch schlimmer wirken Aussagen wie „Ein Teil der Antworten würde die Bevölkerung verunsichern" (Thomas de Maizière zugeschrieben). Daher lautet die Kernfrage: Ist der erwartete Schaden dieser Geheimhaltung geringer als der voraussichtliche Schaden einer vorzeitigen Offenlegung? Bei Redereien im Unternehmen hat das Topmanagement nur die Wahl zwischen zwei Übeln und sollte das kleinere wählen.

Erfahrung und Empfehlung

Mit den eingangs erwähnten Volksweisheiten ist deutlich geworden, dass es bei diesem Spannungsfeld nicht ohne Moral geht. Die pauschale Forderung nach Offenheit durch manche Kommunikationsexperten, die nicht in der Verantwortung stehen, kann aber auch ins Abseits führen. Denn wenn ein Topmanager die Moralleiter weit nach oben klettert, wird er mit großer Wahrscheinlichkeit seinen Job bald los sein.[140] Für den Change-Leader ist es empfehlenswert, erst zu überlegen und dann loszureden.

Das Ziel von Kommunikation ist die Wirkung auf die jeweiligen Stakeholder, damit der Wandel gefördert (oder weniger behindert) wird. Konkret bedeutet dies, sich seiner Position und der Funktion seiner Botschaften in der jeweiligen Situation bewusst zu werden. Dem Change-Leader sind deshalb eine taktisch gestaltete Offenheit und eine politisch geprägte Ehrlichkeit anzuraten. Aber nicht nur: Denn jetzt muss er sich der persönlichen Ethik und den gesellschaftlichen Normen stellen. Mit diesen beiden Filtern werden manche Botschaften doch zum No-Go. Dann muss ein Topmanager eine der beiden Reißleinen ziehen, die ihm zur Verfügung stehen: entweder die organisatorische oder die individuelle.

140 *Grant, A.: Originals: How Non-Conformists Move the World, 2016, S. 65; Kühl, S.: Organisationskulturen beeinflussen: Eine sehr kurze Einführung, 2018, S. 57; Pfeffer, J.: Leadership BS: Fixing Workplaces and Careers One Truth at a Time, 2015*

Die Praxis sieht oft anders aus. Bei Veränderungsprojekten wundert man sich immer wieder, wenn ein Topmanager als Mensch, so wie er gerade denkt und fühlt, einfach so drauflosplappert (oder den Mund nicht aufbekommt). Es gibt Fälle, in denen es mehrere Monate dauert, die daraus entstandenen Schäden zu reparieren. Manchmal ist nicht einmal das mehr möglich.

Natürlich ist es ideal, wenn der Gesamtverantwortliche in seinem Schein als Manager und in seinem Sein als Mensch möglichst wenig auseinanderfällt. Wichtig ist deshalb im Vorfeld die Auswahl des Change-Leaders. Beim Veränderungsprojekt stehen dann die Funktion und die in dieser Rolle erwarteten Spielregeln im Vordergrund. Daher ist es zweitens wichtig, dass die „Figur" an der Spitze offene und ehrliche Ratgeber hat und keine Entourage, die ihr nach dem Mund redet. Und es ist drittens wichtig, dass die persönlichen Belastungen, die sich aus diesem gelegentlich schizophrenen Rollenspiel ergeben, für den Change-Leader erträglich bleiben und nicht zu gelegentlichen Eruptionen führen, die die mühsam aufgebaute Glaubwürdigkeit mit einem falschen Wort wieder zerstören.

Zudem gibt es Vorhaben, bei denen über längere Zeit Diskretion geboten ist. Restrukturierungen und Reorganisationen stehen auf der Liste vertraulicher Themen ganz weit vorne, Businessstrategien und Veränderungen des Geschäftsmodells ebenfalls, Firmenakquisitionen ohnehin. Bei diesen und weiteren Transformationen kann es lange dauern, bis die Zeit für eine breit angelegte Transparenz reif ist.

Natürlich bleibt die Offenheit des Gegenübers eine menschliche Sehnsucht, die von Kommunikationsprofis und in Führungsseminaren mit ihrer Forderung nach Authentizität permanent befeuert wird. Gerade in Zeiten des Wandels wird dieses Verlangen teilweise ungestillt bleiben.[141] Wer sich für die private Seite von Topmanagern interessiert, kann beim nächsten Friseurtermin in einer Illustrierten die Homestorys von publicitysüchtigen Selbstdarstellern durchblättern. Der Change-Leader übernimmt hingegen eine Rolle: Verkäufer des Wandels – im Dienst seiner Organisation. Daher hat er weder Zeit noch Lust, auf jeden Informationswunsch der vielen Beteiligten und Betroffenen einzugehen. Erst recht sollte er niemand sein, der öffentlich sein Innerstes nach außen kehrt.

141 *Ibarra, H.: Mythos Authentizität, in: Harvard Business Manager 4/2015, S. 20–29*

Kommunikation

Spannungsfeld

Längst schon ist die Frage beantwortet, ob Kommunikation in Zeiten des Wandels von Bedeutung ist. Ohne jeden Zweifel! Dies sagt die Change-Theorie und dies weiß die Change-Praxis. Im Fachmagazin „Changement" betonten sämtliche Change-Leader, die bislang in der Rubrik „Aus Erfahrung" zu Wort gekommen sind, wie überaus wichtig die Kommunikation sei. Sie erfordert heute mindestens so viel Aufwand wie die Konzeption einer Veränderung. Stets geht es dabei um vier Aspekte: die Botschaft, ihre Formulierung, den Zeitpunkt und den Sender, also eine Person (high touch) oder ein Medium (high tech). Wobei manche vermeintlich persönlichen Formate, beispielsweise eine Podiumsdiskussion vor großem Plenum, auch eher techniklastig sind. Bei diesem Spannungsfeld geht es ausschließlich um den Sender – digital oder analog – und es wird angenommen, dass Message, Wording und Timing stimmen. Diesbezügliche Zielkonflikte wurden bereits in anderen Spannungsfeldern aufgegriffen.

Verwandte Begriffe & Konzepte
digital: medial, virtuell
analog: persönlich, Auge in Auge

Einerseits: digital (high tech)

Die Digitalisierung ist DER wirtschaftliche und gesellschaftliche Megatrend. Bei eigentlich jeder organisatorischen Veränderung steht „digital" im Vordergrund. Soll nun ausgerechnet die im Change Management höchst bedeutsame Kommunikation weiterhin analog erfolgen? Die Interaktion von Mensch zu Mensch ist zwar nicht völlig unwichtig, aber sie setzt ein völlig falsches Signal. Dies würde bedeuten, den „new style" gleich wieder durch alte Gewohnheiten zu verraten.

Zweitens sprechen die ökonomischen Vorteile für digitale Kommunikation. Sie ist schneller, weil sie binnen Sekunden übermittelt wird. Und sie ist günstiger, mit enormen Skaleneffekten und marginalen Grenzkosten. Argument Nummer drei ist ihre Verbindlichkeit, denn einmal draußen, lässt sich eine Information kaum mehr zurücknehmen. Goethe kannte zwar noch kein Internet, aber heute würde er seinen Faust sagen lassen: „Was

„Selbstorganisiert und unzensiert!"

man in Bits and Bytes besitzt, kann man getrost nach Hause tragen." Die digitale Interaktion ist aber nicht nur etwas für die „Homezone", die Menschen gehören heute zum globalen Dorf, können die Inhalte im weltweiten Netz liken, sharen und selbst editieren.

Besonders jüngere Mitarbeiter kennen kaum mehr etwas anderes als Mobilgeräte, soziale Netzwerke und Instant Messaging. Deswegen muss der Change-Leader digital aktiv sein. Ansonsten rauscht die Transformation an dieser Zielgruppe – und auch an vielen älteren Kollegen – vorbei (Changement 3/17, S. 4–6). Schon der Freiherr von Knigge meinte über den Umgang mit Menschen: „Lerne den Ton der Gesellschaft anzunehmen, in welcher du dich befindest." Übersetzt in die 2020er-Jahre bedeutet dies: „digital beats paper". Hightech-Unternehmen wie SAP und Microsoft und Start-ups haben einen Startvorteil; sie sind bei der digitalen Kommunikation bereits sehr weit (Changement 6/17, S. 10–13; 7/18, S. 12–16; 9/18, S. 20–24). Aber nicht nur dort spricht immer mehr für Podcasts, Weblogs, Foren, Chats, Wikis, Skype, Whatsapp, Slack, Yammer und gegen Hochglanzbroschüren mit schönen und schicken Menschen in Anzug und Kostüm.

Wir dürfen die Fakten nicht ausblenden: Die weltweit produzierte Datenmenge wächst sekündlich, egal welche Studie als Beleg herangezogen wird. Information gilt als die am stärksten zunehmende Einheit auf der Erde. Ihr Zuwachs geht weiter und weiter und zwar exponentiell. Die Digitalisierung ist dabei Fluch und Segen zugleich. Nur mit ihr werden wir die Datenfluten fokussieren können, gerade auch mit Blick auf die zwischenmenschliche Kommunikation und unsere Wahrnehmungsgrenzen. Die digitale Kommunikation ist niederschwellig und bietet nutzerfreundliche Kanäle. Ihr wird es besser als den klassischen Zeitfressern wie Meetings gelingen, wieder ein menschliches Maß zu finden, selbst wenn sie uns gelegentlich noch überbordend erscheint.

In jedem Fall wird die digitale Interaktion zunehmend selbstorganisiert, unzensiert und damit egalitär sein, was den Kontrollfreaks im Topmanagement natürlich sauer aufstößt. Weil sie ihr elitäres Herrschaftswissen nicht mehr bunkern können, um es im taktisch besten Moment als Waffe abzufeuern. Internet, WLAN und bald schon die fünfte Mobilfunkgeneration 5G sind die Sargnägel für die steinalte Wissen-ist-Macht-Ordnung mit zentraler Steuerung, terminierten Besprechungen und vorgefilterten Botschaften. Bei Wandelvorhaben gehen Mitarbeiter sofort in den „digital search" und hören den analogen Predigten ihrer Vorgesetzten nur noch mit halbem Ohr zu. Kommunikation ist zur antiautoritären und gelegentlich sogar anarchischen Zone geworden. Dort gibt es Informationsbedürfnisse und dafür gibt es Kommunikationslösungen, manchmal noch persönlich und immer öfter digital. Momentan stehen alle auf Twitter, Whatsapp und Instagram. Morgen wird es frischere Tools mit besserer Usability geben. Mit weiter fortschreitender Spracherkennung werden wir nicht einmal mehr schreiben, sondern nur noch sprechen.

Andererseits: persönlich (high touch)

Veränderungsprojekte haben einen Markenkern: die Story mit einem guten Ende *(siehe Infobox „Dramaturgie")*. Der bestmögliche Erzähler ist ein Mensch aus Fleisch und Blut, dessen Worten man zuhört, dessen Gestik und Mimik man wahrnimmt und mit dem man ohne die digitale Milchglasscheibe von Angesicht zu Angesicht interagieren kann. Zwar wird es schon bald technische Spielereien zur visuellen und auditiven Manipulation geben, die den Change-Leader als Figura produzieren und ihn mittels Avataren als realen Menschen simulieren. Aber gerade dann fehlt das echte Gegenüber, das unterbrochen werden kann, bei dem nachgefragt werden kann, das auf Stimmungen seines Publikums eingehen kann. Noch für viele Jahre gelingt die wirkungsvollste Kommunikation im persönlichen Dialog. Ansonsten landen wir Menschen im sogenannten Gruselgraben, wie es Medienpsychologen für die Zukunft befürchten.[142]

„Glaubwürdige Botschafter!"

Change-Kommunikation ist und bleibt Führungsaufgabe: Delegation verboten! Weder der Export an die Wortakrobaten im Kommunikationsbereich (oder externe Media-Agenturen) noch der Transfer auf die technischen Medien wird die Belegschaft vom Ziel und Weg der Transformation überzeugen. Heute gibt es zwar zahlreiche digitale Kommunikationskanäle und manche davon gelten als „fancy gimmick". Doch dies alles ist kaum mehr als eine Begleitmusik zur persönlichen Kommunikation des Change-Leaders und der jeweiligen Vorgesetzten. Ohne solche glaubwürdigen Botschafter und ihr „live messaging" wird der Wandel nicht in den Köpfen und Herzen der Mitarbeiter ankommen. Und was für den Auftritt vor großem Publikum gilt, trifft umso mehr für die Eins-zu-eins-Interaktion zu. Niemand mag sich eine Situation vorstellen, in der das Gegenüber nur noch eine kühle, technische Maschine ist. Deren Vorboten kennen wir bereits von den sogenannten Service-Hotlines. Bald werden wir uns auf den Anruf in solchen Callcentern sogar freuen, weil am anderen Ende der Leitung immerhin noch ein menschliches Wesen sitzt. Wobei man sich da auch nicht mehr sicher sein kann.

[142] *Mori, M. u. a.: The Uncanny Valley*, in: IEEE Robotics & Automation Magazine, 19. Jg., 2012, H. 2, S. 98–100

Das Topmanagement favorisiert die digitale Kommunikation in der stillen Hoffnung, die Themen setzen, die Meinung formen und sich als Verantwortliche einer Diskussion entziehen zu können. Manche Change-Leader würden es am liebsten wie die chinesischen Autokraten und arabischen Diktatoren halten: willkommene Seiten vorziehen, missliebige Seiten abschalten. Als ob sich Informationen technisch kanalisieren ließen. Man muss sich ihnen stellen, im persönlichen Gespräch mit Andersdenkenden, die es bei Veränderungsprojekten zuhauf gibt.

Bei realistischer Betrachtung lösen sich die angeblichen Kostenvorteile digitaler Kommunikation in Luft auf. Wenn die Kommunikation zielgruppengerecht erfolgt, was jeder Medienexperte dringend empfiehlt, dann zerfasert sie auch in der digitalen Variante in viele einzelne Fäden. Besonders erfolgsverwöhnte Führungskräfte und anspruchsvolle Fachleute möchten nicht mit medialer Massenkost abgespeist werden, sie erwarten maßgeschneiderte Angebote. Und wer sich bei der Qualifizierung schon einmal mit digitalen Anwendungen wie Augmented Reality beschäftigt hat, lernt zwei Dinge: Erstens, sie kosten ein Vermögen, man wird leicht eine Million Euro und mehr berappen müssen. Zweitens, sie sind „always beta", denn ob sie gerade wie gewollt funktionieren oder nicht, ist derzeit ein Vabanquespiel. Über Bedenken zum Datenschutz schweigt man in der digitalen Welt ohnehin besser, weil Sicherheit zum Problem wird, wenn die Mitarbeiter beispielsweise immer öfter auf Cloud-basierten Lernplattformen surfen. Man darf gespannt sein, wann zum ersten Mal öffentlich bekannt wird, dass sich ein Konkurrent in die Qualifizierungssoftware eines Unternehmens gehackt hat, damit die Mitarbeiter etwas Falsches lernen.

Digitalisierung und künstliche Intelligenz sind derzeit die größten Wachstumstreiber der Beratungsbranche. Wenn Consultants in ihren Studien folgerichtig herausfinden, dass die digitale Kommunikation die persönliche Interaktion aussticht, versuchen sie vor allem, ihr eigenes Geschäftsmodell zu pushen. Falls sie stattdessen altmodisch empfehlen würden, dass sich der Change-Leader mal wieder Zeit für den persönlichen Dialog nehmen sollte, verdienen sie keinen einzigen Cent. Obwohl sich die Menschen gerade wegen der Digitalflut wieder nach einem sozialen Miteinander sehnen. „Digital Change", „E-Change" und „Change 4.0" sind ein von Dienstleistern propagiertes Produkt, das kontaktscheue Change-Leader gern kaufen, weil sie damit dem nicht immer angenehmen Face-to-Face-Kontakt auf vermeintlich zeitgemäße Weise ausweichen können. Denn selbst ein globaler Live-Chat per Skype ist weitaus weniger touchy als die intime Fragerunde abends im Kaminzimmer. Allen „distant talkern" ist die dem Technologiepionier Regis McKenna zugeschriebene Aussage in Erinnerung zu rufen: „Es klingt ironisch, ist aber wahr: Im Zeitalter der elektronischen Kommunikation wird die persönliche Interaktion bedeutsamer, als sie jemals gewesen ist."

143 *Claßen, M.: Change Management aktiv gestalten, 2013, S. 345–350*
144 *Spontanfilm-Festival in Moers am Niederrhein*

Dramaturgie

Für Veränderungsprojekte ist die Dramaturgie interessant, weil mit ihr zu vorab definierten Zeitpunkten emotionale, kognitive oder politische Akzente gesetzt werden oder gleich der gesamte Verlauf des Wandelvorhabens als dramaturgische Komposition angelegt werden kann. Diese anspruchsvollen Ziele werden in der Change-Praxis bislang allenfalls ansatzweise eingelöst.[143] Am bekanntesten ist das „Tal der Tränen", aus dem die Betroffenen nach einer anfänglichen Schockstarre und einer zwischenzeitlichen Depressionsphase in einen letztlich glückseligen Zustand hineinwachsen sollen. Ähnlich angelegt ist die aus Märchen und Filmen bekannte „Heldenreise" (Changement 4/17, S. 10–12; 9/17, S. 12–13).

Bei vielen Transformationen gibt es jedoch weder Drehbuch noch Regisseur. Dann geht es zu wie bei einem Spontanfilm: „Das Thema? Steht auf dem Zettel. Der Drehort? Ergibt sich aus dem Drehbuch, wenn's fertig ist. Das Casting? Über die Rollenverteilung wird man sich schon einig werden. Nur keine Panik und eins nach dem anderen."[144]

Die zentrale dramaturgische Herausforderung ist die Gestaltung von Spannungsbögen. Dazu wird am Change-Beginn ein Skript entwickelt, das aus sechs Elementen besteht, womit die Führungskräfte, Mitarbeiter und Externe als Zuschauer und Mitspieler eingebunden werden:

1. *Handlungsphasen/Drehbuch:*
   Leitfragen: Welche Phasen (erfreuliche und weniger erfreuliche, einfache und schwierige) hat das Veränderungsprojekt? Welche Schlüsselszenen gibt es im Storyboard?
2. *Wendepunkte:*
   Leitfragen: Wann finden emotionale Stimmungswechsel statt? Welche Hürden sind zu bewältigen, welche Herausforderungen zu überstehen? Wann gibt es Phasen der Anspannung, wann solche der Entspannung? Welches dramaturgische Profil hat die Transformation?
3. *Handlungselemente:*
   Leitfragen: Welche Impulse werden in den einzelnen Szenen bewusst gesetzt? Wie und von wem werden sie gesetzt? Welche Impulse werden absichtlich weggelassen, obwohl der Change-Leader weiß, dass sie eigentlich erforderlich wären?
4. *Helden, Freunde und Feinde:*
   Leitfragen: Welche Akteure sind die Repräsentanten des Neuen? Von wem bekommen sie Unterstützung? Gegen welche Gegner müssen sie sich letztlich durchsetzen? Wer ist gut und was ist böse?
5. *Adressaten/Blickwinkel:*
   Leitfragen: An welche Zielgruppen richten sich die Impulse? Wessen Perspektive nimmt die Erzählung ein? Gibt es mehrere unterschiedliche Storys für die verschiedenen Stakeholder mit ihren jeweiligen Erwartungen? Wie werden mehrere Erzählfäden (für die diversen Adressaten) wieder zusammengeführt?
6. *Abschluss:*
   Leitfragen: Wie wird das Projektende gestaltet? Als Happy End, das gefeiert wird und nachdem erst einmal eine Ruhephase einkehrt? Als offene Situation, nach der sofort die nächste Herausforderung ansteht? Wie geht es weiter? Was haben wir gelernt?

Leitfragen

1. Soll die Information schnell ankommen?
2. Verlangen die Empfänger zusätzlichen Input?
3. Ist die Information unverfänglich?
4. Hat die Information kommunikative Sprengkraft?
5. Ist der Change-Leader ein guter (digitaler) Kommunikator?
6. Sind die technischen und personellen Voraussetzungen vorhanden?

Situative Entscheidung

Digital ...

1. **... wenn es zügig gehen soll:**
   Technologische Lösungen gelten als schneller Kommunikationskanal, weil die Information mit einem Knopfdruck „an alle" abgeschickt wird und binnen Sekunden ankommt. In der Aufmerksamkeitsökonomie kann dies zum fatalen Trugschluss werden, weil der technische Empfang, etwa die Inbox, und der mentale Empfang in den Köpfen und Herzen der Mitarbeiter selten zeitgleich erfolgen. Noch größer wird der Verzug, wenn keine Push-Medien eingesetzt werden (wie E-Mails), sondern Pull-Medien (wie Projekt-Homepages). Vor deren Wirksamkeit stehen zwei Hürden: Sie müssen zunächst bekannt gemacht werden. Danach müssen sie individuell rezipiert werden. Wie bei jedem Diffusionsprozess gibt es die aus dem Marketing bekannten Verzögerungseffekte bis hin zu den sogenannten Nachzüglern (Laggards). Die digitale Kommunikation ist dann der langsamen persönlichen Informationskaskade überlegen, wenn eine eng getaktete Kommunikation an die verschiedenen Stakeholder erforderlich wird (etwa bei Mergerprozessen). Aber selbst in solchen Fällen empfiehlt es sich, nach dieser Vorspeise den Informationshunger durch ein persönlich gehaltenes Hauptgericht zu stillen.

2. **... wenn ergänzende Informationen bereitgestellt werden:**
   Digitale Medien eignen sich gut zur Vertiefung von zuvor persönlich vermittelten Informationen. Über virtuelle Kanäle stehen zusätzliche Begründungen und Erläuterungen für das am Detail interessierte Publikum zur Verfügung: aktuell, effizient und homogen. Bekannt sind etwa die Fragen- und Antwortlisten (Q&A/FAQ). Der Vorteil homogener Information kommt insbesondere dann zum Tragen, wenn ansonsten uninformierte Mittelmanager die wenigen ihnen bekannten Fakten durcheinanderbringen und Mixed Messages an ihre Teams senden. Digitale Kommunikation hat den Charme, dass die Organisation tendenziell mit einer Stimme spricht („one voice").

3. **... wenn unbedenkliche Informationen bereitgestellt werden:**
   Digitale Medien eignen sich ebenfalls, wenn es um wenig heikle Sachverhalte geht. Falls jedoch, was bei Wandelvorhaben häufig vorkommt,

eine Information viel Spielraum zur Interpretation bietet, ist die persönliche Kommunikation durch den Change-Leader vorteilhaft, weil er unmittelbar auf mögliche Missverständnisse eingehen und tiefere Einblicke bieten kann. Dies ist zwar auch bei einigen digitalen Formaten möglich, wobei dort die Hemmschwelle für Rückfragen bei den meisten Empfängern derzeit noch höherliegt. Nun aber vom schönen zum unschönen Vorteil persönlicher Kommunikation: Wenn ein Change-Leader nur spricht, kann er später behaupten, er habe etwas nie gesagt oder anders gemeint. Unter vier Augen kann er sogar auf subtile Weise drohen, schimpfen, einschüchtern. Persönliche Kommunikation hat – anders als jedes dokumentierte Format – einen inoffiziellen Charakter, bei dem letztlich immer Aussage gegen Aussage steht. Manche Automanager würden sich heute wünschen, ihre Anweisungen im Vorfeld des Dieselskandals besser ohne digitale Spuren gegeben zu haben (Changement 9/18, S. 51).

4. **... wenn die Kommunikationsthemen nicht spannungsgeladen sind:**
Weitaus stärker als persönliche Gespräche kann die digitale Interaktion binnen weniger Stunden ausufern: Shitstorms, Trollbeiträge und weitere Eruptionen, oftmals von anonymen Sendern oder durch technische Routinen (Social Bots) ausgelöst, haben das Internet zum Tummelplatz für Menschen gemacht, die sich an oder jenseits der Grenzen von Anstand und Meinungsfreiheit bewegen (Changement 9/17, S. 47; 6/18, S. 50–51). Wer jemals die Hasskommentare an Change-Leader gelesen hat, versteht, was gemeint ist: Ein zivilisierter Diskurs sieht anders aus. Andererseits kann sich heute kein Wandelvorhaben mehr vom Internet fernhalten. Diese Kommunikation muss organisationsseitig aktiv moderiert werden, um bei Auswüchsen schnell reagieren zu können, indem die Löschfunktion genutzt wird.

5. **... wenn der Change-Leader die neue Medien beherrscht:**
Kommunikation bei Veränderungsprojekten war schon immer ein anspruchsvolles Unterfangen in vermintem Gelände.[145] Die Kommunikation im Internet ist für viele „digital naives" im Topmanagement nicht nur ein fremdartiges, sondern sogar ein unangenehmes Gestrüpp (Changement 3/17, S. 16–18; 4/17: S. 4–6). Deshalb – und auch aus Zeitmangel – legen sie ihre digitale Kommunikation in die Hände Dritter: Sie lassen posten, twittern und chatten, womit ein Kontrollverlust verbunden ist. Der ideale Change-Leader in den 2020er-Jahren beherrscht die verschiedenen Klaviaturen der analogen und digitalen Kommunikationskanäle selbst, empfindet sie als Lust und nicht als Last und reserviert dafür einen Teil seiner Arbeitszeit *(siehe Infobox „Mediale Change-Instrumente")*. Aber egal ob persönlich oder virtuell, mancher Topmanager ist längst kommunikativ verbrannt und kann allein schon aus diesem Grund kein guter Change-Leader mehr sein. Wobei es nicht einfach wird, ihm dies klarzumachen.

[145] *Kommunikationsregeln für Wandelvorhaben siehe* Changement 9/17, S. 6–8; 5/18, S. 4–9; 7/18, S. 34–36

Mediale Change-Instrumente

» *Storytelling in Comicform:*
Die realen Herausforderungen bei einem Veränderungsprojekt werden in fiktive, aber lebensnahe Erzählungen übersetzt, dann als Comic dargestellt und schließlich per Intranet-Chat oder live in Workshops besprochen (Changement 9/17, S. 16–19).

» *Stimmungsbarometer als Videoclip:*
Ähnlich der Ice Bucket Challenge sind Führungskräfte und Mitarbeiter aufgerufen, einen Videoclip von sich zu drehen, in dem sie ihre persönliche Meinung zur Veränderung der gesamten Organisation mitteilen (Changement 4/17, S. 28–30).

» *Erklärfilm als Lernmethode:*
Businessvideos wollen Wissen vermitteln und Verhalten verändern; am bekanntesten ist das TED-Format. Neben repräsentativen Menschen enthalten sie oft auch Animationen und interaktive Elemente (Changement 4/17, S. 7–9).

» *Microlearning als Lernmethode:*
Webinare wie bislang die MOOCs (Massive Open Online Courses) und inzwischen zunehmend die SPOCs (Small Private Online Courses) bieten Weiterbildung zu kognitiven Themen, ohne Zugangs- und Zulassungsbeschränkungen. Sie dienen zur Wissensvermittlung von Basisthemen (Changement 1/18, S. 34–36).

» *Gamification als Lernmethode:*
Gaming gilt als Privatvergnügen für den Hausgebrauch. Längst haben Computerspiele die Grenzen des Entertainments überwunden und werden für Infotainment und weitere Change-bezogene Anwendungen genutzt (Changement 7/17, S. 10–12; 2/18, S. 12–15).

» *Augmented Reality als Lernmethode:*
Diese halbvirtuelle Lernumgebung ist eine spezielle Form von Gamification. Bei ihr wird das reale Blickfeld des Mitarbeiters mit computergenerierten Grafiken angereichert, was eine interaktive Qualifizierung ermöglicht (Changement 6/18, S. 33–35).

6. **… wenn die Basics sitzen:**
Digitale Kommunikation setzt voraus, dass zum einen die technischen Bedingungen erfüllt sind und zum anderen die Menschen damit umgehen können. Bei beidem gibt es in der Old Economy und den meisten Verwaltungen noch erhebliche Defizite. Wenn etwa die Empfangsqualität eines Live-Chats miserabel ist: „Hier nochmals Stockholm, wir haben wieder kein Bild und der Ton ist ständig unterbrochen." Oder wenn die Digital Literacy, also die Kenntnisse zum Umgang mit neuen Kommunikationsformaten, erst noch durch umfangreiche Qualifizierungsmaßnahmen entwickelt werden muss. Immer mehr traditionelle Unternehmen bieten ihren „silver hairs" eine lernfreundliche und risikoarme Lernumgebung an, um technologische Berührungsängste abzubauen.[146]

146 *Praxisbeispiele in Changement 3/17, S. 31–34 und S. 38–41; 6/17, S. 10–13; 1/18, S. 11–17; 2/18, S. 26–29*

Erfahrung und Empfehlung

Change Management wird den Bits und Bots nur hier und da Zugänge öffnen. Anders als in den meisten Wirtschaftssphären wird „high touch" nicht durch „high tech" zurückgedrängt, sondern situativ ergänzt (Changement 3/17, S. 4–6, S. 16–18). Lediglich in einigen Teilbereichen der Information, Kommunikation, Qualifizierung und im Change-Monitoring entfaltet der Digital Change vollumfänglich seine Stärken. Die Gestaltung des Wandels wird noch für viele Jahre eines der letzten Refugien überwiegend untechnischer Methoden und Tools bleiben. Oder anders ausgedrückt: Solange Menschen über Ziele und Wege von Veränderungen aneinandergeraten. Digitale Ansätze können den inhaltlichen Streit bei Veränderungen nicht lösen. Nur im persönlichen Kontakt kann es gelingen, ihn auf ein erträgliches Maß herunterzudimmen.

Allein, es gilt eine Grundregel: Bei jeder menschlichen Interaktion werden das Format und der Kanal von den Präferenzen des Empfängers und nicht von denen des Senders geprägt. Ansonsten kommt die Botschaft nicht an, sondern sie verpufft im Getöse der Aufmerksamkeitsökonomie *(siehe Infobox „Storytelling")*. Hinsichtlich digitaler Instrumente lässt sich pauschal sagen, dass jüngere Mitarbeiter, die Generationen Y und Z, aufgeschlossener sind, sie virtuelle Innovationen sogar von ihrem Unternehmen erwarten, jedenfalls weitaus stärker als ihre älteren Kollegen aus der Babyboomer-Generation und der Generation X. Firmen müssen damit zunehmend beide Kanäle bedienen: den klassischen, analogen für die Älteren und Mittelalten und den innovativen, digitalen für die Jüngeren und den Nachwuchs. Beim Spannungsfeld Kommunikation liegt die Zukunft in „Blended"-Strategien, mit weiterhin hohen persönlichen und zunehmend technischen Anteilen.

Storytelling

„In der globalen Wirtschaft mit ihren digitalen Herausforderungen, pluralistischen Kundenerwartungen und instabilen Zukunftsentwicklungen, Stichwort VUCA, bewegen wir uns in einem diversen Ökosystem, das für unser Business Model permanente Innovationen verlangt, die nur noch mit Agilität, Synergien und weiterem Dingsbums zu bewältigen sind." Dies ist keine gute Story, dies ist eine volle Dröhnung von Worthülsen bzw. „Floskeln, heißer Luft und Kommunikationsmüll", wie es die Stuttgarter Professorin Claudia Mast nennt (Changement 9/17, S. 8).

Stattdessen lieben Menschen Geschichten, schöne Geschichten. Storys können im Business viel bewirken. Längst ist Storytelling auch im Change Management zu einem wesentlichen Instrument geworden. Geschichten wirken, wenn sie konkret, prägnant und mit einfachen kausalen Mustern erzählt werden.[147] Besonders bei Veränderungsprojekten werden Erzählungen für Erklärungszwecke eingesetzt und sollen gar höhere Ziele wie Sinngebung (Purpose) und Zugehörigkeit (Belonging) erfüllen. Weil eine Story nicht nur mit harten Fakten den Verstand anspricht, sondern mit verlockenden

Bildern an der Seele anklopft. Sie wird sogar oft mit der Moral an der Geschichte, also Gut und Böse, Freund und Feind, aufgeladen (Changement 9/18, S. 26–30).[148]

Narrative zählen zu den größten Herausforderungen bei der Gestaltung des Wandels. Zum einen geht es darum, eine Geschichte daraufhin zu durchleuchten, was Fakt-Story und was Fake-Story ist. Weil eine plump fabulierte Mär oder eine gezielte Desinformation, bei der das Publikum für blöd gehalten wird, den Erzähler in ein ungünstiges Licht rückt. Zum anderen ist es wichtig, die Kernbotschaften der Transformation in Erzählungen zu verpacken, die die Stakeholder bewegen. Weil eine begeisternde Story viele Menschen vereinnahmen kann. Obwohl die narrativen Kräfte nicht überschätzt werden dürfen. Die Hoffnung von Change-Leadern kurz vor dem Scheitern, man müsse das Wandelvorhaben eben nur anders, besser erzählen, bleibt meist eine ohnmächtige Beschwörungsformel. Gut erzählter Unsinn bleibt weiterhin Unsinn. Aber generell gilt: Informationen, die anstreben, als wahr und wirklich durchzugehen, werden griffiger, wenn man sie mit Erzählkunst und Unterhaltungswert vorträgt.

Change heißt für Führungskräfte und Mitarbeiter, dass sie stets auch etwas opfern müssen: eine Gewohnheit, eine Erwartung, ein Selbstbild oder gar ihr Weltbild, die Gegenwart mit einem im Grunde ganz ordentlichen Leben. Damit Menschen etwas aufgeben und Neues versuchen, müssen sie überzeugt sein. Sie wollen daran glauben, dass sie selbst, andere für sie wichtige Menschen oder die gesamte Organisation durch das kurzfristige Opfer langfristig etwas gewinnen werden (Changement 8/18, S. 30–33). Change-Storys fördern diesen Glauben und steigern die Ausdauer und die Mitwirkung bei Wandelvorhaben.

Artikel zur Vertiefung:
» *hbfm.link/c5*
» *hbfm.link/c6*

---

[147] *Thier, K.: Storytelling in Organizations: A Narrative Approach to Change, Brand, Project and Knowledge Management, 2018; Duarte, N./Sanchez, P.: Illuminate: Wie Sie mit überzeugender Kommunikation Ihre Mitarbeiter für den Wandel begeistern, 2017*
[148] *Shiller, R. J.: Narrative Economics, in: American Economic Association, 4/2017, S. 967–1004; Beckert, J.: Imaginierte Zukunft: Fiktionale Erwartungen und die Dynamik des Kapitalismus, 2018*

Methoden und Tools

traditionell ➝ innovativ
(Oldie but Goldie) ⬅ (New Work)

Spannungsfeld

Dieses Buch dreht sich um Spannungsfelder bei Wandelvorhaben und bietet keinen Werkzeugkasten für Veränderungsprojekte. Dafür gibt es inzwischen spezialisierte Toolbooks *(siehe Infobox „Auswahl von Change-Instrumenten")*. Bei Werkzeugen gibt es jedoch stets eine Grundsatzfrage: Setzt der Change-Leader auf eine bewährte Vorgehensweise, die möglicherweise bereits überholt oder abgenutzt ist? Oder wagt er sich an neue Instrumente, weil es bei jeder Veränderung um Neuerungen geht und im Prozedere eine große Symbolik steckt?

Verwandte Begriffe & Konzepte
traditionell: zeitlos, bewährt, konventionell, Dauerbrenner
innovativ: trendig, bahnbrechend, avantgardistisch, Modetrend

149 *Beispiele für Toolbooks: Doppler, K./Lauterburg, C.: Change Management: Den Unternehmenswandel gestalten, 2014 (13. Aufl.); Vahs, D./Weiand, A.: Workbook Change Management: Methoden und Techniken, 2013 (2. Aufl.); Rohm, A.: Change Tools, 2015; Roehl, H. u. a.: Werkzeuge des Wandels: Die 30 wirksamsten Tools des Change Managements, 2012*

Auswahl von Change-Instrumenten

In der Praxis ist Change Management das, was unter dem Label „Change Management" konkret gemacht wird. Es geht darum, für die jeweilige Problemstellung den richtigen Lösungsansatz zu finden. Mittlerweile ist die Auswahl an Interventionen uferlos. Der Überblick fällt selbst Experten nicht mehr leicht. Über die gängigen Toolbooks hinaus ist in den letzten Jahren allerdings kaum mehr wirklich Neues hinzugekommen.[149]

Für den Hausgebrauch haben viele Unternehmen und Beratungen eigene (intranetbasierte) Toolbooks erstellt. Manchen Consultants, besonders aus großen Beratungskonzernen, wurde vorgeworfen, nur Standardinstrumente anzuwenden. Ihre Toolbox sei lediglich ein Fast-Food-Kochbuch. Ihre Kollegen aus systemischen Beratungsboutiquen hatten einen ebenfalls unfreundlichen Ruf. Sie seien überzeugt, dass der personelle Faktor, nämlich sie selbst, „haute cuisine" bietet. Beide noch vor einigen Jahren gar nicht falschen Vorurteile haben sich inzwischen weitgehend erledigt. Von „Tooligans" und ihrer „Toolmania" abgesehen, ist bei den meisten Change-Profis beider Couleur mittlerweile ein stimmiger Mix aus Systematik, Intuition und Routine festzustellen (Changement 6/18, S. 43–45).

Leitfragen für den Einsatz von Tools
1. *Welche Zielsetzung und Aufgabenstellung gibt es?*
2. *Passt das Tool zur Organisation, zur Situation und zu den Akteuren?*
3. *Werden die Voraussetzungen für den Einsatz erfüllt?*

4. Wird das Handling routiniert beherrscht?
5. Stimmt die Relation zwischen Nutzen und Kosten?
6. Was wird stattdessen unternommen, wenn das Tool keine Wirkung erzielt?

„Klassisch heißt zeitlos!"

150 Kieser, A.: Managementmoden auf dem Laufsteg: Des Managers neue Kleider, in: Beschaffung aktuell, 1/1996, S. 14–17
151 Kühl, S.: Organisationskulturen beeinflussen: Eine sehr kurze Einführung, 2018, S. 50–56

Einerseits: traditionell (Oldie but Goldie)

„Neu" ist höchst selten wirklich neu und erst recht nicht zwangsläufig besser. Es ist unsäglich, dass alle paar Jahre eine Modewelle durch die Businesswelt schwappt. Da ist viel heiße Luft dabei.[150] Wenn man schon länger dabei ist, erkennt man, wie ein und dasselbe Konzept nach Jahren des Dornröschenschlafs erneut als ultimative Lösung aller Probleme wachgeküsst wird. Beispiel Agilität: Jeder Manager oder Consultant, der etwas auf sich hält, singt momentan entsprechende Loblieder. Die Idee eines unbürokratischen Unternehmens ist aber aus früheren Konzepten zur dynamischen, lernenden und informellen Organisation längst bekannt.[151] Und wenn man aus einer Winzergegend stammt, weiß man zudem, dass alter Wein nicht in neue Schläuche gegossen wird, sondern dass man ihn mit großem Genuss auskostet. Nur sehr selten ist er verdorben und muss durch frisch gepflückten Rebensaft ersetzt werden, der aber weder die Reife noch den Gehalt eines edlen Tropfens aufweist.

Bei der Auswahl von Change-Methoden stellt sich eine simple Frage: Was bringt's? Ob das Tool neuartig ist oder altbekannt, bleibt bei der Antwort völlig nebensächlich. Wer lediglich den letzten Schrei als ultimative Lösung sieht, hat nicht begriffen, dass klugen Menschen schon in der Antike ausgezeichnete Lösungen eingefallen sind. Jedem Innovationsfreak sei gesagt: Zurück zu den Wurzeln! Ad radices!

Wie in der Kunst- und Partyszene sind Innovationen im Change Management nichts anderes als die Suche nach Neuheit und Frische, meist aus Überdruss gepaart mit Langeweile. Da werden beispielsweise für das Teambuilding prominente Theaterregisseure eingeflogen, die mit der Projektgruppe ein Stück einstudieren. Warum? Das vergeudet Zeit und Geld, bringt rein gar nichts und strapaziert die Nerven intelligenter Menschen. Die Entertainment-Branche hat Unternehmen und dort besonders die Abteilungen für Organisations- und Personalentwicklung als willfährige Zielgruppe entdeckt, bei der mit etwas Tamtam und Chichi der schnelle Euro losgeeist werden kann. Wenn die Kunden solcher Firmen von diesen abstrusen Praktiken erführen, würden sie sich mit Grausen abwenden.

Ständig preisen Dienstleister neue Produkte an und verstärken Jahr für Jahr ihre Verkaufsanstrengungen. Manche ganz plump mit Reklame, oft getarnt als sogenanntes Advertorial, andere geschickter mittels Content Marketing. Wirklich Neuartiges, Umwälzendes oder Bahnbrechendes ist äußerst selten dabei. Im Gegenteil, wie Henry Mintzberg, der Realist unter

Methoden und Tools

den Vordenkern im Business, betont: „Die moderne Managementliteratur hat bedauerlicherweise einen starken Hang zum Aktuellsten, Neuesten, zum ‚Heißesten'. Dadurch wird nicht nur den hervorragenden alten Autoren Unrecht getan, sondern vor allem auch den Lesern, denen viel zu häufig das banale Neue an Stelle des signifikanten Alten vorgesetzt wird."[152] Bei der Gestaltung des Wandels besitzen die klassischen Instrumente eine zeitlose Eleganz. In leichter konzeptioneller Abwandlung – und mit neuen Begriffen und in anderer Verpackung – kehren sie immer wieder. Deshalb die Prognose: Agilität wird Anfang der 2020er-Jahre in der Beliebigkeit verschwinden und gegen Ende der Dekade erneut als „Quantensprung" auftauchen – vielleicht mit dem Begriff Revitalization. Was daran neu sein wird? Nichts, doch ja, das Buzzword. Aber selbst das hat es bereits gegeben.

[152] *Mintzberg, H.: Strategy Safari, 1999, S. 21*

Andererseits: innovativ (New Work)

„Neue Antworten!"

Wir leben seit zwei Jahrzehnten im 21. Jahrhundert. Haben es denn die Ewiggestrigen aus dem letzten Jahrtausend immer noch nicht begriffen, dass eine neue Epoche begonnen hat, die durch Internet, Internationalität und weitere Megatrends die Konzepte von anno dazumal nicht nur alt aussehen lässt, sondern auch deren Ineffektivität augenfällig macht. Neue Zeiten stellen neue Fragen und brauchen neue Antworten, gerade auch im Change Management, das die Paradedisziplin für Innovationen ist. Nur wer begreift, dass neue Horizonte nicht mehr auf eingefahrenen Wegen erreicht werden können, soll bei Veränderungsprojekten über das Vorgehen entscheiden *(siehe Infobox „Beispiele innovativer Methoden")*. Wer sich aber immer noch auf Altmeister wie Henry Mintzberg beruft, ist wie jemand, der die Beatles (wer sind die?) im Radio (was ist das?) hört. Stattdessen sei an Charles Darwin erinnert: „survival of the fittest". Man muss mit der Zeit gehen, sonst geht man mit der Zeit.

Beispiel Meeting, es galt viel zu lange als Allheilmittel: Bevor du dir die Haare raufst, setz' besser rasch ein Meeting auf! Doch sogenannte Workshops haben sich überlebt, denn sie haben kaum mehr etwas mit Work zu tun – aber die Uhr läuft erbarmungslos weiter: „Jedes Jahrhundert hat seine eigene Methode, Lebenszeit zu vergeuden. Unsere heißt Meeting."[153] Wenn mittlerweile selbst ein einstmals innovatives Format wie das World Café bei Veränderungsprojekten in einem Oberpfälzer Provinzkrankenhaus eingesetzt wird, dann wird es für moderne Unternehmen Zeit, sich etwas Frischeres einfallen zu lassen, etwa Daily Scrum (Changement 4/17, S. 4–6). Natürlich sind konzeptionelle Innovationen auch brutal, weil sie deutlich machen, dass das Wandelvorhaben mit den traditionellen Ansätzen nicht mehr funktioniert. Der Zug der Zeit ist aber immer nur in eine Richtung gefahren: vorwärts. Alle, die nicht aufspringen, werden abgehängt. Selbst schuld! Individuell mag dies tragisch sein. Aber für Wirtschaft und Gesellschaft entsteht genau daraus der Fortschritt.

[153] *Schweikle, J.: Westwegs: Über den Schwarzwald, 2012, S. 95*

Beispiele innovativer Methoden

» *New Work:*
Mit diesem Schlagwort wird der Abschied aus der Old Economy mit ihrem miefigen Arbeitsumfeld überschrieben. Ziel ist es, die Kommunikation und Kollaboration als die beiden Grundpfeiler organisatorischer Wertschöpfung in der Wissensökonomie zu verbessern. Es reicht dabei nicht aus, Büroflächen zu öffnen, bunte Möbel anzuschaffen oder Tischkicker aufzustellen (Changement 1/16, S. 4–13; 1/17, S. 14–17; 9/18, S. 17–19).

» *Workhacks:*
Unter diesem Begriff werden zahlreiche minimalinvasive Instrumente angeboten, mit der die alltägliche Zusammenarbeit in einem (Projekt-)Team durch einfach umzusetzende Maßnahmen verbessert werden kann (Changement 1/19, S. 32–37).

» *Coaching:*
Die Zeiten, in denen Coaching mit Therapie verwechselt wurde, sind längst vorbei. Ebenso wie der Einsatz als Statussymbol, denn trotz der individuellen Note lässt sich eine gewisse Gewöhnlichkeit nicht mehr abstreiten. Inzwischen drängen innovative Coaching-Konzepte auf den Markt (Changement 1/19, S. 4–21).

» *Walk Act:*
Professionelle Schauspieler, die zuvor gebrieft worden sind, mischen sich bei Events unter das Publikum und geben Denkanstöße, etwa durch subtile Einwürfe in der Fragerunde, provokante Aussagen oder ein Streitgespräch auf offener Bühne mit den Pro- und Contra-Argumenten der Transformation.

» *Nudging:*
Mit mehr oder weniger sanften Stupsern soll bei Menschen ein bestimmtes Verhalten erreicht werden. Diese Technik greift tief in die psychologische Trickkiste. Wie bei allen Influencing-Techniken muss aber über die Moral gesprochen werden, da stets der Manipulationsverdacht mitschwingt (Changement 7/17, S. 4–7).

» *Serendipity:*
Mit dem nicht übersetzbaren Konzept wird ein besseres Innovationsmilieu der Organisation angestrebt. Serendipity meint den glücklichen Umstand, etwas zu finden, nach dem man eigentlich gar nicht gesucht hat. Es geht aber nicht um eine günstige Fügung, sondern darum, Menschen zusammenzubringen, Freiräume zu gewähren und Beobachtungen zu ermöglichen. Damit steigt die Wahrscheinlichkeit für Neuentdeckungen (Changement 5/17, S. 4–5).

» *Disrupt.me:*
Dieses Instrument zielt auf die Identifikation digitaler Innovationen. Ein Unternehmen der Old Economy stellt sich einem Ideenwettbewerb für ihr traditionelles Geschäftsmodell. Die Disruptoren, meist Experten der digitalen Szene, suchen Angriffsstrategien, von denen die besten zu alternativen digitalen Geschäftsmodellen weiterentwickelt werden (Changement 7/17, S. 8–9).

Leitfragen

1. Gibt es ein bewährtes Vorgehenskonzept?
2. Soll eine Tradition fortgeschrieben werden?
3. Sind alternative Lösungswege überhaupt bekannt?
4. Bringen innovative Ansätze einen Zusatznutzen?
5. Sollen bewusst frische Akzente gesetzt werden?
6. Sind die (individuellen) Voraussetzungen für innovative Instrumente gegeben?
7. Erfordert das Selbstbild bestimmte Lösungswege?

Situative Entscheidung

Traditionell ...

1. **... wenn man es schon immer so gemacht hat:**
   Aufgrund der menschlichen Veränderungsresistenz und Faulheitstendenz wählen viele Change-Leader (und Organisationsentwickler) reflexartig und ohne Alternativsuche die ihnen bekannten Methoden. Das ist nicht falsch, wenn die Leitfragen für den Einsatz von Tools positiv beantwortet werden können *(siehe Infobox „Auswahl von Change-Instrumenten")*. Allerdings werden weiterhin selbst hoffnungslos veraltete Instrumente eingesetzt. Wenn beispielsweise ein Topmanager in seiner Erinnerung ein gruppendynamisches Outdoor-Training in den 1990er-Jahren verklärt, müssen die Nachwuchskräfte seiner Firma selbst heute noch zum Teambuilding in paramilitärischer Manier durch den Matsch robben. Weil, so die Begründung aus der Vorstandsetage, dies noch keinem geschadet habe.[154] Es gibt Fundamentalkritiker wie die Beraterin Anne Schüller, die Konzerne für erstarrte Kolosse halten, in denen die Devise „Weiter so!" jede Innovation verbietet: „Bahnbrechendes hat in tradierten Organisationen sehr schlechte Karten. Konzerne sind in antiquierten Strukturen und überholten Mindsets gefangen. In einem alten Arbeitsumfeld kann man nicht auf neue Gedanken kommen. Zudem ist Besitzstandswahrung ein riesiges Thema. Nicht innovativ zu sein ist dort meist die bessere Wahl." (Changement 1/18, S. 31–33)

2. **... wenn die bewährten Gepflogenheiten ein verlässlicher Anker sind:**
   Gerade bei einem Wandelvorhaben, bei dem kein Stein auf dem anderen bleibt, kann es die Veränderungsbereitschaft stärken, wenn ein erprobtes Vorgehen beibehalten wird. Falls also trotz drastischer Neuerungen das gewohnte Prozedere fortgeführt wird. Ist etwa ein größerer Personalabbau samt Standortverlagerung geplant, erwartet die Belegschaft wie bei früheren Restrukturierungen, dass der Geschäftsführer gemeinsam mit dem Betriebsratschef persönlich vor die Mitarbeiter tritt und nicht nur im Intranet via „global live stream" ein Update gibt.

[154] *zu modernen Outdoor-Lernarchitekturen siehe Kanengieter, J./Rajagopal-Durbin, A.: Wilderness Leadership – on the Job, in: Harvard Business Review, 90. Jg., 2012, H. 4, S. 127–132*

3. ... wenn die ganze Organisation leichten Zugriff auf einen Werkzeugkoffer hat:
In Unternehmen der Old Economy sind jahrzehntelang angesammelte Kenntnisse über Change-Instrumente vorhanden, die meist als Toolbox in der Wissensdatenbank dokumentiert sind. Aber selbst dann kann nicht davon ausgegangen werden, dass dieses Know-how jedem Change-Leader bekannt ist. So wird eben das Rad ein drittes oder gar ein fünftes Mal erfunden.[155] Übrigens: Es gibt Konzerne, die haben sich über die Jahre mehrere unterschiedliche Werkzeugkoffer aufgebaut oder – zur Freude von Dienstleistern – eingekauft. Das „Not-invented-here"-Syndrom, also die Ablehnung fremder Ideen, ist beim Einsatz von Change-Instrumenten weit verbreitet.

[155] Claßen, M.: Change Management aktiv gestalten, 2013, S. 391–404

4. ... wenn neu nicht wirklich besser ist:
Die wohl wichtigste Leitfrage für den Einsatz von Tools ist die nach dem Nutzen-Kosten-Verhältnis. Bei kuriosen Innovationen lässt sich darüber allenfalls spekulieren. Beispiel Theaterworkshop: „Solche Methoden lassen sich nicht so gut managen und evaluieren wie gewöhnliche Organisationsprojekte. Sie verlangen eine gewisse Offenheit. Firmen können kunstbasierte Interventionen oft nicht einschätzen und auch deren Wirkung nicht beurteilen. Es gibt eine gewisse Nervosität. Neue Perspektiven und Prozesse können aber nur entstehen, wenn eine produktive Spannung entsteht und Künstler ‚das Andere' ins Unternehmen tragen können." (Changement 6/18, S. 29–31). Mancher Change-Leader erhofft sich aus derartigen Innovationen einen unschätzbaren kreativen Spirit beim Wandelvorhaben. Hingegen sieht ein Controller nur die Aufwände und keinen Mehrwert und empfiehlt stattdessen eine professionell moderierte Gruppendiskussion – mit Bordmitteln. Die Frage ist, wer von beiden sich durchsetzt. Jedenfalls wurde während der Boomphase der 2010er-Jahre hinsichtlich innovativer Change-Methoden viel experimentiert. Bei einer bleiernen Konjunktur und in defizitären Unternehmen werden Spielereien aber sofort wieder eingestampft.

5. ... wenn Neuheit kein Wert an sich ist:
Dies trifft bei Wandelvorhaben aber meist nicht zu. Veränderung bedeutet Erneuerung und diese findet am besten bereits bei den Change-Instrumenten ihren sichtbaren Ausdruck. Nicht unbedingt, weil neue Besen besser kehren, sondern weil neue Besen eben neu sind. Bei Wandelvorhaben können Innovationen durch symbolhafte Tools ausgedrückt werden (Changement 1/17, S. 28–33; 2/17, S. 12–14; 5/17, S. 6–14; 7/17, S. 18–20).

6. ... wenn die Basics für Innovationen fehlen:
Change-Instrumente bauen darauf, dass bei den Mitarbeitern die erforderlichen Grundlagen vorhanden sind. Diese Voraussetzung ist oftmals nicht gegeben. Erstes Beispiel: fehlende Kenntnisse zum Umgang mit neuen Kommunikationsformaten (Digital Literacy). Zweites Beispiel:

eine grundsätzlich fehlende Lernkompetenz. Weniger als ein Viertel der Werktätigen sieht sich selbst für lebenslanges Lernen gewappnet.[156] Demnach weisen drei von vier Mitarbeitern Lerndefizite auf, oft verbunden mit einer großen Zurückhaltung gegenüber Veränderungen, bei denen eine Qualifizierung nötig wird. Moderne (und traditionelle) Lernmethoden verpuffen, wenn ein Großteil der Zielgruppe wenig bis nichts damit anzufangen weiß. Vor der eigentlichen Weiterbildung muss zunächst mittels Learn-to-learn-Formaten die Grundlage geschaffen werden. Wer etwa bei einem Lernvideo nur das Filmchen sieht und dabei nichts begreift, für den gibt es eine kostengünstigere Bespaßung. Der Schweizer Lernexperte Christoph Meier zieht ein ernüchterndes Fazit: „Das Wunschbild vom selbstgesteuerten, medienkompetenten Mitarbeiter, der sich souverän in den neuen Lernwelten bewegt, hat noch Risse. Man kann Mitarbeiter beim Lernen nicht allein lassen." (Changement 3/17, S. 8–9). Erfolgskritisch sind Entwicklungsbegleiter, die nicht mehr vom Katheder aus lehren, sondern den individuell besten Lernweg aufzeigen.

[156] Graf, N.: *Gebrauchsanleitung für lebenslanges Lernen*, 2016

7. ... wenn der Change-Leader und seine Begleiter nichts anderes wollen:
Das mühsam aufgebaute Selbstbild lässt neuartige Change-Instrumente oft gar nicht zu. Manchen Führungskräften und ihren Beratern fällt es schwer, über ihren Schatten zu springen und Methoden einzusetzen, die nicht ihrer Haltung entsprechen. Beim Einsatz von Change-Instrumenten gibt es regelrechte Tabuzonen, sowohl bei den Technokraten als auch bei den Systemikern. Die einen lehnen „esoterisches Gedöns" ab und die anderen verabscheuen „subtile Machttechniken". Stattdessen wären deutlich mehr Gelassenheit und der Blick auf den Nutzwert des Instruments geboten. Ein Tool ist nur ein Tool und kein Prüfstein für den persönlichen Lifestyle.

Erfahrung und Empfehlung

Beim Fernseher zappt man, beim Smartphone wischt man und im Internet surft man. Change-Profis jumpen auf neue Tools, wenn es ihnen fad wird. Besonders Manager und Consultants, die schon viele Transformationen erlebt haben, neigen zur frischen Lösung, weil sie bewährte Methoden nicht mehr sehen können. Routinen langweilen und führen schnurstracks in den Boreout. Für die agile Workforce gibt es kaum etwas Schlimmeres als den Alltagstrott. Sie glaubt zu wissen, wie es geht: Lässigkeit. Sie meint, weniger dafür geben zu müssen: Lockerheit. Der berufliche Alltag schreit nach Abwechslung. Bereits die erste Wiederholung ist eine zu viel.

Neue Moden sind dann erfolgreich, wenn sich die Menschen sattgesehen haben: an Ideen, an Methoden, an Personen. Alles hat eine Halbwertzeit, die tendenziell immer kürzer wird. Gerade im Business sind viele Best

Practices in wenigen Jahren ausgereizt, weil die Innovationsindustrie aus Forschern, Beratern und Medien meint, sich nur noch mittels Novitäten positionieren zu können. Die zigste Wiederholung eines Klassikers – oder die ewiggleichen Gesichter an der Unternehmensspitze – scheinen keinen Nutzwert mehr zu bieten. In der Aufmerksamkeitsökonomie sorgt Newness für wesentlich mehr Beachtung. Oldness wirkt bereits als Begriff verstaubt. Der Wunsch nach Abwechslung und der Drang zur Ablösung des gewohnten Einerlei sind unbändige Antreiber im Business. Der Kapitalismus lebt von nichts anderem.

Erster Perspektivwechsel: „Oldies but Goldies". Es gibt sie nicht nur als beliebte Musikhits aus vergangener Zeit, sondern auch als altbewährte Instrumente bei der Gestaltung des Wandels. Das sind keine One-Hit Wonder, sondern Methoden und Tools, die von langjährigen Veränderungsprofis sehr geschätzt und gern genutzt werden. Deswegen haben Fachmagazine wie „Organisationsentwicklung" und „Changement" entsprechende Klassiker-Rubriken. Wer sie liest, ist immer wieder erstaunt, was man anno dazumal bereits gewusst und gemacht hat.

Zweiter Perspektivwechsel: Profisport wie Fußball. Es ist erstaunlich, dass sich selbst die weltbesten Kicker Tag für Tag auf ziemlich gleichförmige Trainings einlassen. Geht es doch im Grunde jedes Mal um das Ewiggleiche: passen und schießen, angreifen und verteidigen, ein Tor mehr als der Gegner erzielen. Okay, sie bekommen sehr viel Geld dafür und ihre Trainer versuchen ab und an neue Reize zu setzen. Was aber ist eintöniger als ein Fußballspiel: Anpfiff – Halbzeit – Schlusspfiff? Nur selten wird eine Verlängerung oder gar ein Elfmeterschießen angehängt. Viele Partien bleiben aber dennoch bis zum Abpfiff ergebnisoffen. Sieger und Verlierer stehen nicht selten erst ganz am Ende fest. Die Geschichte eines Spiels wird erst nach der letzten Minute geschrieben. Der Reiz liegt im unklaren Verlauf und unbekannten Ausgang, wie bei Veränderungsprojekten. Die Abwechslung ergibt sich meist von selbst, denn kein Match und kein Change gleicht dem anderen.

Kontext von Transformationen

Im vorigen Kapitel sind die Spannungsfelder bei Wandelvorhaben aufgezeigt und entscheidungsorientiert besprochen worden. In diesem Kapitel werden dieselben Herausforderungen nochmals beleuchtet. Dabei werden die wesentlichen Kontextfaktoren von Veränderungsprojekten vertieft, die bislang nicht oder lediglich kurz gezeigt worden sind *(siehe Abbildung 13)*. Beide Kapitel ergänzen sich: Bildlich gesprochen denkt Kapitel II mit den Spannungsfeldern das Change Management „quer". Kapitel III ergründet mit den Kontextfaktoren die Gestaltung von Transformationen „längs", weil die situativen Aspekte jeweils für mehrere oder sogar für alle Spannungsfelder von Bedeutung sind. Demgemäß sind die beiden Kapitel miteinander verwoben, weil sich die Wenn-Fragen bei den Spannungsfeldern auf die in der Praxis jeweils wichtigsten Kontextfaktoren beziehen. Für den Change-Leader ergibt sich somit ein umfassendes Bild.

Abbildung 13:
Wesentliche Kontextfaktoren

1 Ausgangspunkt kennen: Erst denken, dann handeln

Refl'action

Jedes größere Veränderungsprojekt wird zu einem Kraftakt, der bei null beginnt, durch Sünden der Vergangenheit oftmals sogar in der Minuszone. Die Zukunft muss immer aus der Gegenwart und Vergangenheit des Unternehmens heraus beurteilt werden. Wandelvorhaben, die nur auf den Soll-Zustand schauen und den Ist-Zustand sowie die organisatorische Historie vernachlässigen, werden es mit unerwarteten Hindernissen zu tun bekommen. Denn Firmen haben ein kollektives Gedächtnis, das zur nicht bewältigbaren Barriere werden kann. Der Managementdenker Henry Mintzberg plädiert daher für die sogenannte Refl'action und damit einen Mittelweg aus Reflexion und Aktion: „Everything an effective manager does is sandwiched between action on the ground and reflection in the mind. Reflection without action is passive; action without reflection is thoughtless."[157]

[157] Gosling, J./Mintzberg, H.: The Five Minds of a Manager, in: Harvard Business Review, 81. Jg., 2003, H. 11, S. 56

Ein Veränderungsprojekt ohne Vorabanalyse ist wie ein One-Night-Stand ohne Verhütung: nicht unzulässig, aber auch nicht ungefährlich. In beiden Fällen sollte man sich erst ein paar grundlegende Fragen beantworten: Warum? Warum gerade jetzt? Und was soll morgen besser sein? Im Business besitzt kaum noch jemand die Muße für eine tiefschürfende Situationsanalyse und eine lang belichtete Zukunftsschau. „Zack-zack-zack" tönt mittlerweile die ökonomische Marschmusik. Mit dem Change loszulegen, bevor man überhaupt weiß, woher man kommt, wo man steht und was auf einen zukommt *(siehe Abbildung 14)*, zeugt jedoch von fehlender Impulskontrolle und schwacher Affektsteuerung.

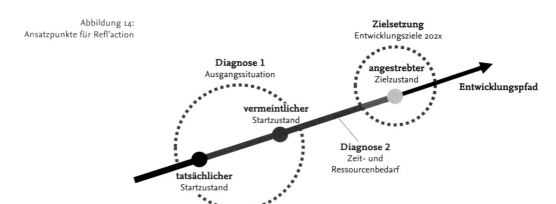

Abbildung 14: Ansatzpunkte für Refl'action

Diagnosephase vorab

Im Grunde geht es bereits wieder um ein Spannungsfeld: einfach loslegen (Action) oder erstmal überlegen (Reflection). Einerseits findet der Managementguru Tom Peters, Prognosen seien Kaffeesatzleserei und würden überbewertet. Man solle nicht planen, sondern nur machen („don't plan, just do").[158] Dieser Aktionismus spricht ein Grundbedürfnis vieler Manager an und setzt – durch weitgehenden Verzicht auf Analyse- und Konzeptionsphase – auf Zeitgewinn. Zumal die VUCA-Welt ohnehin nur noch durch eine „Fahrt auf Sicht" zu bewältigen sei. Man müsse einfach mal anfangen und pragmatisch ins Tun kommen, ganz im Sinne eines kontinuierlichen Verbesserungsprozesses.

[158] Peters, T.: Thriving on Chaos: Handbook for a Management Revolution, 1987

Andererseits meint der Change-Papst John Kotter: „Mit Blick auf eine Vielzahl von Studien der vergangenen Jahre ist uns klar geworden, dass in der Anfangsphase eines jeden Veränderungsprozesses die größten Fehler gemacht werden. Dort wird die Grundlage für alles Folgende gelegt".[159] Auch aus meiner Erfahrung ist eine kompakte, aber prägnante Analyse am Beginn von Transformationen empfehlenswert. Wir kennen dies aus anderen Lebenssphären. Bei gesundheitlichen Problemen geht man zum Arzt und erwartet dessen doppelte Sorgfalt, bevor er mit der Therapie beginnt: Er wird zunächst nach der Vorgeschichte fragen (Anamnese) und anschließend genauer untersuchen (Diagnostik). Erst dann kann der Doktor seine Schlüsse ziehen und mit der Behandlung beginnen.

[159] Kotter, J. P.: Inseln im Sturm, in: Organisationsentwicklung 3/2009, S. 13

Einfach mal spontan mit der Veränderung loszulegen, ist kein sinnvolles Vorgehen. Dies wird von vielen Vorständen in der Rubrik „Aus Erfahrung" im Fachmagazin „Changement" bestätigt (Changement 5/17, S. 24–25; 1/18, S. 28–29; 7/18, S. 10–11). Beispiel Sören Hartmann, CEO von DER Touristik und Konzernvorstand von Rewe: „Was ich durch Lernen aus früheren Fehlern heute anders mache, ist, dass ich vor dem Start des Change-Prozesses gründlich überprüfe, ob die Ausgangssituation richtig betrachtet wurde. Hier darf keine Fehleinschätzung passieren, sonst scheitert das Projekt." (Changement 4/17, S. 32–33)

Nicht alle, aber viele Erfolgsfaktoren und Umsetzungsbarrieren können im Vorfeld erfasst und damit gezielt angegangen werden. Bei Wandelvorhaben ist man zwar nie vor Überraschungen – von innen und außen – gefeit. Und es stimmt: Die Zukunft ist unbekannt. Beides darf nicht dazu verleiten, in den „Wait and see"-Modus zu schalten. Eine gute Vorbereitung und weise Voraussicht zahlen sich aus. Kein Veränderungsprojekt ist derart einmalig, als dass dort Probleme zum allerersten Mal auftreten. Aber klar: Der Change-Leader und sein Team müssen alert sein. Bei Wandelvorhaben kann es jederzeit Momente der Schockstarre geben. Wenn etwa der Projektsponsor urplötzlich über eine Affäre stolpert, eine Gewinnwarnung das Projektbudget über Nacht halbiert oder Programmierfehler den IT-Piloten um mehrere Monate verzögern.

Auch wenn jede Transformation nach vorne zielt, geht der erste Blick in den Rückspiegel. Die Vergangenheit ist ein prägendes Element jeder Organisationsentwicklung, selbst wenn mancher Erneuerer die graue Vorzeit verdammt und am liebsten Tabula rasa machen würde. Das Gestern ist nicht anzuprangern, sondern aufzuarbeiten. Weil sich die Vergangenheit tatsächlich ereignet hat und nicht mehr ausradiert werden kann. Frühere Entscheidungen waren – im damaligen Kontext – nur selten völlig verkehrt, sie bieten lediglich für künftige Herausforderungen offenbar keine guten Antworten mehr. Zudem ist es selten so, dass die angestrebte Soll-Situation unbestritten wundervoll und die gewohnte Ist-Situation unerträglich grauenhaft wäre. Meist wird es von den Betroffenen gerade andersherum empfunden. Das Vertraute fängt besonders dann zu glänzen an, wenn ein Veränderungsprojekt noch keine guten Antworten auf die individuellen Zukunftsfragen geben kann: „Und was wird aus mir werden?" Manche Wandelvorhaben wirken sogar wie eine Extremform der Psychotherapie: Bei dieser Neubeelterung (Reparenting) soll bei Erwachsenen die frühkindliche Sozialisation nochmals ganz auf null zurückgestellt werden, indem die belastenden Erfahrungen gelöscht und durch bessere überspielt werden. So etwas funktioniert nicht, weder bei Menschen noch bei Firmen.

Der Rückblick wird durch die Vorschau ergänzt. Jede Transformation hat eine inhaltliche Zielsetzung, eine Zeitvorstellung und einen Finanzspielraum. In der Diagnosephase müssen diese drei Aspekte realistisch eingeschätzt werden.

Ausgangssituation: Ist-Zustand 2

Kenntnis der Organisation

Eine Gretchenfrage im Change Management lautet: Müssen der Change-Leader und seine Unterstützer (Consultants und Coachs) die Organisation, um die es geht, eigentlich gut kennen? Was für eine Frage! Natürlich muss man wissen, welches Unternehmen man vor sich hat. Es kann bei einer Transformation doch nicht egal sein, ob es sich um einen börsennotierten Weltkonzern mit zweistelligen Milliardenumsätzen, einen Hidden Champion aus Ostwestfalen im zweihundertjährigen Familienbesitz oder ein technologisches Start-up mit Wachstumsschmerzen handelt. Dennoch gibt es eine gegenteilige Auffassung, deren Vertreter davon überzeugt sind, dass Insiderwissen schädlich und die persönliche Distanz wichtig sei *(siehe Spannungsfeld 3)*.[160] Wenn aber ein externer Berater erst bei einem zufälligen Blick auf den Bildschirm über der Rezeption mitbekommt, dass das Unternehmen, bei dem er sich in wenigen Minuten als Change-Experte vorstellen möchte, zwei Wochen zuvor eine Gewinnwarnung ausgesprochen hat, dann sind seine Improvisationskünste gefragt. Vergessen wir also diesen theoretischen Zwischenruf und gehen davon aus, dass die Kenntnis der Organisation als Objekt der Veränderung deutlich mehr Vor- als Nachteile bietet.

[160] *Krizanits, J.: Die systemische Organisationsberatung – wie sie wurde was sie wird: Eine Einführung in das Professionsfeld, 2009; Groth, T.: 66 Gebote systemischen Denkens und Handelns in Management und Beratung, 2017*

Zum Verständnis der Ausgangssituation gehört eine Bestandsaufnahme:[161]
» Geschäftsmodell
» Marktsituation und Lebenszyklus
» Transformationsdruck und Dramatik

[161] *Abegglen, C.: Unternehmen neu erfinden: Das Denk- und Arbeitsbuch gegen organisierten Stillstand, 2018; Gatterer, H.: Future Room: Entdecken Sie die Zukunft Ihres Unternehmens, 2018; Olavarria, M.: Orgazign: Organisationen lebenswert gestalten, 2018; Lambertz, M.: Die intelligente Organisation: Das Playbook für organisatorische Komplexität, 2018*

Das Geschäftsmodell beschreibt die spezifische Funktionsweise einer Firma und ihre Art und Weise, mit der sie versucht, Gewinne zu erwirtschaften und damit mehr Erträge als Kosten zu erzeugen. Die Marktsituation umfasst das kompetitive und konjunkturelle Umfeld in der Gegenwart sowie die bereits absehbaren zukünftigen Entwicklungen. Der Lebenszyklus ist der Reifegrad des Unternehmens und seines Geschäftsmodells. Die Dramatik meint die wahrgenommenen Zwänge, aus denen heraus eine Transformation alternativlos scheint *(siehe Infobox „Druck auf dem Kessel")*.

Der Change-Leader und sein internes Team kennen „ihre" Organisation in der Regel recht gut, oft sogar zu gut. Es hilft, wenn Grundannahmen und Glaubenssätze regelmäßig auf den Prüfstand gestellt werden. Externe Dienstleister müssen sich anfangs aus externen und internen Quellen schlaumachen. Dafür sollte ausreichend Zeit eingeplant werden. Selbst wenn ein Berater letztmals vor fünf Jahren aktiv gewesen ist, wird sich seither bestimmt einiges verändert haben.

Druck auf dem Kessel

Unternehmen starten Transformationen aus verschiedenen Startpositionen, das betrifft besonders die Stärke des Veränderungsdrucks. Es gibt drei Projektklassiker, bei denen die Spannungsfelder unterschiedlich abgewogen werden müssen (siehe Abbildung 15):

» **Überleben (Change for Survival):**
 Dies sind Veränderungen, bei denen es um den Fortbestand der ganzen Organisation geht, etwa indem Umsatz und Liquidität gesichert und damit die Insolvenz vermieden wird. Das Ziel ist es, die verlorenen Freiheitsgrade möglichst rasch wiederzugewinnen. Zeit wird zum erfolgskritischen Faktor und Direktiven aus dem Topmanagement sind unumgänglich. Für nette Gimmicks idealtypischer Change-Programme fehlen die Muße und das Geld.

» **Erneuerung (Change for Renewal):**
 Diese Ausgangssituation ist weniger dramatisch, würde aber bald in eine kritische Situation abgleiten, wenn nicht rechtzeitig etwas unternommen wird, beispielsweise um einen fälligen Generationswechsel einzuleiten. Das Ziel sind eine Neuausrichtung und die sogenannte nächste S-Kurve, mit der wieder ein nachhaltiger Wachstumspfad möglich wird. Entsprechende Anstöße kommen aus dem Topmanagement, das zunächst bei der Veränderungsbereitschaft von Führungskräften und Mitarbeitern ansetzen muss, wegen der insgesamt noch komfortablen Lage.

» **Vorsprung (Change for Excellence):**
 Nun ist der Startpunkt sogar wunderbar. Aber Obacht: Vorsprung ist nur eine Momentaufnahme. Die Wettbewerber schlafen nicht und disruptive Innovatoren können überraschend von der Seite kommen. Das Ziel ist es, die bisherigen Vorteile beizubehalten oder sogar auszubauen, indem neuartige Ideen angegangen werden. Da solche Veränderungsprojekte einen explorativen Charakter haben, werden sie nur mit partizipativen und flexiblen Ansätzen gelingen, die gleichzeitig die sich einschleichende Erfolgsarroganz kleinhalten.

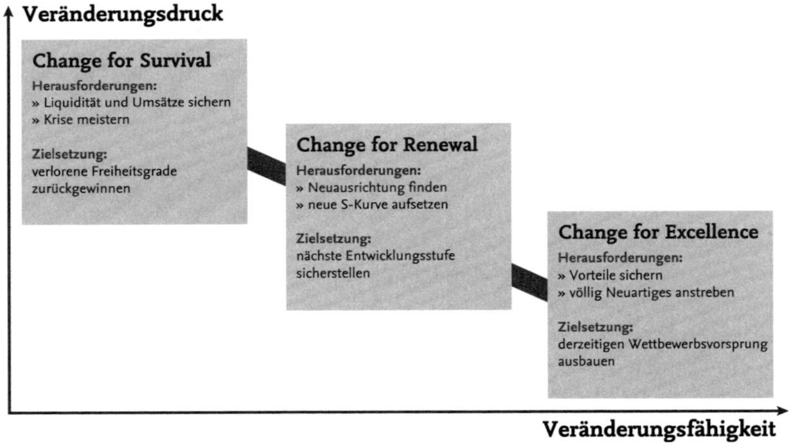

Abbildung 15:
Typologie von Veränderungsprojekten

Ständige Erneuerung

Vom österreichischen Nationalökonomen Joseph Schumpeter und seinem über hundert Jahre alten Narrativ der kreativen Zerstörung wissen wir, dass im Kapitalismus nichts so beständig ist wie der Wandel. Im Management gibt es heute vier Annahmen zur Ausgangssituation, die von niemandem mehr bezweifelt werden und bei jeder Transformation explizit oder implizit mitschwingen:

» Veränderungen im Sinne einer laufenden Verbesserung sind „not"-wendig. Ansonsten verschlechtert sich die Wettbewerbsposition und der Untergang naht.
» Frühere Veränderungen verlieren mit der Zeit ihre Wirkung. Firmen können sich nicht lange ausruhen, ansonsten werden sie bald abgehängt.
» Taktgeber der Veränderung ist stets das Business und damit die Idee des profitablen Wachstums. Unternehmen sind eine ökonomische Veranstaltung.
» Am besten wäre es, die Organisation und ihre Menschen veränderungsfähig zu machen. Damit die Neuerungen bereits sehnsüchtig erwartet werden.

3   Zielsetzung und Veränderungsthema: Soll-Zustand

Anlass und Absicht von Wandelvorhaben können höchst unterschiedlich sein. In fünf eigenen Studien über einen Zeitraum von zehn Jahren haben sich – unabhängig von der konjunkturellen Situation – sechs Transformationsthemen als Dauerbrenner herauskristallisiert:[162]

1. Reorganisation und Restrukturierung:
Die Veränderung von Aufbau- und Ablauforganisation lag in jeder Studie auf dem Spitzenplatz. Der Unternehmensberater Dieter Kern blickt auf die Daten weiterer Studien: „Sind Sie Führungskraft in einem deutschen Unternehmen? Ihrer Firma stehen bis zum Jahr 2030 rund zwei Dutzend Reorganisationen bevor; knapp die Hälfte davon wird unternehmensweit sein." (Changement 1/17, S. 18)
2. Kostensenkungsprogramme (Bottom Line):
Etwas weniger geht immer. Sobald es einen Wettbewerbsdruck gibt, wird die Suche nach höherer Effizienz und größerer Effektivität von Prozessen, Systemen und Strukturen zum maßgeblichen Treiber, ob nun reaktiv in schlechten Zeiten oder (seltener) proaktiv in guten Phasen (Changement 1/18, S. 38–40).
3. Wachstumsinitiativen (Top Line):
Etwas mehr geht ebenfalls immer. Für steigende Unternehmensgewinne gilt das ständige Wachstum als wesentliche Voraussetzung. Der Wirtschaftssoziologe Jens Beckert sieht Innovationen als Treibstoff unserer Marktwirtschaft: „Damit der Kapitalismus gedeihen kann, muss immer neue Hoffnung auf Gewinn entstehen." (Changement 9/18, S. 27)
4. Unternehmensstrategie:
Wenn die Zeiten sich wandeln, müssen die Firmen mitgehen. Digitalisierung und weitere Megatrends sind der Anlass, warum Unternehmen grundsätzlich über ihre Zielsetzungen nachdenken und diese anpassen. Weil das Ökosystem in ständiger Bewegung bleibt, kann das Topmanagement seine Augen davor nicht verschließen und muss sich der Zukunft stellen.
5. Mergers & Acquisitions:
Unternehmensteile oder sogar ganze Firmen werden hin- und hergeschoben, je nach Strategie und Synergien der abgebenden und aufnehmenden Organisation. Mergers-&-Acquisitions-Projekte erzeugen intern großen Trubel und erfahren in der Öffentlichkeit viel Beachtung. Sie gelten wegen der langfristigen Effekte, der (kulturellen) Post-Merger-Integration, als Meisterstück im Change Management.

---

[162] Claßen, M.: Change Management aktiv gestalten, 2013, S. 19–25

6. Sales-Strategie:
Der Kunde als zunehmend unberechenbares Wesen erfordert die stete Aufmerksamkeit von Unternehmen. Die Anpassung des Marketingmix an veränderte Bedürfnisstrukturen und Verhaltensweisen im Markt ist der Schlüssel zum Erfolg. Dies hat Auswirkungen auf die direkte und indirekte Wertschöpfung von Firmen. Nicht nur im Frontoffice, selbst im Backoffice zeigen sich die Folgen und erfordern Anpassungen.

Es gibt viele weitere Change-Themen: verbesserte Qualität (für Produkte), weitere Internationalisierung (als geografische Expansion), andere Rahmenbedingungen (etwa in der Gesetzgebung), veränderte Support-Prozesse (im Finanzbereich, in der Beschaffung, in IT und HR), neue Firmenspitze (als Folge von Wechseln in Vorstand bzw. Geschäftsführung).

In großen Unternehmen laufen alle diese Veränderungsthemen zeitgleich ab, in den verschiedenen Divisionen, Regionen und Funktionen. Der Change-Leader muss von Anfang an wissen, was sein Leitthema ist und welche Anforderungen es aufweist, um bei den Spannungsfeldern die richtige Abwägung zu treffen.

4 Leadership: Rolle des Change-Leaders und Veränderungsbereitschaft im Management

Das Fazit aus Praxis, Theorie und vielen empirischen Studien ist eindeutig: Leadership gilt als Erfolgsfaktor Nummer eins für Organisationen, im Alltag und erst recht in Zeiten des Wandels. Der Change-Leader ist Dreh- und Angelpunkt von Transformationen – trotz einer unübersehbaren Tendenz zum demokratischen Unternehmen *(siehe Spannungsfeld 11)*.[163] Doch was macht Leadership aus und was sollte am Beginn des Veränderungsprojekts analysiert werden? Fünf Aspekte sind wesentlich:

1. Typus: Wie agiert der Change-Leader in seiner Rolle?
2. Team: Wie arbeitet das Leadership-Team zusammen?
3. Bereitschaft: Wie veränderungswillig sind die Führungskräfte?
4. Belastung: Haben die Führungskräfte genügend freie Ressourcen?
5. Vorlieben: Welches persönliche Faible hat der Change-Leader?

[163] Kristof, K.: Models of Change, 2010

Bedeutung des Change-Leaders

Für den Change-Leader gibt es zwei sehr lange Listen: Was er oder sie alles zu machen hat und wie er bzw. sie als Mensch und Manager sein soll. Beides verlangt Übermenschliches, denn die Verantwortung für den Erfolg organisatorischen Wandels wird nicht dem „System", sondern den Verantwortlichen im Topmanagement zugeschrieben. Die müssen es gefälligst richten.

Leadership wird meist defizitär betrachtet und gilt als wesentlicher Misserfolgsfaktor von Transformationen, weil den Verantwortlichen stets etwas oder sogar ganz viel fehlt. Über die Starköche in Drei-Sterne-Restaurants heißt es: „No chef is perfect." Dies gilt auch für Business-Leader. Die gute Botschaft ist, dass Leadership, falls es schlecht ist, verbessert werden kann: mancherorts eben auch durch andere Führungskräfte („change the management"), und zwar auf allen Ebenen der Organisation *(siehe Infobox „Mikropolitik schafft Arbeitsplätze")*.

Mikropolitik schafft Arbeitsplätze (Vorsicht, Polemik)

Machtspiele haben positive Wirkungen für die Volkswirtschaft, weil sie gut bezahlte Arbeitsplätze absichern. Besonders in der Old Economy erfordern die langen Wege bis zur Umsetzung von Entscheidungen beträchtliche personelle Ressourcen. Dort ist die Mikropolitik für viele Führungskräfte zum Daseinszweck geworden. Der Ellenbogen ist das wichtigste Körperteil, weit vor dem Hirn und Herz. Grob geschätzt die Hälfte an Managementpositionen mit den dazugehörigen Stabsabteilungen und Unternehmensberatern bezieht ihre inoffizielle Begründung aus Ränkespielen und Raufereien, Fehlersuche und Fallenstellen, Taschenspielerei und Taktikmanövern. Da bieten Veränderungsprojekte eine hübsche Abwechslung von den Stellungskriegen im Alltag. Manche Führungskräfte haben sich vollständig von der ergebnisorientierten auf die mikropolitische Bühne verabschiedet. Und machen Karriere damit. Typische Verhaltensweisen sind das Besonders-wichtig-genommen-werden-Wollen, Nun-aber-wirklich-beleidigt-sein-Dürfen, Zu-allem-seinen-Senf-dazugeben-Müssen, Habe-ich-doch-schon-immer-gesagt-Sagen, Wenn-das-alles-mal-nur-gut-geht-Zweifeln, Wird-so-bei-uns-niemals-klappen-Meinen, Ist-jetzt-der-völlig-falsche-Zeitpunkt-Klagen.

Stattdessen wünschen sich viele Change-Experten den konsensorientierten Managertypus. Daher erschrecken Studienergebnisse, dass es weiterhin knapp 50 Prozent „harte Hunde" gibt.[164] Die Organisationsentwickler können sich über Hahnenkämpfe und Zickenkriege freuen. Sind sie doch das beste Argument für großzügige Budgets zur Gestaltung des Wandels. Weil Machtmenschen zahlreiche Probleme schaffen, die nur mühsam auszuräumen sind. Change Management lebt ganz wesentlich davon, dass Menschen in Unternehmen nicht immer gut miteinander auskommen, hartnäckig auf ihren Meinungen beharren und unsinniges Verhalten zeigen. Lee Iacocca, einst als Retter von Chrysler gefeiert, soll gesagt haben: „Business ist nichts anderes als ein Knäuel menschlicher Beziehungen."

[164] Claßen, M.: Change Management aktiv gestalten, 2013, S. 188–190

Mittlerweile haben diverse Studien nachgewiesen, wie wichtig nicht nur der Change-Leader im Topmanagement, sondern auch der direkte Vorgesetzte ist. Bestsellerautor Reinhard Sprenger: „Menschen arbeiten motivational weniger in Unternehmen, sondern in Nachbarschaften. Diese Nachbarschaften werden vom Chef und einigem mehr definiert. Diese mikrokosmotischen Nachbarschaften sind für die individuelle Motivation eines Menschen weit wichtiger als flächendeckende Stimmungslagen."[165]

[165] Interview im Human Resources Manager, 05.09.2018

Damit ist es vielerorts nicht zum Besten bestellt. Motivation ist die schlechteste von 16 Kompetenzen einer typischen Führungskraft: „Das Problem ist, dass Manager nicht wissen, wie sie andere begeistern können. Die meisten wissen, wie sie ihre Leute antreiben, aber nicht, wie sie motivieren können."[166] Mit einem cleveren Studiendesign wurde die Produktivitätswirkung guter Führung untersucht. Dabei wurden Mitarbeiter gefragt, was wäre, wenn sie statt ihres gegenwärtigen Chefs wieder den in ihrem Berufsleben bislang besten Chef hätten. Die ökonomischen Effekte sind erheblich und beruhen im Wesentlichen auf der Wertschätzung. Viele Angestellte erwarten einfach nur, von ihrem Vorgesetzten endlich mal wieder als Mensch wahrgenommen zu werden.[167]

[166] Zenger, J. H./Folkman, J. R.: The Extraordinary Leader: Turning Good Managers into Great Leaders, 2009 (übersetzt)

[167] Development Dimensions International: Lessons for Leaders from the People Who Matter, 2012

Generell sollte niemand zu viel erwarten. Exzellente Leader sind eine rare Spezies. Auf einer siebenstufigen Skala erreicht nur ein Prozent der Manager einen Wert von sechs oder sogar sieben *(siehe Abbildung 16)*. Lediglich zehn Prozent kommen immerhin auf einen Wert von fünf. Acht von neun Managern liegen bei einem allenfalls mittelprächtigen und oft sogar unterdurchschnittlichen Wert ihrer Leadership-Fähigkeiten. Selbst durch intensives Training und Coaching kann der Skalenwert allerhöchstens um zwei Punkte, meist nur um ein Pünktchen angehoben werden.[168]

168 McKinsey und Egon Zehnder: Return on Leadership, 2011

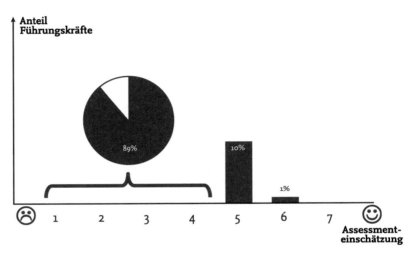

Abbildung 16: Leadership-Qualität von Führungskräften

Übrigens: Keine Verbesserung bringt die künstliche Intelligenz von Roboterchefs (also eine Maschine als Vorgesetzter), zumindest momentan noch nicht. Selbst technologische Überfirmen wie Amazon und Google, bei denen Daten alles sind, setzen bei People-Themen weiterhin auf Entscheider aus Fleisch und Blut (Changement 9/17, S. 30–31).

Idealer Change-Leader: Was er macht

169 Mintzberg, H.: Managen, 2010, S. 281. Die gelegentliche Trennung zwischen Leadership und Management ist für die weitere Darstellung unwesentlich und wird deshalb nicht vertieft.
170 Altrichter, H.: Stalin. Der Herr des Terrors, 2018; Woller, H.: Mussolini: Der erste Faschist, 2016 (2. Aufl.); Pirjevec, J.: Tito: Die Biografie, 2018; Seidel, C. C.: Franco: General, Diktator, Mythos, 2015
171 Jessl, R./Scheuermann, A.: Wem folgt Deutschland (Studie), 2019

Es gibt keine allseits akzeptierte Theorie zur Führung und zum eng mit ihr verwandten Leadership bzw. Management: „Den heiligen Gral des Managererfolgs gibt es nicht."[169] Ohnehin bleibt jeder Change-Leader ein Mensch, der eine ganz bestimmte individuelle Disposition besitzt, die aus recht stabilen und kaum veränderbaren Grundannahmen, Mentalmodellen und Alltagstheorien besteht.

Ohne ein stabiles emotionales Fundament können Veränderungen nicht gelingen. Hier gibt es drei wesentliche Aktionsfelder für den Change-Leader. Denn er kann „seine Leute" für sich gewinnen oder er kann es sich mit ihnen verscherzen *(siehe Infobox „Idiosynkrasie-Kredit-Theorie")*.

Idiosynkrasie-Kredit-Theorie

Dies ist ein eher unbekanntes, aber bei Transformationen wichtiges Führungskonzept. Ihm zufolge sammeln Manager durch gute Taten sogenannte Führungspunkte, fast wie die Flugmeilen bei Dienstreisen, und verlieren sie wieder, wenn sie etwas machen, was für ihre Mitarbeiter unangenehm ist. Diese Theorie verdeutlicht, dass für die Einschätzung, was als gute Führung gilt, nicht das Selbstbild des Leaders, sondern das Fremdbild seiner Follower maßgeblich ist.

„Ein Vorgesetzter sammelt Punkte durch seine Kompetenz, durch Leistungsbeiträge für die Gruppe sowie durch loyales und solidarisches Verhalten gegenüber den Anliegen und Idealen der Geführten. Diese Punkte werden von den Team Membern mit seiner Person verbunden. Ein Vorgesetzter wird dann als Leader und nicht nur als Chef wahrgenommen, wenn er ein ausreichend großes Punktekonto aufgebaut hat und von seinem Team als Führer akzeptiert wird. Für seine Verdienste geben die Teammitglieder dem Führenden ihre Bereitschaft zurück, auf dessen Ideen und Anweisungen einzugehen. Dieses Punkteguthaben bestimmt gleichzeitig die Höhe des Kredits, den der Führende hat, um Veränderungen zu initiieren. Angenommen wird, dass er für Veränderungen, die beispielsweise mit Gewohnheiten brechen und besondere Anstrengungen erfordern, Abzüge auf seinem Konto einplanen muss. Schwierige Transformationen können also nennenswert ins Kontor schlagen. Die Gefolgschaft wird gekündigt, wenn der Toleranzbereich, innerhalb dessen die Geführten bereit sind, einer Führungsperson Abweichungen vom bisher Gewohnten zuzubilligen, aufgebraucht ist. Erfolgreich wird eine Veränderung also nur sein, wenn sie innerhalb des Kreditrahmens ihren Abschluss findet oder die Führungsperson bei gefährlicher Missstimmung erneut Punkte sammelt, vorzugsweise durch Zwischenerfolge oder wenn die zu Beginn kritisch beäugte Veränderung letztlich doch positiv eingeschätzt wird." (Changement 8/17, S. 14–15)

Für dieses Punktekonto kommt der Autorität des Change-Leaders eine maßgebliche Bedeutung zu. Sie beruht auf zwei Wurzeln: der Amtsautorität aus der organisatorischen Rolle – der klassischen Herrschaft – und der Fachautorität auf einem bestimmten Themengebiet, die jemand von seinen Mitmenschen verliehen wird, die das überlegene Know-how und Do-how anerkennen. Wer diese inhaltliche Autorität besitzt, schart als Influencer fast schon automatisch seine freiwilligen Follower hinter sich. Hingegen muss die Amtsautorität ständig durch Machtpraktiken abgesichert werden, die durchaus gewalttätig ausfallen können, wie es die Diktatoren im 20. Jahrhundert bewiesen haben.[170]

Wirkung auf Dritte haben heute zunehmend solche Akteure, die etwas zu sagen haben und damit Orientierung geben und Sicherheit schaffen, egal ob sie als formelle oder informelle Leader agieren. Und die durch bestimmte individuelle Eigenschaften, insbesondere eine persönliche Ausstrahlung und Vertrauenswürdigkeit, ein Ansehen genießen, dies durch einen zugkräftigen Auftritt untermauern und immer wieder publikumswirksam auffrischen.[171]

Vertrauen schaffen: Das Vertrauen ins Gegenüber ist die wohl wichtigste nicht monetäre Währung im Business. „Vertrauen ist die individuelle und damit subjektive Überzeugung, dass ‚etwas' – eine Antwort, eine Aussage, eine Analyse und auch ein Mensch – wahr, richtig und redlich ist. Vertrauen wird damit zu einer wesentlichen Basis von Entscheidungen und Handlungen. Vertrauen ist unklarer als das Wissen, dafür aber weniger vage als der Glauben. Das Gegenteil von Vertrauen ist Misstrauen, aus dem meist der Wunsch nach Kontrolle entsteht." (Changement 5/17, S. 34). Was aber bedeutet es eigentlich, jemandem zu vertrauen? Die Wissenschaft bietet darauf keine klare Antwort, sie sieht Vertrauen sogar als riskantes Gefühl, das aus vielen anderen Gefühlen entsteht.[172] Wenn Vertrauen also einerseits eine Kompetenzzuschreibung ist – Mitarbeiter verlassen sich auf den Change-Leader und er kann für sie entscheiden – und andererseits unter ständiger Bedrohung steht – Vertrauensverlust durch ungünstige Signale des Change-Leaders – wird deutlich, wie wichtig und wie brüchig Vertrauen bei Veränderungsprojekten ist. Vertrauensbildung bedarf harter Arbeit und braucht einen langen Atem, aber der Aufwand lohnt sich, wie erfahrene Topmanager wissen: „Die Menschen wagen unglaublich viel, wenn sie Vertrauen haben." (Changement 8/17, S. 16–17). Dass das Gegenteil ebenfalls zutrifft, ist jeden Tag in den Wirtschaftsmedien zu lesen.

[172] Wertheimer, J./Birbaumer, N.: Vertrauen: Ein riskantes Gefühl, 2016

Ängste abwenden: Ähnlich wie Vertrauen ist Angst ein diffuses Gefühl, das gerade bei Wandelvorhaben durch die verunsicherte Zukunft weit verbreitet ist und von den Gegnern oft sogar geschürt wird.[173] Ängste haben auch ihr Gutes und lassen sich besonders bei disruptiven Veränderungsprojekten niemals vollständig beseitigen. Was aber das Ziel des Change-Leaders sein muss, ist, ein Klima der psychologischen Sicherheit zu schaffen, damit die Mitarbeiter von dieser „angstfreien" Basis aus zur Mitwirkung bereit sind.[174]

[173] Doppler, K./Lauterburg, C.: Change Management: Den Unternehmenswandel gestalten, 2002 (10. Aufl.), S. 89–90

[174] Changement 8/17, S. 42–43; Edmondson, A. C.: The Fearless Organization: Creating Psychological Safety in the Workplace for Learning, Innovation, and Growth, 2018

Neid verhindern: Wer Missgunst als eine wesentliche Triebfeder menschlichen Verhaltens bezeichnet, wird beim Gegenüber meist auf Ablehnung stoßen: Ich doch nicht! Gleichwohl ist Neid besonders in Zeiten des Wandels ein nicht zu unterschätzendes Basismotiv. Drei Aphorismen von Wilhelm Busch belegen das: „Kaum hat mal einer ein bisschen was, gleich gibt es welche, die ärgert das", „Der Neid ist die aufrichtigste Form der Anerkennung", „Um Neid ist aber keiner zu beneiden". Menschen sind dadurch charakterisiert, dass sie viele Wünsche haben. Nicht jeder Wunsch geht in Erfüllung, selbst an Weihnachten nicht und erst recht nicht bei Veränderungsprojekten. Doch beim Blick auf die Kollegen scheinen stets „die anderen" mehr zu bekommen, weil sie vermeintlich oder tatsächlich bevorzugt werden. Das dabei entstehende Gefühl der Benachteiligung nennen die Soziologen relative Deprivation und die Landwirte, die von ihren Tieren ein ähnliches Verhalten kennen, Futterneid. Es liegt am Change-Leader, diese zutiefst menschliche Vermutung eigener Diskriminierung und eine daraus entstehende Missgunst gegenüber Dritten möglichst nicht aufkommen zu lassen.

Idealer Change-Leader: Wie er ist

Die Beschreibungen eines idealtypischen Change-Leaders enthalten zahlreiche Eigenschaften. Doch viele dieser Merkmale sind längst nicht so eindeutig gepolt, wie sie auf den ersten Blick erscheinen und in Seminaren und der Literatur propagiert werden. Daher sind die situationsabhängigen Charakteristika bereits im Kapitel II behandelt worden *(siehe Spannungsfeld 1)*. Hier nun werden weitere allgemeine Eigenschaften des Change-Leaders vorgestellt. Für sich genommen leuchten sie jeweils ein. Sie stehen aber auch in einem gewissen Spannungsverhältnis, etwa Beziehungsfähigkeit versus Themenexpertise, Bodenhaftung und Coachability versus Machtbewusstsein und Selbstvertrauen. Somit wird der Change-Leader, falls er überhaupt zu sämtlichen Verhaltensweisen fähig ist, in jedem Moment überlegen müssen, welches Auftreten situativ angemessen ist.

Beziehungsfähigkeit: Beim zwischenmenschlichen Kontakt dominiert die Beziehungsebene die inhaltlichen Themen, denn jedes Gegenüber möchte ernstgenommen werden, gerade in Zeiten des Wandels. Daher muss der Change-Leader in der Lage sein, ein positives oder zumindest neutrales Verhältnis zu den höchst diversen Beteiligten und Betroffenen zu entwickeln. Dabei helfen Pacing (Beziehung aufbauen), Leading (Bedeutsamkeit erzielen) und Mindfulness (Aufmerksamkeit auf das Hier und Jetzt). Die Beziehungsfähigkeit des Change-Leaders darf aber keinesfalls derart rücksichtsvoll angelegt sein, dass er vor lauter Empathie und Sympathie schwierige Entscheidungen vermeidet *(siehe Infobox „Bändigung der Alphatiere?")*.

[175] *Konzepte siehe Weibler, J.: Personalführung, 2016 (3. Aufl.), S. 512–517 und S. 578–592; Praxisbeispiele siehe Changement 1/18, S. 26–27*
[176] *Gilley, J. W. u. a.: Developmental Leadership: A New Perspective for Human Resource Development, in: Advances in Developing Human Resources, 3/2011, S. 395*

Bändigung der Alphatiere?

„Servant Leadership" und weitere sogenannte postheroische Führungskonzepte stellen das traditionelle Verständnis des Vorgesetzten als Anweiser und seiner Mitarbeiter als Ausführende, die den Instruktionen des Chefs unbedingt Folge zu leisten haben, auf den Kopf.[175] *Wahre Größe zeige der „Developmental Leader", dessen edelste Aufgabe es sei, jeden Einzelnen im Team Tag für Tag etwas besser zu machen. Selbst wenn ein Mitarbeiter den Boss unfähig und unausstehlich findet (was sich in vielen Studien zeigt), soll ihm dieser mit Wertschätzung, Verständnis und Lob begegnen. Dies sei einerseits normativ geboten und andererseits durch die veränderten Kräfte im Arbeitsmarkt unumgänglich: „A servantship approach implies a personal philosophy of humility and a willingness to work for the betterment of others. The lasting value of a servant leader is measured by a person's ability to help others succeed."*[176]

Viele in klassischen Hierarchien sozialisierte Führungskräfte empfinden diese dienende Funktion als Zumutung. Ihre Umerziehung zu „to help others succeed" wird kaum gelingen. Und längst nicht jeder Change-Leader sieht seine Erfüllung in „the betterment of others", sondern darin, dass sein Projekt zum durchschlagenden Erfolg wird. Haben sich die postheroischen Theoretiker eigentlich auch Gedanken darüber gemacht, ob eine unterstützende Führungsrolle, bei der der eigene Erfolg über den Erfolg von Dritten definiert wird, überhaupt noch attraktiv ist? Natürlich ist es begrüßenswert, wenn sich die moderne Führungsbeziehung vom früheren Feudalwesen verabschiedet und in Richtung Augenhöhe entwickelt. Man muss sie deshalb aber nicht gleich um 180 Grad drehen, sodass der Unter den Ober sticht. Knapp 90 Grad Drehung reichen vollauf.

Themenexpertise: Formale Autorität durch die Position als Change-Leader ist eine von zwei Säulen der Macht. Die zweite bilden inhaltliche Kenntnisse rund um das Wandelvorhaben, also das Fachwissen oder gar die Rolle als Vordenker. In der Aufmerksamkeitsökonomie ist Thought Leadership kein einfaches Geschäft. Ein Vordenker äußert als Erster, was bald darauf seine Follower als richtig und wichtig erachten. Außer der guten Idee braucht es Kreativität in der Message, Originalität in der Inszenierung, Authentizität in der Performance und das richtige Timing (Changement 2/18, S. 16–20). Dies alles sollte ein Change-Leader besser den echten Gurus überlassen. Aber wenn ihn diese und weitere Themenexperten bei den inhaltlichen Fragen im Veränderungsprojekt ständig vorführen, wird man hinter vorgehaltener Hand bald spotten. Weit mehr als nur einen blassen Schimmer sollte er vom Transformationsthema schon haben, was beispielsweise bei den vielfältigen Herausforderungen der Digitalisierung kein einfaches Unterfangen ist. Übrigens: Einige Topmanager können wegen ihrer Risikoscheu die innovativen Ideen von Thought Leadern nicht angemessen beurteilen. Sie sind zu schnell bei der Problemsuche und zu stark dem Bestehenden verhaftet.[177]

[177] Grant, A.: Originals: How Non-Conformists Move the World, 2016, S. 42

Bodenhaftung: Als dunkle Triade werden die für das Umfeld unangenehmen Persönlichkeitsmerkmale Narzissmus, Machiavellismus und Psychopathie bezeichnet, die bei Führungskräften überproportional vorhanden sind, was in zahlreichen Studien festgestellt wurde: „You get people who are generally very bright, very motivated by money, very conscious of status, prima donnaish tendencies, egos the size of planets and yet we expect them to be business leaders and good managers."[178] Solche Ikarusse fliegen weitaus höher als ihre Firma, was in überzogenem Ehrgeiz, überspannter Risikofreude und überladener Ichbezogenheit zum Ausdruck kommt. Stattdessen muss ein Change-Leader geerdet sein. Die alte Tugend der Demut dient momentan als populärer Ausdruck von Bodenhaftung, die als öffentliches Statement fast schon selbstkasteiende Züge annimmt. Weniger Hochmut täte es auch schon.

[178] Pritchard, K.: Becoming an HR Strategic Partner: Tales of Transition, in: Human Resource Management Journal, 2/2010, S. 185

Coachability: Nicht wenige Manager sind resistent gegenüber wohlmeinenden Fingerzeigen aus dem beruflichen oder persönlichen Umfeld. Der österreichische Schriftsteller Wolf Haas zeichnet ein Bild solcher Sturköpfe: „Wenn man einem Menschen seine Erklärungsversuche nicht glaubt, wenn man gute Argumente dagegen vorbringt, kann es vorkommen, dass er davon abläßt. Ebenso oft, wenn nicht öfter, passiert es aber, dass er sich erst recht hineinsteigert, sich verengt, lieber alles, woran er bisher geglaubt hat, diesem einen liebgewordenen Erklärungsmodell opfert, bevor er davon abläßt."[179] Change-Leader sollten sich die Fähigkeit bewahren, Hinweise gewogener Dritter ernsthaft in Erwägung zu ziehen. Dafür braucht es, so die US-Psychologin Susan David, eine emotionale Agilität. Sie empfiehlt, positive und negative Gefühle sowie automatisierte Reflexe bewusst wahrzunehmen (showing up), um sich danach von ihnen zu distanzieren (stepping out) und dann die langfristigen Ziele und Werte zum Ausgangspunkt

[179] Haas, W.: Verteidigung der Missionarsstellung, 2012, S. 165

des Handelns zu machen (walking your way), was immer wieder auch eine Änderung von bisherigen Verhaltensmustern bedeuten kann (moving on) (Changement 4/18, S. 14–16).

Machtbewusstsein: Veränderungen gelingen nur solchen Change-Leadern, die Macht und Mikropolitik nicht als etwas grundsätzlich Unanständiges ansehen, die ihre eigenen Egoismen zulassen und bei denen Rivalität und Konkurrenz keine Beißhemmung auslösen. Es ist falsch, von den Verantwortlichen einer Transformation bei der Wahl ihrer Mittel ein ausschließlich tugendhaftes Verhalten zu erwarten. Jedes Wandelvorhaben ist ein Power Game, das man gewinnen will. Wenn ein Change-Leader auf dem Basta-meter lediglich Werte von fünf und darunter aufweist *(siehe Spannungsfeld 11)*, dann wird er den Spagat aus Verantwortung und Durchsetzung nicht meistern.

Selbstvertrauen: Nicht im Widerspruch zur Coachability steht eine gesunde Portion Selbstvertrauen, das sich üblicherweise aus früheren beruflichen Erfolgen entwickelt hat. Manche in der äußeren Erscheinung durchsetzungsstarke Manager haben allerdings kein Selbstwertgefühl. Sie können sich selbst nicht so akzeptieren, wie sie als Mensch sind, mit ihren Stärken und Schwächen. Das forsche Auftreten beruht auf Verhaltensmustern, die ihre Ursachen in jungen Jahren haben und die noch nicht überwunden sind. Daraus entsteht ein negativer Kreislauf aus Ablehnung durch Dritte und übersteigerter Leistungsdemonstration und Durchsetzungsstärke.[180] Solche Führungskräfte sind keine geeigneten Change-Leader. Leadership-Coach Ulrich Dehner: „Das für einen selbst und für andere erträglichste Selbst, ist dasjenige, das einfach ist, ohne von alten Botschaften in irgendeine Übersteigerung, nach oben oder nach unten, getrieben zu werden."[181]

Leistungsbereitschaft: Headhunter warnen vor der Illusion, dass die Leadership-Rolle als 40-Stunden-Woche zu bewältigen wäre: „Der zeitliche Aufwand, die Bereitschaft, alles zu geben, und die vielen Zugeständnisse, die man machen muss, auch im persönlichen Bereich, brauchen Energie und Hingabe. Das sind zwei generalistische Faktoren, die alles überstrahlen. Diese Frage muss sich jeder Mensch, der Karriereambitionen hat, recht früh stellen: Kann ich das, will ich mir das antun? Die Antwort ist eine Lebensentscheidung, denn es gibt nur ein ganz oder gar nicht." (Changement 2/18, S. 23). Da bei Veränderungsprojekten nochmals eine größere Drehzahl als im bereits betriebsamen Alltag erforderlich wird, kann sich der Change-Leader nicht entspannt zurücklehnen und sich nur selten von der Plackerei ausruhen. Ohne Drive wird er nicht vorankommen.

180 *Dehner, U./Dehner, R.: Steh dir nicht im Weg: Mentale Blockaden überwinden, 2006*

181 *Dehner, R./Dehner, U.: Schluss mit diesen Spielchen, 2007, S. 95*

Leadership-Team

Change Management ist kein Einzelkampf, sondern Teamwork, bei dem möglichst sämtliche Leader mitziehen und die Spielregeln einhalten. Als Beweis muss man nicht einmal unzählige Beispiele aus dem Sport anführen, bei denen eingeschworene Teams halbwegs talentierter Akteure die kapriziöse Egomanie vermeintlicher Superstars in den Schatten stellen. Die Forderung lautet: Zusammenarbeit im Sinne von „One Voice" und einem „Collective Mindset". Vermutlich gibt es keinen einzigen Change-Leader, der in der Öffentlichkeit nicht beim Hohelied des Teamworks mitsingt oder zumindest mitsummt (Changement 1/18, S. 29; 3/18, S. 21; 6/18, S. 41).

Allein, die Wirklichkeit bei Veränderungsprojekten sieht oft anders aus, weil Organisationen irgendwie entscheiden müssen, was das Gegeneinander der Manager verstärkt und ihr Miteinander nebensächlich werden lässt. Jeder Einzelne ist mit sich selbst und seinem eigenen Überleben im Unternehmen beschäftigt. Die Zusammenarbeit samt Team Spirit soll dann durch gezielte Maßnahmen wieder gestärkt werden *(siehe Infobox „Teambuilding")*.

Teambuilding

Das Teambuilding wird üblicherweise als Prozess gesehen, den der US-amerikanische Psychologe Bruce Tuckman bereits vor 50 Jahren in vier Phasen unterteilte: Forming als Kennenlernphase, Storming als Findungsphase, in der Zusammenstöße, Statusgerangel und Machtkämpfe stattfinden, Norming als Regelungsphase und Performing, in der das Team hoffentlich produktiv wird. Was aber, wenn nicht? Die Frage ist, ob eine Organisation anhaltenden Streit erträgt, gerade bei Wandelvorhaben. Die Antwort ist: „Nein!"

Konflikte spielen sich auf zwei Ebenen ab:
- *Akteure: Kommunikations- und Interaktionsprozesse klemmen wegen persönlicher Animositäten (Schmid kann nicht mit Meier).*
- *System: Organisationsrollen führen zu Zielkonflikten, etwa zwischen Funktionen, Divisionen und Regionen (Produktionsleiter kann nicht mit Marketingchef).*

Systemische Konflikte sind nicht zu lösen, allenfalls zu mildern. Jedes Organisationsformat weist Schnittstellen auf, die unvermeidbar und teilweise sogar gewollt sind. Personelle Konflikte sind lösbar, wenn vier Bedingungen vorliegen:
- *Die Beteiligten müssen sich eingestehen, dass sie ernsthafte Probleme miteinander haben.*
- *Sie müssen diesen Problemen eine Bedeutung beimessen und sie für prinzipiell lösbar halten.*
- *Sie müssen die Fähigkeit zur Problemlösung mitbringen und genügend Energie dafür aufwenden.*
- *Systemische Unstimmigkeiten der Organisation vereiteln nicht von vornherein die personelle Konfliktlösung.*

Es liegt weniger am Moderator und seiner sozialpsychologischen Trickkiste als an der individuellen Einsicht aller Beteiligten, dass es besser ist, an einem Strang zu ziehen und künftig auf Egotrips zu verzichten (Changement 1/19, S. 45–47).

Die intakte Organisationsfamilie ist jedenfalls ein Ideal, von dem bei Wandelvorhaben nicht auszugehen ist. Was macht man dann? Antoinette Weibel, Professorin an der Universität St. Gallen, hat eine weise Empfehlung: „Das ist eine große Frage. Gehen wir sie an, indem wir das Unternehmen als einen Club betrachten. In einem Club achtet man zunächst genau darauf, wer überhaupt aufgenommen wird, nicht nur wegen der Fähigkeiten, sondern auch wegen der Haltungen. Und in einem Club gibt es klare Regeln des Zusammenlebens, die braucht es. Wenn jemand immer wieder gegen dieses Regelwerk verstößt, dann muss der Club bereit sein, Tschüss zu sagen. Dazu gibt es die Dreierregel: beim ersten Mal ansprechen, beim zweiten Mal androhen und beim dritten Mal wahrmachen. Ein Club schaut auch immer auf das Gemeinsame, das jeweilige Bild vom Wir, und verpönt ein Ellbogenverhalten." (Changement 5/17, S. 37)

Ebenso wichtig wie Teambuilding-Aktivitäten ist, dass die Kontrollorgane wie etwa der Aufsichtsrat dem Zusammenspiel im Topmanagement genügend Aufmerksamkeit schenken und ein Foulspiel rechtzeitig mit gelben und roten Karten ahnden. Die Selbstreinigungskräfte von Vorstand bzw. Geschäftsführung sollten nicht überschätzt werden.

Toxische Manager

Als besonders problematisch für ein Managementteam erweisen sich sogenannte Toxic Leader, die das Unternehmensklima nicht nur belasten, sondern sogar vergiften. Sie zeigen gewissermaßen eine dauerhaft extreme Ausprägung der bereits erwähnten dunklen Triade. Es gibt zwar positive Menschenbilder, nach denen es überhaupt keine derartigen Rabauken gibt *(siehe Spannungsfeld 3)*. Der Praxisblick zeigt jedoch, dass solche Leader ihr Unwesen treiben, nicht als Massenerscheinung, aber mit Breitenwirkung, und ihrer Firma die organisatorische Energie weit über ein erträgliches Maß hinaus rauben. Das ist wie im Straßenverkehr, bei dem die meisten Autofahrer mehr oder weniger anständig unterwegs sind. Aber es gibt Lenker, die nur ihr Fahrtziel und ihren Fahrspaß kennen: „Hoppla, jetzt komm' ich." Sie fahren dicht auf, drängeln mit der Lichthupe und überholen rücksichtslos auf der rechten Spur.

Peter Vaill, US-amerikanischer Professor, wählt eine weitaus drastischere Metapher: „Gibt es im Krankenhaus einen Chirurgen, der sich bei den Operationen nicht um die Hygienestandards und das Infektionsrisiko scheren würde, der in die offenen Wunden niest und schmutzige Instrumente verwendet, dann würden wir rasch die Frage stellen: Wie lange ist dieser Arzt noch akzeptabel? Nicht sehr lang! Aber in der Unternehmenswelt tolerieren wir solche toxischen Manager weit über den Punkt hinaus, ab dem sie als toxisch empfunden werden."[182] Er meint Typen wie Ricky Gervais alias David Brent in der populären britischen Fernsehserie „The Office" und Christoph Maria Herbst alias Bernd Stromberg in der hiesigen Adaption. In Deutschland ist schlechte Führung für vier von fünf Unternehmen kein Trennungsgrund, solange die operativen Ergebnisse stimmen.[183] Bei Veränderungsprojekten können sich Firmen das üble Führungsverhalten allerdings nicht leisten. Also

[182] in Bunker, K. u. a.: Extraordinary Leadership: Addressing the Gaps in Senior Executive Development, 2010, S. 64 (übersetzt)
[183] Steinert, C./Halstrup, D.: Schlechte Führung wird toleriert, wenn die Zahlen stimmen: Stellenwert der Personalführung in deutschen Unternehmen, in: Personalführung, 7/2011, S. 38–41

raus mit toxischen Managern – ohne viel Federlesen! Die Organisationskultur entwickelt sich nicht nur positiv aus den auf bunten Plakaten abgedruckten Werten, sondern genauso negativ aus den im Alltag zugelassenen Unwerten.

Effektive Managementteams entstehen selten erst in der Norming-Phase des Teambuilding, sondern meist schon sehr früh in der Forming-Phase: „First who, then what."[184] Mit einem streitsüchtigen Topmanagement und besonders mit giftigen Akteuren bläst man das Wandelvorhaben am besten ab. Oder das Detoxing wird zur ersten konkreten Maßnahme, was die Kündigung von zänkischen Managern bedeutet. Amerikanische CEOs bedauern unter allen Entscheidungen rückblickend am meisten, bei der Zusammenstellung der Vorstandsriege nicht ausreichend hohe Ansprüche gestellt zu haben.[185]

[184] Collins, J.: Good to Great, 2001; Fernández-Aráoz, C.: It's Not the How or the What but the Who, 2014

[185] Porter, M. E./Nohria, N.: How CEOs Manage Time, in: Harvard Business Review, 96. Jg., 2018, H. 4, S. 42–51

In Organisationen gibt es natürlich weiterhin viele Manager, die von klein auf gelernt haben, an sie gestellte Erwartungen zu erfüllen, manchmal schon fast zu preußisch *(siehe Infobox „Loyalität")*. Nur gibt es auch welche, die sich einer solch piefigen Erwartungserfüllung entledigt haben und lieber ihr eigenes Ding machen. Bei denen ist Leadership Alignment samt der Einzäunung persönlicher Auslaufflächen zumindest ein Kraftakt und recht oft eine vergebliche Liebesmüh.

Loyalität

Eine der heikelsten Fragen bei Veränderungsprojekten ist die nach der Loyalität. Auf wessen Seite stehst du? Bei der Antwort hilft der Principal-Agent-Ansatz. Maßgeblich bei einer Veränderung ist demzufolge der Change-Leader, als sogenannter Prinzipal, dem die volle Loyalität seiner Begleiter, der Agenten, durch dick und dünn gebührt. Da gibt es kein Hin und Her. Sollte ein Agent den Weg des Prinzipals nicht mehr mitgehen können, aus welchen Gründen auch immer, ist ihm zu empfehlen, die Organisation oder zumindest das Projekt zu verlassen. Das Rumeiern ist bei Loyalitätsfragen keine Lösung, selbst wenn manche Menschen aus Eigeninteresse gerne dem momentan Günstigen zuneigen (und sich selbst dabei als agil bezeichnen).

Veränderungsbereitschaft von Führungskräften

Wer nicht will, der will nicht! Wenn es darum geht, etwas zu verändern, zeigen selbst höhere Managementebenen ein großes Beharrungsvermögen. In eigenen Studien wurde die Veränderungsbereitschaft von Führungskräften auf den verschiedenen Levels unterhalb des Topmanagements analysiert.[186] In den 2010er-Jahren ist der Bruch zwischen erster Führungsebene (Vorstand bzw. Geschäftsführung) und zweiter Führungsebene (Senior Management) vielerorts deutlich größer geworden. Die Entscheidung zur Veränderung ist eben leichter als ihre Umsetzung. Wohl jeder erfahrene

[186] Claßen, M.: Change Management aktiv gestalten, 2013, S. 195–199

Berater könnte dazu Schauermärchen aus der Unternehmenspraxis erzählen, wenn ihn seine Vertraulichkeitserklärungen nicht davon abhalten würden.

Im oberen Management gibt es drei wesentliche Hindernisse: die fehlende Einsicht, die Angst vor schwierigen Entscheidungen sowie die Furcht vor schwindendem Einfluss und sinkendem Status. Wenn eine Führungskraft also das Warum nicht versteht, nicht weiß, was und wie sie es machen soll, und sich zu den Verlierern der Transformation zählt, ist ihr Widerstand vorprogrammiert. Wenn es dem Topmanagement nicht einmal gelingt, seine Direct Reports zum Aufbruch zu bewegen, dann ist im mittleren und unteren Management sowie in der Belegschaft erst recht keine Bereitschaft zu erwarten.

Die gängige These von der sogenannten Lehmschicht mittlerer und unterer Führungskräfte ist nicht völlig falsch (aber als öffentliches Statement des Change-Leaders ungeschickt). Die geringe Veränderungsbereitschaft beginnt bereits weiter oben in der Hierarchie, ein Stockwerk unter der Vorstandsetage *(siehe Abbildung 17)*. Diese obere Blockade zeigt die Entkopplung von Unternehmensspitze und Senior Management. Die untere Blockade beruht auf Brüchen mit den nachgeordneten Führungsebenen. Beide Blockaden müssen reduziert werden, damit die Veränderung gelingt. Ansonsten steht sie nur auf den Powerpoints im Chefzimmer. Es gibt Transformationen, bei denen fährt die Lokomotive mit Volldampf voraus. Die Waggons, egal ob erste oder zweite Klasse, sind freilich längst abgehängt und stehen auf einem Abstellgleis.

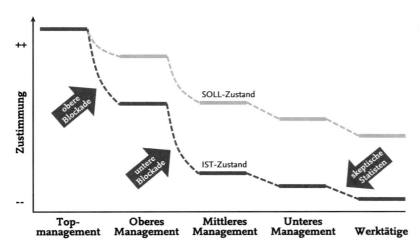

Abbildung 17: Doppelblockade bei Transformationen

Kontext von Transformationen

Leadership-Belastung

In nicht wenigen Organisationen sind die Führungskräfte heillos überlastet.[187] Im derzeitigen Businesswahnsinn sind viele Entscheidungen nur noch durch den Druck auf die Manager entschuldbar, die sich im systemischen Hamsterrad wundlaufen. Die Alltagsrealität vieler Führungskräfte auf allen Ebenen: Dauerläufe mit hohem Tempo, ohne Atempause, oftmals erschwert durch abrupte Richtungswechsel und meistens nur vage Ziele am fernen Horizont. Selbst Feierabend, Wochenende und Ferienzeiten sind durch moderne Kommunikationstechniken zur „Always on"-Zone geworden, zumindest im Standby-Modus. Die Erwartungen liegen jenseits von Machbarkeitsgrenzen (und gelegentlich sogar abseits der Menschenwürde). Vielerorts ist bei der Arbeit das menschliche Maß verlorengegangen. Was lassen die „Verantwortlichen" in Unternehmen eigentlich alles mit sich machen?

[187] Bruch, H./Vogel, B.: Organisationale Energie: Wie Sie das Potenzial Ihres Unternehmens ausschöpfen, 2005; Ulrich, D./Smallwood, N.: Leadership Sustainability: Seven Disciplines to Achieve the Changes Great Leaders Know They Must Make, 2013

Einige Auswirkungen der Überlastung der Führungskräfte bei Wandelvorhaben:
» Kurzfristigkeit: keine mehrjährige Perspektive, als ob es kein Übermorgen gäbe *(siehe Spannungsfeld 8)*.
» Schnellschüsse: voreilige Festlegung auf den ersten sich bietenden Lösungsweg *(siehe Spannungsfeld 10)*.
» Entscheidungsstau: Aussitzen von Problemen, um Risiken aus dem Weg zu gehen *(siehe Spannungsfeld 11)*.
» Schlingerkurs: permanenter Wechsel zwischen widersprüchlichen Lösungsalternativen *(siehe Spannungsfeld 9)*.
» Einseitigkeit: Dominanz einer Perspektive und Ausblendung anderer Stakeholder *(siehe Spannungsfeld 2)*.
» Kennzahlenbetrug: bewusstes Fälschen von Zielgrößen rund um den Business Case *(siehe Spannungsfeld 12)*.

Der Change-Leader wird bei seinem Veränderungsprojekt oft alleingelassen. Der arme Kerl! Die Organisation ist als Ganzes gefordert und muss sich als sozioökonomisches System, das ständig mehr Output und weniger Input erwartet, zurücknehmen. Denn erneut haben wir es mit einem Spannungsfeld zu tun. Einerseits Organizational Effectiveness als kostengünstige Aufbau- und Ablaufstruktur und andererseits Leadership Effectiveness als wirkungsvolles Management. Dieser Zielkonflikt vergrößert sich durch die ausschließliche Betonung der einen Seite (schlankes Unternehmen) und wenn die Führungskräfte als menschliche Puffer zur Abfederung von zusätzlichen Belastungen missbraucht werden. Als Ausgleich benötigen Firmen den sogenannten Organizational Slack und damit kompensatorische Freiräume, damit beide Seiten der Effektivität, die systemische und die personelle, wieder ins Gleichgewicht kommen. Auf Dauer ist es für keine Organisation gut, wenn ihre Optimierung die Akteure pausenlos überfordert.

Natürlich ermöglicht jede üppig ausgestattete Organisation den Führungskräften und Mitarbeitern großzügige Spielwiesen und verleitet zu umständlichen Abläufen. Aus diesem Grund haben in den letzten drei Jahrzehnten das Lean Management und ähnliche Konzepte Oberwasser bekommen, Effizienz und Effektivität sind zum Mantra geworden. Es gibt jedoch einen kritischen Punkt, an dem die organisatorische Leistungserwartung die individuelle Leistungsfähigkeit übersteigt und aus der Unterforderung bzw. einem gewissen Stretch, der für kurze Zeit durchaus hinnehmbar ist, eine dauerhafte Überlastung wird. Denn es scheint eine Grenze menschlicher Leistungsfähigkeit zu geben. Beispiel ist der 10.000-Meter-Weltrekord im Laufen der Männer: Dieser lag vor hundert Jahren bei 30 Minuten und 40 Sekunden, aufgestellt vom legendären Finnen Paavo Nurmi, und liegt seit 2005 bei 26 Minuten und 18 Sekunden, als Wahnsinnszeit des Äthiopiers Kenenisa Bekele. Seither ist niemand mehr diese Strecke schneller gerannt. Die Siegerzeiten bei Olympischen Spielen und Weltmeisterschaften waren deutlich langsamer. Übrigens: Ein mittelmäßiger Jogger benötigt etwa die doppelte Zeit.

In der mitteleuropäischen Wirtschaft haben die Anzeichen zugenommen, dass hier und dort die Schraube überdreht worden ist, gerade bei Veränderungsprojekten, die stets eine Extrameile zum bereits stressigen Alltag bedeuten. Natürlich muss jede Führungskraft zunächst selbst dafür sorgen, dass sie mit diesen wachsenden Anforderungen zurechtkommt. Sie muss aber nicht nur wollen wollen, sie muss auch können können. Viele Manager sind nicht mehr in der Lage, sämtliche Aufgaben in ordentlicher Manier zu erledigen. Unternehmen, die sich verändern möchten, müssen bedenken, dass der geplante Wandel eine Zusatzbelastung für die Führungskräfte darstellt und daher ohne eine aktive Entlastung an anderen Stellen nicht gelingen kann.[188] In überhitzten Firmen droht ansonsten ein Organizational Burnout, der zu den größten Transformationsbremsen zählt. Konkret: Eine Führungskraft im mittleren Management ist durchschnittlich zu einem Viertel ihrer Arbeitszeit mit Change Management beschäftigt (Changement 1/17, S. 18). Das sind rund 500 Arbeitsstunden im Jahr, die vom Topmanagement meist bedenkenlos draufgesattelt werden. Der Business Case nicht weniger Veränderungsprojekte würde nämlich kippen, wenn die dafür eigentlich erforderlichen Zusatzkapazitäten tatsächlich eingestellt würden.

Der bewusste Verschleiß und anschließende Austausch von Managern gingen so lange gut, als es noch andernorts frische Führungskräfte gab und man sie mit attraktiven Ködern ins eigene Unternehmen locken und dann rasch einsatzfähig machen konnte. Dies ist heute allenfalls noch mit erheblichen Anstrengungen möglich. Denn immer mehr Manager haben das Spiel durchschaut (und sind sich ihres Werts im Arbeitsmarkt bewusst). Sie lachen über die beiden Sprüche „Es liegt nur an dir" und „20 Prozent gehen immer". Was sollen Führungskräfte denn noch alles zusätzlich leisten? Die meisten haben ihre persönlichen Grenzen bei Arbeitszeit, Arbeits-

188 *Claßen, M./Sattelberger, T.: Vor dem Platzen der „Leadership Bubble": Verantwortung für eine gesunde Organisation, in: Organisationsentwicklung 3/2011, S. 58–65*

menge und Arbeitsdichte längst erreicht und finden individuelle Auswege *(siehe Infobox „Abwanderungsgedanken")*. Ob die Tretmühlen-Weitermacher die besseren Change-Leader sind, sei dahingestellt. Sie steigern jedenfalls die Nachfrage nach Coaching und Therapien in Burnout-Kliniken. Aber das läuft auf andere Kostenstellen.

Abwanderungsgedanken

Die menschliche Reaktion auf die jeweiligen Zustände folgt einfachen Mustern: „love it, change it, or leave it" (siehe Abbildung 18).[189] *Die Exit-Option ist für Führungskräfte und Mitarbeiter zu einer risikoarmen Entscheidung geworden, für die es in zahlreichen Arbeitsmarktsegmenten nicht einmal mehr eine große Portion Selbstbewusstsein braucht. Jedenfalls sind immer weniger Menschen bereit, sich die Probleme, die aus dem Schlankheitswahn ihres Unternehmens entspringen, aufzuhalsen und weiterhin loyal zu sein. Sie wandern ab, denn sie haben in der Vergangenheit erlebt, dass die Firma auch keine Loyalität zu ihren Kollegen zeigte, als diese in Schwierigkeiten gerieten.*

	destruktiv: nachteilig für Organisation	**konstruktiv:** vorteilhaft für Organisation
aktiv: Situation verändern	Abwanderung	Widerspruch
passiv: Status quo hinnehmen	Ausblendung	Loyalität

Abbildung 18:
Reaktionsmöglichkeiten bei ungünstigen Entwicklungen

[189] Hirschman, A. O.: Exit, Voice, and Loyalty: Responses to Decline in Firms, Organizations, and States, 1970

Am besten diagnostiziert der Change-Leader vor der Transformation die größten „Burner", also solche personellen und systemischen Schwachstellen, bei denen der Akku ganz oder fast leer ist. Bei dieser Diagnose sind zwei Leitfragen zu stellen:
» Wo ächzen Führungskräfte und Mitarbeiter glaubwürdigerweise schon im Alltagsbetrieb und wie schränkt dies ein gelingendes Wandelvorhaben ein?
» Welche freien bzw. zusätzlichen Ressourcen sind budgetär vorzusehen, damit die Umsetzung des Veränderungsprojekts dennoch erfolgreich wird?

Es sollte klar sein, dass selbst unangenehme Antworten auf beide Fragen, die vom Topmanagement als Tabu deklariert werden, zu ernsthaft wahrgemachten Verbesserungen führen müssen. Auf den ersten Blick kosten die meisten „Energizer" einiges an Geld, auf den zweiten sparen sie vielfältige Folge- und Nebenkosten. Sollte ein Zusatzbudget nicht verfügbar sein, muss die Transformation abgemildert, aufgeschoben oder sogar ganz aufgegeben werden. Augen zu und durch ist kein Erfolgsrezept, sondern ein Vabanquespiel.

Dies sind keine blauäugigen Vorschläge. Denn hier trifft der wirtschaftsliberale Marktoptimismus auf die erfahrungsgestützte Alltagsrealität. In Zeiten des demografischen Wandels mit seinen zunehmenden Engpässen im Arbeitsmarkt braucht es nicht einmal mehr eine humanistische Aufladung. Der Verweis auf die ökonomische Zweckmäßigkeit von Organizational Slack reicht aus. Das neue Motto lautet nicht mehr „my survival" (der überforderten Führungskraft), sondern „our survival" (der ausgelaugten Organisation). Ein zentrales Zukunftsthema und die Voraussetzung für Veränderungsprojekte ist eine Vermeidung der Leadership-Überforderung. Wenn dies nicht möglich ist, ist dem Change-Leader anzuraten, sich möglichst rasch aus dem Staub zu machen.

Leadership-Vorlieben

Es mag vielleicht erstaunen, diesen Aspekt hier überhaupt zu nennen. Da Veränderungsprojekte allerdings keine objektive, sondern eine durchaus subjektive Managementaufgabe sind, kann die persönliche Disposition des Change-Leaders und seines Trosses aus internen Mitarbeitern und externen Dienstleistern nicht ausgeblendet werden. Im Gegenteil, ihr kommt eine enorme Bedeutung zu. Die Basisthese des Buchs „Es kommt darauf an" trifft auch für den Anführer zu: Es hängt von ihm oder ihr ab. Bei Veränderungsprojekten ist das persönliche Faible des Change-Leaders ein wichtiger Kontextfaktor, der leicht übersehen wird.

Es geht um die grundsätzliche Frage, ob allgemeingültige Einschätzungen überhaupt möglich sind, und es daher bessere und schlechtere Einstellungen gibt. Die letzte wirklich große Diskussion um richtige und falsche Werte war der sogenannte Positivismusstreit vor einem halben Jahrhundert.[190] In unserer pluralistischen Gesellschaft der Gegenwart macht mittlerweile jeder sein eigenes Ding – weitgehend nach persönlichem Gusto –, fühlt sich gut dabei und mosert gelegentlich über Spinner mit abstrusen Vorstellungen. Dabei geht es nicht nur um große Lebensfragen, sondern auch um kleine Stilfragen. Es gibt Change-Leader, die Powerpoint verabscheuen, und andere, die lediglich Charts mit einem Schriftgrad von mindestens 30 anschauen. Auch bei jedem der 15 Spannungsfelder haben die Verantwortlichen von Wandelvorhaben eine Voreinstellung, von der sie nur ungern abrücken.

190 Falter, J. W.: Der „Positivismusstreit" in der amerikanischen Politikwissenschaft: Entstehung, Ablauf und Resultate der sogenannten Behavioralismus-Kontroverse in den Vereinigten Staaten 1945–1975, 1982

Es heißt zwar, Geschmacksfragen seien unlösbar. Bei der Gestaltung des Wandels gibt es aber dennoch einen besseren und einen schlechteren Geschmack. Wenn etwa der Change-Leader seine Weltsicht absolut setzt, als Storyline eine abstrakte Vision benutzt, Widerstände stets mit Macht kontert, Partizipation als etwas für Softies hält und Kommunikation mit Top-down-Ansage verwechselt, dann ist er eine Belastung für Transformationen in den 2020er-Jahren. Und auch sein Gegenteil, das viel redet und wenig entscheidet, für alle und alles Verständnis zeigt, nur ungünstiges Verhalten und keine bescheuerten Menschen kennt, der abstrakten Organisation und nicht den handelnden Akteuren die Verantwortung zuschreibt und jedem Modetrend hinterherhechelt, bringt die Veränderung nicht voran.

Wenn die Disposition des Change-Leaders derart wichtig ist, muss seine Eignung vor dem Projektstart von der nächsthöheren Ebene gecheckt werden, möglichst nüchtern und ohne falsche Hoffnungen. Diese Verantwortung kann bis in den Aufsichtsrat bzw. Beirat des Unternehmens reichen. Nicht in jedem Fall ist der aus dem Organigramm abgeleitete Manager die beste Wahl für das Wandelvorhaben. Manche Führungskräfte sind zwar alte Haudegen, bedeuten als Change-Leader aber den sicheren Absturz eines Veränderungsprojekts. Ab und an sieht dies für Außenstehende sogar nach Absicht aus. Jedenfalls steht und fällt jede Transformation mit dem Kopf an der Spitze und dessen persönlichen Vorlieben. Und auch die Auswahl des Beratungsunternehmens prägt ein Wandelvorhaben. McKinsey changt anders als eine systemische Boutique.

5 Mitarbeiter: Veränderungsenergie und Bindung ans Unternehmen

Begrenzte Veränderungsenergie

Das Umfeld von Unternehmen wandelt sich in schnellen Schritten. Die Firmen müssen sich immer öfter anpassen, um weiter mithalten zu können. Deshalb hat das Topmanagement ein elementares Interesse, die Veränderungsfähigkeit der Organisation zu steigern *(siehe Abbildung 19)*. Vier von fünf CEOs messen der sogenannten Changeability eine hohe oder sogar sehr hohe Bedeutung bei. Change Management würde überflüssig werden und in einem Daily Management aufgehen, wenn die Belegschaft dauerhaft changeable wäre. Dann müssten die Mitarbeiter nicht jedes Mal mit einem Kraftakt in Bewegung gesetzt und in Schwung gehalten werden. Dies ist die eine Seite der Medaille. Ihre andere glänzt weniger. Die Veränderungsfähigkeit von Mitarbeitern mit den drei Komponenten Veränderungsbereitschaft (das Neue wollen), Veränderungskompetenz (das Neue wissen) und Veränderungsmöglichkeit (das Neue können) sind nur mäßig ausgeprägt. Eine hohe oder sogar sehr hohe Veränderungsbereitschaft wird nur durchschnittlich 28 Prozent der Belegschaft zugeschrieben.[191] Fazit: In mitteleuropäischen Unternehmen ist es mit der Veränderungsenergie nicht so weit her, es ist eine weitverbreitete Veränderungsmüdigkeit zu diagnostizieren. Manche Firmen haben Change sogar auf den Index unerwünschter Begriffe gesetzt und versuchen ihre Veränderungen durch vermeintlich angenehmere Worte wie Transformation zu tarnen.

[191] Claßen, M.: Change Management aktiv gestalten, 2013, S. 120–126

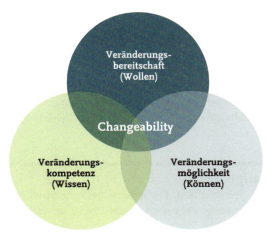

Abbildung 19: Drei Dimensionen der Veränderungsfähigkeit

Hinsichtlich ihrer Veränderungsfähigkeit sind die Mitarbeiter normalverteilt *(siehe Infobox „Messung der Veränderungsenergie")*. Es gibt Menschen, die wandeln sich schnell wie im Zeitraffer, und andere, deren Zeitlupentempo wie Stillstand wirkt. Eine derartige Slow Motion liegt nicht ausschließlich am lähmenden System, wie gelegentlich behauptet wird, sondern auch an fehlender individueller Motivation und dem ausbleibenden Engagement für organisatorische Ziele. Besonders bei Menschen mit geringer Changeability ist die begrenzte Veränderungsenergie eine kostbare Ressource, die nicht überstrapaziert werden kann. Zumal sie vielerorts bereits in der Vergangenheit über die Maße angezapft wurde.[192] Übrigens: Die hektische Betriebsamkeit eines Unternehmens kann nicht darüber hinwegtäuschen, dass viel zu tun noch lange nicht heißt, dass viel verwirklicht wird. Was besonders in den bürokratischen Matrixstrukturen großer Konzerne zu beobachten ist.

[192] *Wimmer, R., in: Claßen, M.: Change Management aktiv gestalten, 2013, S. 106–110*

Messung der Veränderungsenergie

Die Messung organisatorischer bzw. individueller Changeability ist methodisch nicht einfach. Für Veränderungsprojekte am ehesten geeignet sind Instrumente aus praxisnahen akademischen Quellen.[193] Als Alternative bieten einige Beratungsfirmen nutzwertige Instrumente an, etwa unter dem Label „Change Readiness Assessment", mit der unverhohlenen Absicht, bei den aufgezeigten Defiziten unterstützend tätig zu werden.

Zudem werden gelegentlich die Ergebnisse von Mitarbeiterbefragungen genutzt, die direkt oder indirekt Fragen zur Veränderungsfähigkeit enthalten (Changement 3/18, S. 42–46). Hohe Zufriedenheitswerte sind allerdings kein Nachweis für eine große Veränderungsenergie. Im Gegenteil, sie zeigen eine eher geringe Changeability und den fehlenden Handlungsdruck: „Es kann so schön bleiben, wie es gerade ist."

[193] *Abegglen, C.: Unternehmen neu erfinden: Das Denk- und Arbeitsbuch gegen organisierten Stillstand, 2018, S. 118–123; Koch, A.: Change mich am Arsch: Wie Unternehmen ihre Mitarbeiter und sich selbst kaputtverändern, 2018, S. 228–284*
[194] *von Cube, F.: Lust an Leistung – Die Naturgesetze der Führung, 1998, S. 33–34*
[195] *Katz, R.: Career Issues in Human Resource Management, 1982*

Es gibt viele Erklärungen für das individuelle Beharrungsvermögen: das Gefühl von Überlegenheit und die Illusion von Unverletzlichkeit (Erfolgsarroganz), eine völlig falsche Einschätzung der Situation verbunden mit der Vermeidung kognitiver Dissonanzen, die „Sehnsucht nach Sicherheitsinseln im Meer der Unsicherheit"[194]. Und die Macht der Gewohnheit: Langjährige Stelleninhaber werden träge und betriebsblind.[195] Hinzu kommen weitere „gute" Argumente gegen eine Veränderung und alle senken sie die Changeability *(siehe Infobox „Ist die Veränderungsfähigkeit angeboren?")*.

Ist die Veränderungsfähigkeit angeboren?

Die Changeability gilt als Kennzeichen der Persönlichkeit. Der wissenschaftliche Streit in der Verhaltenspsychologie dreht sich um die Gewichtung der beiden wesentlichen Einflussfaktoren unseres Menschseins: Gene und Umwelt. Zahlreiche Studien zeigen die engen Grenzen, einen

Menschen grundlegend zu verändern. Viele wichtigen Eigenschaften sind von Geburt an festgelegt.[196] *Wie bei jedem akademischen Disput führt die Gegenseite (Environmentalismus) andere Beweise an, die belegen sollen, dass die Umwelt, also Strukturen, Prozesse und Direktiven, das Verhalten von Menschen in Organisationen bestimmen.*

Nehmen wir aber mal an, diese These sei nicht völlig zutreffend, sondern Gene hätten auch ein Wort mitzureden, dann muss der Change-Leader sein Augenmerk auf drei Aspekte richten: Erstens, nicht jeder veränderungsunwillige Mitarbeiter wird dem Wandelvorhaben mit Freude begegnen, unabhängig davon, was im Change Management an Motivationsversuchen unternommen wird. Zweitens, die Auswahl (und der Austausch) von Führungskräften und Mitarbeitern prägt die Veränderungsenergie eines Unternehmens, weshalb bereits die Rekrutierung und spätere Leadership Assessments wichtige Akzente setzen (Changement 3/18, S. 8–11). Drittens, die Entwicklung von Unternehmen der Old Economy mit ihrem konservativen Mitarbeiterkern zu dynamischen Firmen ist ein langer Weg. Das lässt sich nicht durch eine Drehung an zwei, drei agilen Stellschrauben quasi über Nacht erledigen.

Die Kernaussagen des Buchs „Blueprint" des Verhaltensgenetikers Robert Plonim zur Pädagogik (Eltern/Kinder) können sinngemäß ins Management (Führungskraft/Mitarbeiter) übersetzt werden. Zumal sich gerade agile Firmen mit Organisationskonzepten wie Squads, Tribes und Chapters in innige Einheiten mit Familiencharakter entwickeln möchten. Hier die „Übersetzung": „Der Einfluss von Vorgesetzten beschränkt sich darauf, auf die genetisch bedingte Neigung ihrer Mitarbeiter zu reagieren und so deren Tendenz zu einem bestimmten Verhalten noch zu verstärken. Oder ihnen zu zeigen, wie man klug gegensteuern kann. Wichtig ist, dass Führungskräfte verstehen: Ihre Mitarbeiter sind keine Tonklumpen, die sie nach Belieben formen können. Manager sind keine Zimmerleute, die einen Mitarbeiter nach einem Plan bauen können. Sie sind nicht einmal Ziergärtner, die eine Pflanze so pflegen und beschneiden, dass am Ende ein bestimmtes Ergebnis steht. Sie gleichen eher Blumenfreunden, die wissen, dass sie zwar gießen und düngen müssen – dass sie ihre Pflanzen zum Wachsen anregen, sie aber nicht dazu zwingen können."

---

[196] Plomin, R.: Blueprint: How DNA Makes Us Who We Are, 2018

Erfolgsarroganz

Eine der größten Veränderungsbremsen sind frühere Erfolge, sie machen satt und blind (success breeds failure). Triumphe der Vergangenheit verlängern sich nicht automatisch in die Zukunft, aber sie verführen eine Organisation und ihre Menschen zur Selbstgefälligkeit. Und die immer noch angenehme Gegenwart zieht viele Mitläufer an, die auch noch ein Stück vom Kuchen abhaben möchten. Natürlich ist es nicht nur von Nachteil, wenn jemand in der Vergangenheit erfolgreich gewesen ist, weil mit früheren Erfolgen der Eindruck von Selbstwirksamkeit entsteht und man durch bereits bewältigte Wandelvorhaben den künftigen Veränderungsprojekten zuversichtlich entgegensehen kann (success breeds success).

In erfolgsarroganten Unternehmen geht allerdings der Maßstab für betriebswirtschaftliche Normalität verloren. Die persönlichen Ansprüche steigen in unermessliche Höhen. Besonders bei solchen Führungskräften und Mitarbeitern, die den systemischen Erfolg ihrer individuellen Klasse zurechnen, obwohl sie bloß auf einer Welle mitschwimmen, die von günstigen Rahmenbedingungen geprägt ist und erfahrungsgemäß irgendwann ausläuft. Früher waren es beispielsweise die Monopolisten in den politisch regulierten Märkten der netzgebundenen Dienstleistungen und heute sind es die natürlichen Monopolisten der digitalen Netzwerkökonomie. Aber auch Firmen mit schicken Produkten und dem Status als Weltmarktführer neigen zur Erfolgsarroganz.

Besonders gefährdet sind Unternehmen, die sich unangreifbar wähnen. Technische Innovationen, politische Interventionen oder ein verändertes Kundenverhalten können über Nacht andere Rahmenbedingungen setzen und einen Wandel des Geschäftsmodells erfordern. Dann ruft das Topmanagement lauthals „Change!" In einer Firma voller Erfolgsarroganz regiert allerdings noch längere Zeit das „Weiter so!" Den irgendwann unvermeidbaren Umbruch wird die Belegschaft als Kulturschock empfinden, währenddessen viele abgehalfterte Altstars das Unternehmen verlassen (müssen).

Die Appelle des Change-Leaders – „Neustart", „hungrige Kämpfer" und „digitaler Gründungsmythos" – verhallen, wenn sie keine konkreten Rezepte gegen die geringe Veränderungsenergie mitliefern. Zu oft wird die Vergangenheit einfach nur schlecht gemacht und die Zukunft schöngefärbt. Als ob Wandel so einfach wäre. Der Philosoph Odo Marquardt hat das mit seinem bekannten Zitat auf den Punkt gebracht: „Zukunft braucht Herkunft". Ohne ernsthafte Vergangenheitsbewältigung wird keine Veränderungsenergie erzeugt. Besonders nicht in gesättigten und überheblichen Organisationen, deren Menschen nach den Erfolgsjahren kaum fassen können, dass es nun auch sie erwischt hat.

Machtwechsel im Arbeitsmarkt

Auf der Sonnenseite des Arbeitsmarkts gibt es kompetente und engagierte Fachkräfte, die infolge des demografischen Wandels immer knapper und damit zum Engpass werden. Das Humankapital (noch Unwort im Jahr 2004, einem Rezessionsjahr) ist heute vielerorts der wichtigste Wettbewerbsfaktor und begrenzt die Wachstumsmöglichkeiten von Firmen. Überall sind die Leistungsträger begehrt, was ihre individuelle Macht begründet. Solche Manager und Mitarbeiter können entscheiden, ob sich das Wandelvorhaben „gut anfühlt" oder ob sie sich besser selbst irgendwohin anders verändern. Was ihnen – mit gelegentlich absurden Versprechungen neuer Arbeitgeber – auch meist gelingt. Zumal Headhunter nach dem Bekanntwerden von Veränderungsprojekten ein feines Gespür für Abwanderungswillige entwickeln.

Auf der Schattenseite stehen die vermeintlich leicht austauschbaren Arbeitnehmer, teils mit prekären Verträgen, deren Macht im Arbeitsmarkt erst dann gegeben ist, wenn sie sich kollektiv in Betriebsräten zusammenschließen. Da diese Mitarbeiter oft in serviceorientierten Prozessen an der Kundenschnittstelle tätig sind, sollte das Unternehmen nicht vorschnell zu toughen Maßnahmen greifen, mit denen die Motivation in den roten Bereich sinkt. Zumal sich auch in diesen Segmenten das Angebot an Arbeitskräften deutlich reduziert. Beispiele: die Krankenschwester in Zürich, der Paketzusteller in der Steiermark oder die Supermarktkassiererin in Oberbayern. Das vielbeschworene Talent Management ist nicht nur ein Elitenthema, sondern genauso ein Engpassthema „am unteren Ende der Leiter".[197] Konsequenz: Auch auf der Schattenseite braucht es Sonnenstrahlen.

[197] Heymann, J.: Profit at the Bottom of the Ladder: Creating Value by Investing in Your Workforce, 2010

Dennoch hat die Spaltung im Arbeitsmarkt längst begonnen. Sie hat im Wesentlichen zwei Gründe: zum einen den ökonomischen, weil wie in jedem Markt die Kräfte von Angebot und Nachfrage wirken. Wer tatsächlich oder vermeintlich knapp ist, kann einen höheren Preis verlangen. Zum anderen auf der Wirkungsebene von Leistung, die sich mehr und mehr vom Was (Outcome) zum Wie (Performance) verschiebt, also, ob sie jemand anderem gefällt und bei Dritten Anklang findet. In der Wissensökonomie werden die Hochqualifizierten, deren Tätigkeit nicht digitalisiert werden kann, umgarnt, weitaus mehr als die Werktätigen der Industrieökonomie und in Verwaltungen, die hoffen und bangen, nicht durch Apps und Roboter ersetzt zu werden.

Auswirkungen auf Veränderungsprozesse

Der Change-Leader hat es erstens mit selbstbewussten Spezialisten zu tun, die zu divenhaftem Verhalten neigen und die er mit Sinnstiftung, Selbstverwirklichung und sehr viel Geld pampern muss, wodurch der Job zum Lifestyle wird. Zweitens mit einem Sozialpartner, der für seine Klientel um die langfristige Absicherung von Besitzständen oder zumindest für ein gewisses Niveau kämpft. Und drittens mit Beschäftigten in Kundenprozessen, bei denen die Servicequalität nicht weiter sinken soll und die deshalb bei Laune gehalten werden müssen.

Daraus ergeben sich sechs Konsequenzen für Veränderungsprojekte, damit das erreicht wird, was der Berner Betriebswirtschaftler Norbert Thom als Zielsetzung ausgab: „able to go, but happy to stay":[198]

[198] Thom, N., in: Ritz, A./Thom, N.: Talent Management, 2011 (2. Aufl.), S. 19

1. Retention Management ist zu einem der wichtigsten Change-Instrumente geworden. Kein Change-Leader kann es verantworten, dass das Unternehmen nicht weiß, wer die Schlüsselpersonen in den Schlüsselpositionen sind und was gegen deren Weggang unternommen werden kann, Einzelfall für Einzelfall. Was im Marketing gilt „Akquisition von Neukunden ist aufwendiger als Kundenbindung", trifft auch für HR zu: Rekrutierung für offene Stellen ist meist anstrengender als die Bindung guter Mitarbeiter *(siehe Infobox „Retention Management")*.

2. Floskeln wie „Employer of choice" und „Great place to work" sind zu wenig. Dies proklamieren inzwischen viele Firmen. Im Talent Management sind substanzielle Maßnahmen erforderlich, die der People-Dimension einen Stellenwert geben, die sie historisch noch nie besessen hat und die sie auf das Anspruchsniveau von Kunden (Customer Relations) und Anlegern (Investor Relations) hebt. Die Logik der Ökonomie ist einfach, sie konzentriert sich auf die Beseitigung von Engpässen, die mehr und mehr bei herausragenden Führungskräften und außergewöhnlichen Fachkräften auftreten.
3. Bei Veränderungsprojekten müssen zusätzliche Budgets zur Sicherstellung von Kommunikation und Qualifizierung und zur Aufrechterhaltung des Engagements bereitgestellt werden. Und zwar auf der Sonnen- und auf der Schattenseite. Ansonsten findet ein kostengünstiger Wandel statt, aber viele wichtigen Akteure sind demotiviert oder ihnen fehlen das Wissen und Können. Dass mit solchen Investitionen mancher auf Kante genähte Business Case zu kippen droht, sollte die Verantwortlichen mehr als nur nachdenklich stimmen. Das ist ein K.-o.-Argument.
4. Versprechungen, besonders hinsichtlich der künftigen Karriere, sind in Zeiten des Wandels ein heißes Eisen. Kurzfristig mögen sie den Erwartungsdruck lindern. Mittelfristig können sie zum Kündigungsgrund werden. Besonders fatal sind Zusagen von Vorgesetzten, die nach der Transformation die Firma verlassen oder eine andere Rolle bekommen. Bei der Abwägung beider Seiten eines Versprechens, Entlastung im Heute und Verpflichtung im Morgen, ist bei Veränderungsprojekten die Zukunft nicht auszublenden. Die Karriere ist ohnehin eines der größten Probleme im People Management: Unternehmen bieten weitaus weniger planbares persönliches Wachstum als ihre (zu) vielen Möchtegern-Talente am liebsten hätten. Übrigens: Es wird auch im sonstigen Leben nicht jeder Fußballnationalspieler, Fernsehstar oder Filmdiva *(siehe Infobox „Problem Karriere")*.
5. Klaffen die Zuwendungen zwischen Sonnen- und Schattenseite auseinander, wird dies in Organisationen und gesellschaftlich bis zu einem gewissen Grad akzeptiert. Sie dürfen jedoch nicht überreizt und damit „völlig ungerecht" werden. Die Betriebsräte, die Medien und selbst viele gepamperte Talente aus der Firma sind sensibel und fordern „mehr Solidarität". Überdies ist Neid ein Faktor, der bei Veränderungsprozessen zum Störfeuer werden kann.
6. Die Verbesserungen durch Veränderungsprojekte können danach kaum mehr zurückgenommen werden. Dies würde als gebrochenes Versprechen empfunden. Oder sie würden als offensichtliche Bestechung angesehen. Goodies im Change Management werden zum dauerhaften Kostenfaktor, weil sich die Belegschaft an das höhere Niveau gewöhnt und es als Besitzstand ansieht.

Retention Management

Retention Management setzt gezielt auf interne Manager und Mitarbeiter, damit sich die Wettbewerber nicht bei den besten Führungskräften und raren Fachleuten bedienen. Die Methode besteht aus vier Schritten:

- » *Ermittlung von Schwachstellen: Der Fokus wird auf die für eine Organisation besonders nützlichen Führungskräfte und Fachleute in erfolgskritischen Funktionen gerichtet: Schlüsselpersonen und Schlüsselpositionen.*
- » *Einschätzung des Abwanderungsrisikos: Warum arbeitet jemand überhaupt im Unternehmen? Was muss seitens des Arbeitgebers geschehen, dass dies morgen auch so bleibt? Welche Perspektiven sieht der Arbeitnehmer für sich? Um Antworten auf diese Fragen geht es bei der Gefährdungsanalyse.*
- » *Entscheidung über Kandidaten und Maßnahmen: Nach der Analyse muss Einigkeit erzielt werden zum Wer und Wie. Damit wird der kleine Kandidatenkreis festgelegt und die auf persönliche Bedürfnisse maßgeschneiderten Maßnahmen abgesegnet.*
- » *Einsatz der Maßnahmen: Die Zusage von Maßnahmen ist üblicherweise Aufgabe des jeweiligen Vorgesetzten im persönlichen Gespräch. Zudem gibt es ein breites Spektrum weiterer Maßnahmen: Wechsel des Vorgesetzten, zusätzliche Verantwortung, Change-Life-Balance (während bzw. nach heißen Phasen), Retention-Prämie (als einmalige Sonderzahlung), Gehaltsanpassung, Mentoring und Coaching, Qualifizierungsangebote, Hervorhebung bei der Change-Kommunikation oder Einladung zu wichtigen Change-Events.*

Artikel zur Vertiefung: hbfm.link/c7

Problem Karriere

Durch organisatorische Wandelvorhaben werden viele individuelle Zukunftspläne abrupt beendet. Dies trifft besonders für die Karriere zu, die bei Transformationen kaum mehr systematisch „personalentwickelt" werden kann. Die für einen selbst und für andere sichtbare Laufbahn von unten nach oben ist früher klarer gewesen. Eine klassische Karriereleiter gibt es fast nur noch in der Very Old Economy und in Behörden, die wiederum für viele High Potentials uninteressant sind. Karriereversprechen können heute nur noch solche Firmen einlösen, deren Umsatz langfristig stark wächst und bei denen sich ständig neue Aufstiegs(t)räume öffnen. Alle anderen Unternehmen müssen mit ihren Verheißungen vorsichtig sein, besonders solche, die sich als flach bezeichnen, weil sie nicht auf hierarchische Strukturen setzen.

Das uralte Gesetz, dass eine organisatorische Pyramide nach oben hin schlanker wird, behält auch künftig seine Gültigkeit. Wenn das Verhältnis der Aufstiegswilligen zu den Aufstiegsplätzen deutlich größer als eins wird, gibt es ein Dilemma. Je höher diese Kennzahl ist, desto größer ist das Karriereproblem einer Organisation mit allen seinen Folgewirkungen, wie etwa sinkende Motivation, fallendes Engagement und zunehmende Abgänge.

Die Menschen unterscheiden sich bei ihren Karrieremotiven, die über eine einfache Diagnostik analysiert werden können.[199] Es gibt mehr Lebensziele als nur den hierarchischen Aufstieg (Getting

Ahead), der mit Geld, Macht und Status verbunden ist: Getting Secure (Motiv Sicherheit), Getting Free (Motiv Unabhängigkeit), Getting Balanced (Motiv Zeitautonomie) und Getting High (Motiv Flow und Thrill).

Organisatorische Veränderungsprozesse und individuelle Karrieremotive erzeugen Konflikte. Einschränkungen durch Change-Projekte sind allerdings schwer zu vermitteln und führen zu großen Enttäuschungen. Um eine pragmatische Lösung zu finden, empfiehlt es sich, sechs Leitfragen zu beantworten:

» *Welche Karrieremotive haben die erfolgskritischen Akteure im Veränderungsprojekt?*
» *Können diese Karrieremotive während und nach dem Wandelvorhaben erfüllt werden?*
» *Falls dies nicht möglich ist, welche alternativen Retention-Maßnahmen sind in jedem Einzelfall möglich?*
» *Falls doch das Unvermeidliche eintritt und die Wackelkandidaten die Firma oder zumindest das Projekt verlassen, wie sieht jeweils der Plan B aus?*
» *Gibt es für das Risikomanagement des Problems Karriere ein eigenes Projektbudget in ausreichender Höhe?*
» *Wie offen und ehrlich wird das Problem Karriere kommuniziert?*

Versprochen – gebrochen. Dies lässt sich bei Change-Projekten nicht immer vermeiden. Allzu häufig sollte allerdings nicht auf den künftigen Wortbruch gewettet werden, um gegenwärtigen Führungsproblemen ausweichen zu können. Das Problem Karriere bleibt eine der wesentlichen Herausforderungen im Change Management.

Artikel zur Vertiefung: hbfm.link/c8

---

199 *Gängig sind derzeit das Reiss Motivation Profile, die Karriereanker von Edgar H. Schein und die fünf Karrieremotive von C. Brooklyn Derr.*

Deal-Charakter moderner Arbeitsverhältnisse

Bereits vor knapp hundert Jahren hat der schweizerische Schriftsteller Robert Walser seinen Helden im Roman „Der Räuber" sagen lassen: „Mein bemerkenswertes Prinzip lautet: Wer mir nicht nützt, der schadet sich." Im heutigen Arbeitsmarkt, der von beidseitigen Nützlichkeitserwägungen geprägt ist, kann der Change-Leader von Führungskräften und Mitarbeitern wenig Loyalität ohne Gegenleistung erwarten. Zumal die sogenannten abhängig Beschäftigten gelernt haben, dass die Loyalität des Unternehmens spätestens mit der nächsten Gewinnwarnung enden kann.

Anders als Firmen mit zahlreichen Produkten oder Fonds mit gestreuten Aktien können sich Arbeitnehmer nicht diversifizieren. Sie müssen sich für eine gewisse Zeit auf eine bestimmte Stelle fokussieren. Immer weniger Menschen sind jedoch bereit, große Teile ihrer Lebenszeit gegen angelernte Wertschätzung vom Vorgesetzten, etwas mehr Geld in der Tasche und ein paar weitere Annehmlichkeiten dauerhaft an ein einziges Unternehmen zu verkaufen. Arbeitsverträge sind inzwischen eine Art Lebensabschnittspartnerschaft. Und wenn das Gegenwärtige immer weniger passt, wird das Neuartige attraktiv, ohne schlechtes Gewissen.

6 Organisationskultur: Purpose und Diversität

Es gibt ein untrügliches Zeichen, wenn ein Thema, das sein Auf und Ab in langen Wellen hat, im Business wieder mal als Allheilmittel angepriesen wird: Studien von Consultants. Beratungen (und nicht nur sie) setzen für die agil-digitale Zeitenwende auf die Karte Organisationskultur. Unternehmen müssten sich „radikal neu erfinden", ansonsten drohe zunächst der kulturelle und dann der ökonomische Niedergang. Dieser Ratschlag ist von den externen Dienstleistern natürlich als Hilfsangebot gemeint. Verantwortlich für die innere Verfassung einer Firma ist aber in erster Linie das Topmanagement.

Die Organisationskultur soll Mitarbeitern so etwas wie Heimeligkeit in der VUCA-Welt bieten, tatsächlich hat sie jedoch eine hintergründige Funktion: der ökonomischen Maxime des profitablen Wachstums eine systemische Grundlage zu geben. Nur mit diesem sicheren Fundament, so die Erwartung, sei es möglich, die Firma agil und digital auszurichten. Was die unsichtbare Hand von Adam Smith für die Marktwirtschaft ist, wird der Organisationskultur für Transformationen zugesprochen, weit mehr als der Unternehmensstrategie. Dies meinte bereits Peter Drucker in seinem Kultzitat: „Culture eats strategy for breakfast." Viele Studien weisen nach, dass eine Kultur, die auf Vertrauen und weiteren Tugenden aufgebaut ist, einen positiven Effekt auf Engagement, Produktivität und Profitabilität hat.[200] Für den gegenläufigen Effekt, die bilanziellen Abstürze toxischer Firmen, gibt es genügend Beispiele: Enron, Worldcom, Schlecker. Mittlerweile haben sogar langfristig orientierte Finanzinvestoren die Organisationskultur zu einem wesentlichen Anlagekriterium erkoren.

[200] *Praxisbeispiele und Studien: Changement 1/16, S. 4–7; 6/17, S. 18–22; 7/17, S. 21–24; 2/18, S. 26–29; 9/18, S. 34–38*

Die Organisationskultur ist der Charakter einer Firma. Wie bei Menschen kann diese Wesensart angenehm sein oder als unbehaglich empfunden werden. Die Kultur sogenannter reifer Unternehmen wie dem Laufschuhnewcomer On und dem Outdoorausrüster Vaude ist der von Konzernen weit voraus (Changement 6/17, S. 10–13 und S. 23–25). In einer vergleichenden Kulturanalyse liegt der Schweizer Informatikdienstleister Ergon mit einem Wert von 4,86 nahe dem Maximum (auf einer Skala von fünf bis eins). Zum Vergleich die Werte von DAX-Konzernen: Mit weitem Abstand an der Spitze steht SAP (4,15), abgeschlagen am Ende ist Vonovia (2,97) (Changement 6/17, S. 28–30).

Kulturprojekte

Die Veränderung der Organisationskultur ist eines der anspruchsvollsten Wandelvorhaben. Besonders Manager, deren Aufstieg auf klassischen Kulturmustern beruhte und die ihre Positionsmacht mit traditionellen Mitteln errungen haben, erkennen darin keinen Vorteil. Werden bewährte Praktiken aufgegeben, so erwarten sie eher den Untergang des Abendlands. Mal ganz ehrlich: Es gibt Unternehmen, die hinsichtlich der Erneuerung ihrer Organisationskultur ein hoffnungsloser Fall sind. Oder es wird ein, zwei Jahrzehnte dauern, bis sichtbare Fortschritte erkennbar werden. Wenn derartige Unternehmen kurz vor den 2020er-Jahren Kulturprojekte starten, etwa mit dem Hauptziel Kundenorientierung, verschlägt es einem die Sprache. Welchen mentalen Ballast schleppen solche Firmen mit sich herum, wenn diese Selbstverständlichkeit jedes Wirtschaftsbetriebs der Belegschaft als „Corporate Value" anerzogen werden muss?

Bei der Organisationskultur geht es ums Eingemachte: Nicht an der aufgehübschten Schauseite der Organisation mit ihren Sonntagsreden und Unternehmenswerten wird angesetzt, sondern am Zentralnervensystem.[201] Viele Führungskräfte, Mitarbeiter und das Ökosystem erwarten heute ein normatives Fundament des Unternehmens, das über profitables Wachstum hinausragt, Tendenz steigend.

[201] *Kühl, S.: Organisationskulturen beeinflussen: Eine sehr kurze Einführung, 2018, S. 41–56*

Bei Kulturprojekten zeigt sich stets ein harter Kern von außergewöhnlich engagierten Menschen. Am Ende intensiver Diskussionen stehen dann aber meist nur selbstverständliche Schlagworte à la „Kunden sind wichtig", „Mitarbeiter ebenfalls", „Eigentümer sowieso". Und die Grundsätze der Menschenrechtscharta der Vereinten Nationen von 1948 gelten natürlich auch. Wobei der betriebliche Alltag schon für deren ersten Artikel „Alle Menschen sollen einander im Geist der Brüderlichkeit begegnen" weiterhin andere Erfahrungen bereithält. Kulturprojekte sind kein leichtes Unterfangen. Und kein günstiges: Bei einem Merger-&-Acquisition-Projekt beispielsweise „fließt erfahrungsgemäß ein knappes Drittel des Gesamtbudgets in das Kulturthema. Wer bei der Organisationskultur etwas anderes, Besseres auftischen möchte, muss bereit sein, die Rechnung dafür zu zahlen." (Changement 6/17, S. 16).

Letztlich haben die meisten Kulturprojekte im Business einen geringen Stellenwert: „Das weiche Thema konkurriert mit harten Herausforderungen. Der jährliche Kulturworkshop wird dann als eine Art Freidenkerurlaub vom Arbeitsalltag erlebt: stimulierend und spannend für die Teilnehmer – aber am nächsten Morgen schon wieder von der Realität überholt." (Changement 8/17, S. 7–10). Nochmals ehrlich: Bei der Vorbereitung von Veränderungsprojekten ist die Schauseite des Unternehmens mit seinen Führungsleitbildern und Unternehmenswerten allenfalls einen Seitenblick wert. Dies gilt besonders dann, wenn die Parolen nur in großen Lettern auf bunten Postern prangen und nicht eng mit den HR-Instrumenten verknüpft sind.

Hebel zum Kulturwandel
» *Strukturen, Prozesse und Systeme*
» *HR-Policies, insbesondere Einstellungskriterien und Performance Management*
» *Topmanagement, insbesondere der CEO*
» *Entscheidungsmechanismen: Macht, Hierarchie und Partizipation*
» *Kontrollmechanismen: Accountability, Revision, Controlling und Compliance*
» *Vertrauen, Freiheitsgrade, Umgang mit Fehlern und psychologische Sicherheit*
» *Herkunft (Nationalkultur der Zentrale und Branchenkultur des Ökosystems)*
» *Menschenbilder, Unternehmenswerte und Führungsleitbilder*

Diagnose der Organisationskultur
Für Wandelvorhaben ist die Organisationskultur ein wesentlicher Ausgangspunkt, denn sie ist prägend dafür, wie die Spannungsfelder angegangen werden. Die Kultur kann den Wandel begünstigen oder behindern, ihn gelegentlich sogar vereiteln.

Es gibt zahlreiche Analyseinstrumente, denen jeweils ein spezifisches Kulturverständnis zugrunde liegt:[202] angefangen bei der bekannten Eisbergmetapher in Anlehnung an die Kulturebenen des Organisationspsychologen Edgar Schein bis hin zur oft zitierten Plattitüde des Strategieberaters Marvin Bower: „Culture is the way we do things around here."

Kein Konzept hat sich auf breiter Linie durchgesetzt. Empfehlungen für die einfache Diagnose sind die Ansätze der US-Berater Daniel Denison und William Neale (Denison Organizational Culture Survey) bzw. Kim Cameron und Robert Quinn (Organizational Culture Assessment Instrument). Neben diesen beiden fragebogenbasierten Methoden gibt es – deutlich aufwendiger und dafür aussagekräftiger – die Möglichkeit, die Organisationskultur mittels Interviews, Workshops, Befragungen sowie Dokumentenanalyse und Alltagsbeobachtung zu analysieren.

Wer mit der Kultur die informale Seite der Organisation beeinflussen möchte, muss bereit sein, konsequent an ihrer formalen Seite anzusetzen, besonders bei Strukturen, Prozessen und Systemen, Entscheidungs- und Kontrollmechanismen sowie bei den HR-Praktiken und dort besonders bei der Einstellung und Beurteilung von Mitarbeitern.[203] Harte Faktoren formen die weiche Organisationskultur. Es gilt die dem Agilitätspionier Craig Larman zugeschriebene Devise: „Culture and mindset follows structure." Wer Zustände wie im Silicon Valley anstrebt, muss zudem den gesellschaftlichen Kontext berücksichtigen, dessen Wurzeln im Lifestyle San Franciscos liegen.[204] Und der sich von der Lebensart in Bern, Gütersloh und Klagenfurt unterscheidet.

202 *Changement 6/17, S. 31–34; 8/18, S. 51–55; Sackmann, S.: Unternehmenskultur: Erkennen, Entwickeln, Verändern: Erfolgreich durch kulturbewusstes Management, 2017 (2. Aufl.)*

203 *Kühl, S.: Organisationen. Eine sehr kurze Einführung, 2011*

204 *Gatterer, H.: Future Room: Entdecken Sie die Zukunft Ihres Unternehmens, 2018, S. 134*

Es gibt einen zweiten kräftigen Hebel zum Kulturwandel, den Wechsel im Topmanagement (Changement 6/18, S. 20–23). Aus der Politik kennt man dafür drei Anlässe: das Alter, die Abwahl oder eine Affäre. In Unternehmen gibt es einen vierten Grund: schlechte Zahlen. Ansonsten bleiben der CEO und seine Buddies im Amt und können weiterhin die Organisationskultur dominieren. Selbst toxische Leader nutzen übrigens regelmäßig den Begriff Organisationskultur: bei der Bilanzpressekonferenz, während ihrer externen Auftritte und wenn sie nicht mehr weiterwissen.

Purpose

Der Sinn gilt als wesentlicher Erfolgsfaktor für Organisationen und hat im abgelaufenen Jahrzehnt ein wenig überraschendes Comeback erlebt *(siehe Infobox „Gewinne allein sind nicht mehr salonfähig")*. Weil der sogenannte Purpose nicht nur eine Erklärung liefert, sondern die heute zunehmend nachgefragte tiefere Bedeutung bietet. Viele interne und externe Akteure erwarten eine klare Antwort auf ihre Frage nach dem normativ-ethischen Fundament der Transformation. Die Formulierung eines „guten" Purpose wird damit zur Nagelprobe im Change Management.

205 Carlisi, C. u. a.: Purpose with the Power to Transform Your Organization, 2017; DDI/The Conference Board/EY: Global Leadership Forecast, 2018

Gewinne allein sind nicht mehr salonfähig

Es gab einmal eine Zeit, in der Unternehmen in erster Linie Geld verdienen und möglichst große Gewinne erzielen wollten, jedes Jahr noch etwas mehr. Profitables Wachstum war über Generationen die Maxime des Wirtschaftssystems. Später, in zunehmend gesättigten Märkten, wurden die Kunden entdeckt, an deren Wünschen sich die Firmen ausrichteten und das Marketing ankurbelten. Vor Kurzem, mit der Kräfteverschiebung im Arbeitsmarkt, rückten sogar die Beschäftigten in den Blick, zumindest die begehrten Führungskräfte und Mitarbeiter in den Engpassbereichen.

Heute reicht nicht einmal mehr das. Planet, People, Profit bilden die Heilige Dreifaltigkeit der Gegenwart. Mit dem Kauf vieler Produkte erhält der Konsument ein Werteversprechen, das weit über das Materielle hinausgeht und einen zusätzlichen Nutzen darstellt, der oft sogar in den Vordergrund gestellt wird: „Mode ohne Opfer", „Bio-Lebensmittel", „mikroplastikfreie Kosmetika". Mit einem solchen Konsum und mit fairer Produktion und Logistik soll die Welt ein klein wenig besser werden und das Glück der Menschen wachsen. Organisationen können sich ihrer Mitverantwortung und Mithaftung für die Erde und ihre Bewohner nicht mehr entziehen. Zumal es aktuelle Studien gibt, die zeigen, dass sich dies sogar rechnet: „purpose pays".[205] Wobei der kritische Blick auf die Forschungsdesigns zeigt, dass es sich dabei lediglich um eine Korrelation und keine Kausalität handelt.

Immer mehr Firmen suchen inzwischen nach Wegen „to make the world a better place" – an vorderster Front die Internetgiganten von der amerikanischen Westküste. Wobei der bis vor kurzem gültige Slogan von Google am markantesten war: „Don't be evil". Das Wertegerede bewegt sich allerdings stets auf einem schmalen Grat zwischen ökonomischer Rendite und humanistischen Idealen, zwischen Effekthascherei und Glaubwürdigkeit.

Es gab schon immer moralische und juristische Gebote, die Unternehmer auf den Anstand verpflichteten, etwa den sogenannten ehrbaren Kaufmann. Und es gibt aufgeklärte Entrepreneure und breiter denkende Familienunternehmer, die aus eigenem Antrieb oder aus Sorge um ihr Image mehr wollen, als nur dem schnöden Mammon nachzujagen *(siehe Infobox „Salutogenese")*. Inzwischen ist der Gewinn für viele Topmanager etwas, das sie nur ungern in den Vordergrund stellen. Es sei denn, sie sprechen hinter verschlossenen Türen mit Finanzinvestoren und weiteren am Nettoergebnis interessierten Shareholdern. Aber selbst deren Weltbild hat sich offenbar vergemeinschaftet: „Die Gesellschaft verlangt, dass Unternehmen einem sozialen Ziel dienen. Ein Unternehmen, das keinen Sinn dafür hat, wird seine Ziele nicht erreichen." Dieser Satz, der einst als Parole aus sozialistischer Feder durchgegangen wäre, stammt von Larry Fink, Chef von Blackrock, dem weltweit größten Finanzinvestor.[206]

206 *zitiert nach Handelsblatt, 16.01.2018*

Salutogenese

In den 1970er-Jahren, während der ersten Humanisierungswelle in der Arbeitswelt, machte der israelisch-amerikanische Soziologe Aaron Antonovsky auf das Sinnthema aufmerksam (Changement 8/18, S. 34–35). Er fragte nicht, was die arbeitenden Menschen krank macht, sondern was sie gesund hält. Maßgeblich dafür sei das Zusammenspiel von drei Faktoren: Verstehbarkeit als Fähigkeit, die Wirkungsweise des eigenen Lebens zu erfassen, Handhabbarkeit als Überzeugung, das eigene Leben gestalten zu können, und Sinnhaftigkeit als Vermutung, dass das eigene Leben von Bedeutung ist. Diese drei Komponenten lesen sich wie die Überschriften zu einem Veränderungsprojekt: Wissen, Können und Wollen.

Der US-amerikanische Kulturanthropologe Simon Sinek hatte vor zehn Jahren die bereits seit der Antike bekannte Warum-Frage einem Relaunch unterzogen.[207] Mit seiner Kernbotschaft traf er nach mehr als zwei Jahrzehnten Neoliberalismus, Laissez-faire und Shareholder Value und am Höhepunkt der Finanzkrise den Nerv des Zeitgeists: Menschen kaufen nicht, was man macht, sie kaufen, warum man etwas macht. Seither beschäftigen sich Organisationen wieder vermehrt mit ihrem Daseinszweck. Produkte und Services stehen erst am Ende unternehmerischer Überlegungen, zuvor müssen grundlegende Fragen beantwortet werden. Mit Ansätzen wie Mission Statement, Value Proposition und vielem mehr versuchten Firmen bekanntermaßen schon früher, ihr Dasein in der Wertewelt zu verankern. In der mitteleuropäischen Kultur ist man damit beim Sinn (Meaning) angelangt, mit dem etwas Metaphysisches ausgedrückt wird, das eine gewisse Geistigkeit aufweist und über das Alltägliche hinausweist. Wohingegen die Zielsetzung in der angloamerikanischen Kultur pragmatischer und deswegen utilitaristischer angegangen wird; dort wird in erster Linie nach der Nützlichkeit und dem Zweck (Purpose) gefragt.

207 *Sinek, S.: Start With Why. How Great Leaders Inspire Everyone to Take Action, 2009*

Jedenfalls ist für viele Firmen der Existenzgrund brüchiger geworden, weil er von immer weniger Menschen, die diesem Unternehmen nicht angehören, verstanden und anerkannt wird. Sogar viele Führungskräfte und Mitarbeiter sind zunehmend verunsichert. Warum braucht es heute einen Autohersteller wie Opel oder ein Finanzinstitut wie die Deutsche Bank? Die Antworten darauf fallen nicht leicht. Zumal die häufigen Richtungswechsel mancher Organisationen nur noch als Hin und Her empfunden werden, ohne echtes Ziel und rechten Plan. Es werden inzwischen aber überzeugende Antworten verlangt, gerade in Zeiten des Wandels. Daher formulieren Unternehmen ihren Purpose. Wobei es Managern auf allen Ebenen auch ein persönliches Anliegen ist, dem Unternehmen ein wertebasiertes Fundament zu gießen.

Der Purpose hat zwei Hauptfunktionen:
» Als Reaktion auf die zunehmende Ähnlichkeit vieler Warenwelten strebt Purpose die Distinktion des Unternehmens im Wettbewerb an. Der Sinn und Zweck will den externen Stakeholdern der Firma – insbesondere den Kunden – einen überlegenen Existenzgrund zeigen, etwa durch Humanität, Nachhaltigkeit und ähnliche gesellschaftlich anerkannte Werte. Dadurch sollen die Akzeptanz, das Image und die Reputation der Organisation steigen. Das Topmanagement will ein zusätzliches Kaufargument anbieten und sich gegen äußere Kritik – von welcher Seite auch immer – wappnen.
» Als Reaktion auf die Fliehkräfte in der Arbeitswelt zielt Purpose auf die Identifikation der Belegschaft mit dem Unternehmen. Der Sinn und Zweck soll den Führungskräften und Mitarbeitern vor allem Ausrichtung und Gemeinschaft bieten, für Alignment und Retention sorgen, das Engagement aller beflügeln und die Motivation für anstehende Transformationen sicherstellen. Die Erwartung ist, dass Arbeitnehmer sich im organisatorischen Psychotop wohlfühlen, weil es mit einem schönen Daseinsgrund aufwartet, der im Privatleben mit Stolz vorgeführt werden kann.

208 Perrow, C.: Complex Organizations: A Criticial Essay, 1986 (3. Aufl.), S. 129
209 Ulrich, D. u. a.: The Why of Work: How Great Leaders Build Abundant Organizations That Win, 2010; Pink, D.: Drive, 2011; Scharmer, C. O./Käufer, K.: Leading from the Emerging Future: From Ego-System to Eco-System Economies, 2013; Laloux, F.: Reinventing Organizations, 2015

Mit beidem verbessert Purpose natürlich auch die Bilanz. Ist dies also die Meta-Funktion, geht es letztendlich doch nur um profitables Wachstum? Zumal die Sinngebung (ähnlich wie die Organisationskultur) kein ökonomisches Ziel an sich darstellt, sondern der mehr oder weniger elegante Versuch ist, das Unternehmen und seine Mitarbeiter weiterhin zu kontrollieren.[208] „Ja, genau", geben viele Topmanager zu, wenn man den Schleier ihrer Worthülsen lüftet (bigger profits that also profit the world). „Nein", sagen Simon Sinek und weitere Sinnstifter,[209] denn Organisationen sollen nach etwas Höherem streben, das sich von der ökonomischen Rationalität abhebt.

Es ist wohl so, dass in dieser Zwickmühle erneut das Jein die stimmigste Antwort bringt: Purpose zielt auf mehr als den Profit, aber eine businesskritische Ausrichtung darf er keinesfalls annehmen. Für den Change-Leader wird der Spagat aus Profit und Purpose zur anspruchsvollen gymnastischen Übung. Er muss entscheiden, wie viel ihm der langfristig wirkende Purpose wert ist und auf welchen kurzfristigen Profit er verzichtet. Und er sollte dieser Linie selbst bei süßen Verlockungen naheliegender Opportunitäten treu bleiben, sonst wird der Verrat am Purpose zum Sargnagel seiner Glaubwürdigkeit. Ohnehin steht das Business unter dem Generalverdacht, dass es weniger um Purpose als um Marketing geht, mit dem menschliche Fantasien und Sehnsüchte angesprochen werden. Das ist zwar nicht verwerflich, wäre aber Projektmarketing in Reinform.

Purpose Management hat derzeit Rückenwind. In der VUCA-Welt befinden sich viele Menschen auf einer individuellen Sinnsuche. Unternehmen sind ihnen dabei gern behilflich und entwickeln mittels Sinnstiftung eine spezifische Bewusstseinswelt, gerade in Zeiten organisatorischen Wandels *(siehe Infobox „Purpose Management")*. Das Konzept wirkt gegenwärtig fast schon wieder übertrieben, noch aber ist Purpose nicht ausgereizt. Übrigens: Kommunikativ noch besser als der Sinn funktioniert bei Veränderungsprojekten sein Gegenteil – Blödsinn oder sogar Wahnsinn. Die Bezeichnung eines Vorschlags als Nonsens ist ein beliebtes Killerargument.

210 Schnell, T.: Psychologie des Lebenssinns, 2016; Ullrich, W.: Wahre Meisterwerte: Stilkritik einer neuen Bekenntniskultur, 2017
211 Reckwitz, A.: Die Gesellschaft der Singularitäten: Zum Strukturwandel der Moderne, 2017

Purpose Management

Mittlerweile kann von einer Bekenntnisindustrie gesprochen werden, die insbesondere bei Wandelvorhaben den Sinnfragen einen dominanten Stellenwert zuspricht.[210] *Ähnlich der Inhalation, mit der bei Atemwegserkrankungen heilende Dämpfe die Beschwerden lindern sollen, will die „Sinnhalation" eine Organisation mit Wohlgeruch erfüllen.*

Bei Veränderungsprojekten hat Purpose Management eine hehre Zielsetzung. Die Kernfrage lautet: Wären die Märkte und die Gesellschaft ohne das, was dieses eine Unternehmen mit seinem Wandelvorhaben beabsichtigt und weshalb sich die Firma als einzigartig und unverzichtbar empfindet, eigentlich schlechter? Es gibt vermutlich nur wenige Organisationen, die sich bei der Beantwortung entspannt zurücklehnen und mit berechtigtem Stolz einen allseits akzeptierten höheren Zweck und tieferen Sinn bieten können. Und falls sie die Frage bejahen, müssten sie – wie etwa Apple – noch die Zusatzfrage beantworten, ob sie nicht nur etwas bedienen, das der Sozialwissenschaftler Andreas Reckwitz als „individuelles Verlangen nach Besonderheit" bezeichnet, was bekanntlich ein sehr flüchtiges Argument mit geringem Nutzen für das Gemeinwohl ist.[211] *Zudem wäre die Einschätzung unabhängiger Dritter einzuholen, ob es sich um „fact purpose" oder um „fake purpose" handelt.*

Denn mit „purpose washing" wächst die Gefahr, keine brillante, sondern eine bigotte Organisationskultur zu fördern. Seit Aristoteles wissen wir nämlich, dass Glaubwürdigkeit aus drei Komponenten besteht: emotionale Sympathie (Pathos), faktische Richtigkeit (Logos) und moralische Integrität (Ethos). Zu oft konnte man in der jüngeren Vergangenheit erleben, dass heiliggesprochene Unternehmen über Nacht mehr als nur einen Kratzer abbekommen haben und wieder auf ein irdisches Maß gestutzt worden sind, aus eigenem Verschulden.

Mit Zweifeln, kritischen Fragen und nicht überzeugten Stakeholdern ist jederzeit zu rechnen. Purpose Management wird deshalb stets zwei Stränge haben: Erstens, die innere und äußere Wahrnehmung des Unternehmens zu verbessern, etwa um weitere Pluspunkte auf der Habenseite von Transformationen zu verbuchen und diese mehrheitsfähig zu machen. Dies begründet den Zweck. Zweitens, dem Ökosystem rational und emotional zu erläutern, dass es gute Gründe gibt, warum diese Firma auch in Zukunft existieren muss. Dies untermauert den Sinn.

Artikel zur Vertiefung: hbfm.link/c9

Diversität

Die Kölner wissen es längst: „Jede Jeck es anders." Menschen sind verschieden. Und sie werden immer unterschiedlicher, die gesellschaftlichen Megatrends Individualisierung und Pluralisierung stehen für diese Entwicklung. Weil dies ein soziales Faktum ist, kann der Change-Leader nicht davon ausgehen, sämtliche Mitarbeiter gleich zu behandeln. Bei Wandelvorhaben wird Diversität zum Komplexitätstreiber *(siehe Spannungsfeld 7)*.

Wenn die Organisation aus einem Guss wäre, würde ihre Veränderung deutlich leichter fallen. Das ist sie aber längst nicht mehr. Kulturell noch am homogensten sind kleine Firmen und viele jugendliche Firmen (Startups), was ein oft übersehener Grund für deren Dynamik ist. Die meisten Unternehmen, besonders globale Konzerne, sind hingegen höchst divers. Das erfordert bei Transformationen eine Differenzierung bzw. Segmentierung der Beschäftigten oder zumindest die Überlegung, ob und wo diese erforderlich wird – trotz daraus entstehender Komplexitätskosten.

Bei Wandelvorhaben werden zahlreiche Gründe vorgebracht, warum eine einheitliche Lösung nicht überall passt: „Wir sind anders und benötigen deswegen etwas Spezielles." Es gibt bei Veränderungsprojekten sechs wesentliche Unterschiede, die beachtet werden müssen:
» Divisionen: Viele Firmen sind in mehreren Geschäftsfeldern aktiv, die verschiedenartige Anforderungen und Marktsituationen aufweisen, teilweise sogar im Wettbewerb miteinander stehen. Die in Business Units gegliederten Konglomerate haben zudem Bereiche, die als hübsche Schwester gelten, weil sie hohe Gewinne erwirtschaften, und andere Bereiche, die das hässliche Entlein sind, weil sie nicht aus der Verlustzone kommen.
» Funktionen: Das Image der Betriebsbereiche schwankt je nachdem, wie wichtig sie für die Wertschöpfung sind, ob sie sogar als erfolgskritischer Engpass gelten und wie die Qualität ihrer Leistungen empfunden wird. Üblicherweise hat das sogenannte Frontend ein besseres Standing als das Backend, also die unterstützenden Bereiche wie IT und HR, deren Stellenwert oft gering ist. Auch der jeweilige Leader einer Funktion trägt maßgeblich zur internen Positionierung seines Bereichs bei.

» Kulturen/Regionen: Globale Firmen sind in zahlreichen Ländern tätig, die in Folge kultureller Unterschiede vielgestaltig zu bearbeiten sind, selbst auf nationaler Ebene, international sowieso. Der Bielefelder ist anders als der Münsteraner, die Burgenländerin anders als die Tirolerin und der Schweizer anders als der Deutsche, zumindest im typischen Durchschnitt. Solche teilweise erheblichen Unterschiede können mit den Kulturdimensionen des niederländischen Organisationsanthropologen Geert Hofstede oder ähnlichen Instrumenten analysiert werden.[212]

[212] Hofstede, G.: Cultures and Organizations: Software for the Mind, 2010 (3. Aufl.)

» Hierarchie: Unternehmen der Old Economy haben eine ausgeklügelte Rangordnung, mit der die Topmanager an der Spitze der Pyramide durch Status, Vorrechte und Entscheidungsmacht begünstigt sind. Was gleichzeitig ein attraktives Karriereziel für ambitionierte Mitarbeiter der unteren Ebenen darstellt. Veränderungsprojekte müssen auf die formellen und informellen Spielregeln sowie die Allüren eitler Stars Rücksicht nehmen, indem sie differenzierte Lösungen finden, die nicht als Downgrading oder Gleichmacherei empfunden werden. Der Change-Leader ist ständig in Gefahr, in ein Fettnäpfchen zu treten, besonders bei einem kulturellen Wandel, der heute meist das Ziel hat, die Auswüchse von Hierarchien abzuschwächen.

» Lebensphasen/Generationen: Das Lebensphasenkonzept nimmt an, dass Menschen im Verlauf ihres Daseins andersartige Bedürfnisse und Einstellungen entwickeln. Dies merkt jeder an sich selbst beim Älterwerden. Das Generationenkonzept stellt fest, dass Menschen je nach Geburtszeitpunkt andersartige Stimmungen und Erfahrungen mitbringen. Dies spürt jeder beim Blick auf seine Eltern und Kinder. Nun haben Firmen mehrere Alterscluster beschäftigt, bis zu fünf Generationen, von den Silver Hairs an der Schwelle zum Ruhestand (dem einstigen 68er-Protest) bis zu den jungen Auszubildenden der Generation Z. Diese Generationen weisen Change-relevante Unterschiede auf, die in empirischen Studien teilweise nur schwach ausgeprägt sind, zumal sie dort oft mit Alterseffekten vermischt werden. Aus dem sogenannten Kohortenkonzept ist jedoch die Überzeugung gewachsen, dass es erhebliche Unterschiede zwischen den Generationen gibt, die in ihrer Reifungsphase vom jeweils herrschenden Zeitgeist geprägt werden. Deshalb hat der Babyboomer Thomas (*1960) eine andere Sicht auf Veränderungen als Tom (*1990) aus der Generation Y.[213]

[213] Mannheim, K.: Das Problem der Generationen, in: Wissenssoziologie, 1970 (2. Aufl.), S. 509–565; Changement 7/17, S. 25–27; 1/18, S. 4–6

» Meinungen/Haltungen: Zwar hat bereits vor einem halben Jahrtausend der französische Humanist Michel de Montaigne mit seiner selbstkritischen Frage „Was weiß ich?" die individuelle Urteilskraft in Zweifel gezogen. Aber mehr denn je sehen manche Führungskräfte und Mitarbeiter ihre ureigene Sichtweise als absolut an, womit inhaltliche Diskussionen für sie zur Zeitverschwendung werden. Noch resoluter als bei ihren Meinungen sind manche Menschen bei ihren inneren Grundeinstellungen, die durch ein normatives Fundament zementiert sind. Haltungen, Wertesysteme und Menschenbilder sind dann nicht verhandelbar, bereits der Versuch dazu wird abgelehnt und oft als Angriff empfunden.

Hinzu kommen Unterschiede, die in Vorschriften wie dem deutschen Allgemeinen Gleichbehandlungsgesetz vor Diskriminierung geschützt sind und unter Umständen schon allein deshalb bei Veränderungsprojekten eine Differenzierung erfordern, also beispielsweise das Geschlecht und das Alter. Der Change-Leader könnte es sich nun einfach machen und es mit dem Philosophen Walter Benjamin halten, dem die Aussage zugeschrieben wird: „Jeder kann seine Weltsicht haben, aber manche verdient Prügel." Ganz so einfach wird es allerdings nicht, denn bei der Gestaltung des Wandels pochen die diversen Betroffenen vehement auf die Berücksichtigung ihrer spezifischen, subjektiven Interessen *(siehe Infobox „Homogener Trugschluss")*. Wobei – dies ist die Schattenseite von Diversität – die Betonung von Unterschieden langfristige Probleme mit sich bringt *(siehe Infobox „Othering")*.

214 Cantrell, S. M./ Smith, D.: Workforce of One: Revolutionizing Talent Management Through Customization, 2010

Homogener Trugschluss

Der Gegensatz von Vielfalt ist Gleichheit. Für alle aufgeführten Diversitäten gibt es Verfechter der jeweiligen Homogenitätsthese, die sogenannten Universalismus- und Konvergenztheorien. Unterschiede seien belanglos oder würden sich bald legen. Beispiel Generationen: Empirisch lässt sich nachweisen, dass die Abweichungen innerhalb einer Gruppe (etwa in der Generation Y) größer sind als die zwischen den Mittelwerten der verschiedenen Gruppen (etwa Generation Y im Vergleich mit den Babyboomern). Statistisch gesprochen ist die Intra-Gruppen-Streuung größer als die Inter-Gruppen-Streuung. Das ist richtig: Die Millionen von Menschen in einer Schublade lassen sich nicht auf einen einzigen Nenner bringen. Dennoch gibt es charakteristische Unterschiede zwischen den Schubladen, die der Change-Leader nicht außer Acht lassen kann. Wenn er den jugendlichen Brasilianer, die selbstbewusste Österreicherin und den hierarchiegewohnten Koreaner demselben Kommunikationskonzept aussetzt, wird er Überraschungen erleben.

Wegen der Diversität ist es in nicht autoritären Organisationen schier unmöglich, bei Wandelvorhaben einen einzigen Standard durchzusetzen. Die Heterogenität und die Zentrifugalkräfte sind stärker als die Homogenität und die Zentripetalkräfte. Veränderungsprojekte erzwingen die Wahl zwischen zwei Übeln: die Standardlösung mit Macht durchsetzen; dies wäre diktatorisch. Die Aufsplitterung der anfänglichen Lösungsidee zulassen; dies wird ineffizient. Heute hat der Change-Leader meist nicht einmal mehr die Wahl, sondern kann allenfalls noch versuchen, die Zahl der Varianten kleinzuhalten, etwa durch Segmentierung. Zum Worst Case werden Individuallösungen, die bis zur maßgeschneiderten Einzelfertigung („Extrawurst") reichen können.[214]

Manche Change-Leader bleiben dennoch auf ihrem Harmonisierungskurs, werden durch schlanke Konzepte von Beratungsunternehmen darin bestärkt und von einheitlichen Prozessen der Kompetenzcenter im Headquarter dazu ermuntert. Aber Vorsicht: Obwohl Diversität vielerorts zum Kern der Organisationskultur erhoben worden ist und Heterogenität ausdrücklich begrüßt wird, zeigt sich stattdessen eine Wirklichkeit im Unternehmen, die Homogenität auf Biegen und Brechen verteidigt. Jedem Andersartigen wird dieser offensichtlich fortbestehende Einheitsbrei sauer aufstoßen. Falls eine Firma Heterogenität anbietet, muss sie aufhören, weiter auf Homogenität zu setzen.

Othering

Der Begriff Othering ist vom englischen Adjektiv „other" abgeleitet. Seine Funktion liegt in der Differenzierung vom „anderen": Über die Assoziationen „unnormal, abweichend, befremdlich" errichtet es eine Schranke zwischen „uns", den scheinbar Richtigen, und „jenen", den anderen und damit angeblich Verkehrten. Das Othering nutzt diese Distanzierung, kann bei Veränderungen ein Wir-Gefühl erzeugen und Energien für den Wandel freisetzen. Andererseits birgt die übertriebene Anwendung erhebliche Risiken, besonders für die Zeit nach der Transformation.

Vier Beispiele, wie Othering bei Veränderungsvorhaben gezielt eingesetzt wird:
- » *Bei Merger-Prozessen, wenn sich die Führungskräfte und Mitarbeiter des kaufenden und des gekauften Unternehmens gegenseitig beäugen. Die spätere Post-Merger-Integration hat dann das kulturelle Hauptziel, das Fremdeln möglichst zu beenden.*
- » *Bei Reorganisationen, bei denen es um „die" oder „uns" geht, weshalb von den Betroffenen ein günstiges Selbstbild und ein unansehnliches Fremdbild gezeichnet wird. Entscheider begegnen dem Othering am besten mit nüchterner Analyse.*
- » *Bei der Digitalisierung, wenn sich Innovatoren beim Auftritt kraftvoll von der Old School abwenden. Diese Abgrenzung wird gezielt eingesetzt, um altbackene Lösungen loszuwerden, die als untauglich für die Zukunft erscheinen.*
- » *Bei der Inszenierung der relativen Marktposition als Vorsprung oder Rückstand gegenüber dem Wettbewerb. Damit lässt sich für die vorgesehenen Maßnahmen der Buy-in der Akteure sicherstellen, die sonst keinen Anlass für ihre Anstrengung erkennen.*

Dabei verfolgt das Othering zwei Strategien. Die eine betont den Unterschied zur Fremdgruppe (rivalisierende Strategie), die andere die Gemeinsamkeit der Eigengruppe (integrierende Strategie):
- » *Der kompetitive Persönlichkeitstypus schöpft seinen Antrieb und sein Selbstwertgefühl aus dem Othering und möchte daher immer wieder beweisen, dass die anderen schlechter, dümmer und fauler sind als er. Hier müssen bei Veränderungen Wege aus dem personenfixierten Othering gefunden werden, um wieder auf der Sachebene diskutieren zu können.*
- » *Es gibt aber auch einen solidarischen Persönlichkeitstypus, der das Othering nutzt, um Verbundenheit, Gemeinschaft und Einigkeit in einer Gruppe aufzubauen. Bei Veränderungen stößt die damit bezweckte Identitätsbildung jedoch an ihre Grenzen, wenn über den Kopf der Freunde hinweg harte Entscheidungen getroffen werden müssen, die als Abschied von der Solidarität gewertet werden.*

Die größte Gefahr liegt darin, dass die bewusst betonten Gegensätze nach der Transformation weiterwirken und sich als Diskriminierung zementieren. Möglicherweise muss sogar eine aktiv gestaltete Wiederannäherung stattfinden, damit das Othering keine unüberwindbaren Feindbilder zurücklässt, die in der Gegenwart neue Konflikte erzeugen und in der Zukunft eine Kooperation verbauen. Der kurzfristige Nutzen des Othering muss deshalb gegen seine unerwünschten und meist langfristigen Nachwirkungen abgewogen werden.

Artikel zur Vertiefung: hbfm.link/c10

Ressourcen

Wandelvorhaben wirken gelegentlich wie Weihnachten und Ostern zusammen. Wünsche sollen wahr werden und ohne Wunder geht es nicht. Erstaunlich viele Topmanager haben die Überzeugung, dass eine Veränderung trotz leerem Säckel und über Nacht gelingt. Wo immer es solche Träume gibt, da treten in der Marktwirtschaft auch Anbieter auf, die zur Traumtänzerei einladen. Zwielichtige Dienstleister sind erpicht darauf, menschliche Fantasien anzusprechen. Dann geht es bei Veränderungsprojekten zu wie bei der Werbung für Haarwuchsmittel. Oder die Verantwortlichen entwickeln Porsche-Träume und verfügen nur über ein Dacia-Budget. Der Change-Leader wird realistischer handeln – hoffentlich. Wenn seine Firma nicht genügend Zeit für den Wandel hat, wird er es bleiben lassen. Und wenn sie kein Geld ausgeben möchte, lässt er es ebenfalls sein.

Jede Veränderung erfolgt im Dreiklang der inhaltlichen Zielsetzung („on target"), der Zeitvorstellung („in time") und dem Finanzspielraum („at budget"). Wer sich Neues vornimmt, braucht Zeit und Geld. Fehlende Ressourcen begrenzen das Machbare:
» Zeit, weil sie schneller verrinnt, als viele Manager es wahrhaben wollen.
» Geld, weil Change die bewusste Investition in eine bessere Zukunft ist.

Werden die Zeit zu kurz und das Geld zu knapp angesetzt, ist das für eifrige Change-Leader erst recht ein Ansporn: „try harder". Mit einer überaus ambitionierten Projektplanung und einem allzu optimistischen Ergebnisversprechen gehen sie freilich ein erhebliches Umsetzungsrisiko ein. Mit der doppelten Gefahr: länger als projektiert, teurer als budgetiert. Empfehlenswert sind deshalb eine vorsichtige Einschätzung zum Zeitmanagement (Timeboxing), eine aufrichtige Bewertung von Nutzen und Kosten (Business Case) und eine ernsthafte Problemanalyse samt Risikomanagement (Risk Mitigation). Konstruktiv-kritische Beurteilungen von unabhängigen Experten (Second Opinion) eignen sich dafür weitaus besser als jedes Auftragsgutachten von interessengeleiteten Dienstleistern.

Jedes Wandelvorhaben hat das Ziel, eine Organisation für die Zukunft besser aufzustellen. Deswegen ist ein Veränderungsprojekt als ganz normale Investition zu betrachten. Eine, die Zeit erfordert, bis sie wirksam ist, und eine, die Geld benötigt, damit die erforderlichen Maßnahmen bezahlt werden können. Michael Prochaska, Vorstand beim Motorsägenbauer Stihl, redet Klartext: „Projekte sind schnell beschlossen, Grobpläne rasch gemacht. Beschlossen heißt aber noch nicht umgesetzt und geplant heißt noch nicht ausgestattet. Ein Vorhaben kann nicht erfolgreich sein, wenn die finanziellen und kapazitativen Ressourcen fehlen. Deswegen ist es oberste Pflicht, für die Allokation von Ressourcen zu sorgen. Mit Ehrgeiz ist manches Kapazitätsloch zu stopfen, ohne genügend Ressourcen wird sich das gewünschte Ergebnis aber nicht einstellen." (Changement 7/18, S. 10–11)

Ökosystem: Branchentrends und Stakeholder

7

Branchentrends

Die Stimmungslage einer Firma vor der Veränderung streut von heiter, beschwingt und lebensfroh bis zu düster, bedrückt und schwermütig. Entscheidend ist die jeweilige Zukunftsperspektive. In der Wirtschaft gibt es ein Leben auf der Sonnenseite und eines auf der Schattenseite. Das trifft meist für ganze Branchen zu, wie eine Analyse des Wirtschaftsforschungsinstituts Prognos für die nächsten zwei Jahrzehnte zeigt (Changement 1/17, S. 36–37): Die reale (inflationsbereinigte) Wertschöpfung der Gesamtwirtschaft steigt in Deutschland Jahr für Jahr im Durchschnitt um 1,3 Prozent von derzeit 2,5 auf dann 3,5 Billionen Euro *(siehe Abbildung 20)*.

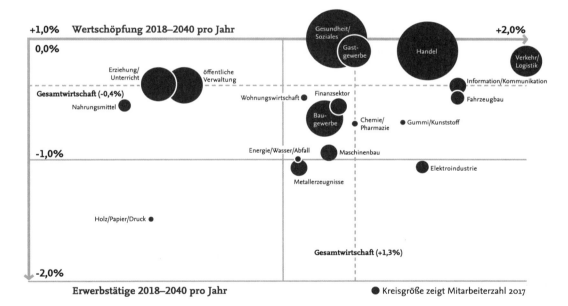

Abbildung 20: Branchenentwicklungen bis 2040 (Daten für Deutschland, Stand 2017)

Gleichzeitig nimmt die Zahl der Erwerbstätigen in Deutschland um jährlich 0,4 Prozent ab. Sind es gegenwärtig noch über 43 Millionen Beschäftigte, so sinkt deren Zahl bis 2040 um fast vier Millionen auf unter 40 Millionen. Auf den ersten Blick erscheint dies wenig zu sein. Aber es bedeutet Tag für Tag ein bundesweites Minus von 400 Beschäftigten. Für die nächsten zwei Jahrzehnte gibt es etwa alle dreieinhalb Minuten einen Erwerbstätigen weniger. Dieser Rückgang liegt einerseits an den demografischen Effekten einer alternden Gesellschaft. Andererseits zeigt sich die Substitution von Arbeit durch Kapital in Folge von Digitalisierung und Automatisierung. In keiner einzigen Branche wird ein Stellenzuwachs erwartet. Schon durch diesen makroökonomischen Doppeleffekt – steigende Wertschöpfung mit schrumpfender Belegschaft – sind in den kommenden Jahren Transformationen absehbar, zusätzlich zu den sonstigen Veränderungsprojekten einzelner Firmen.

Von der generellen Entwicklung im jeweiligen Wirtschaftssektor kann nur bedingt auf die konkrete Perspektive einzelner Unternehmen geschlossen werden. Auch bedeuten die Rückgänge bei den Erwerbstätigen eher selten Entlassungen in Folge von Abbauprogrammen als vielmehr eine natürliche Fluktuation älterer Beschäftigter und einen Verzicht auf Neueinstellungen (auch mangels Möglichkeiten). Die großen Engpässe am Arbeitsmarkt stehen erst noch bevor. Themen wie Employer Branding und Candidate Experience sowie das Retention Management werden zukünftig immer wichtiger.

Solche Herausforderungen werden Wandelvorhaben mehr und mehr mitbestimmen. Beispiel: Die bis vor kurzem noch erfolgsverwöhnten Branchen wie Maschinenbau und Fahrzeugbau, Chemie und Pharmazie, aber auch die Elektroindustrie sind künftig immer weniger die Crème de la Crème. Es wird allenfalls einzelnen Unternehmen gelingen, in Zukunft noch als Leuchtturm herauszuragen. Change Management in den anderen Firmen wird diesen Normalisierungsprozess, der von vielen ihrer Beschäftigten als Abstieg empfunden werden wird, berücksichtigen müssen. Diese Erfahrung machen Branchen wie Finanzdienstleister und Energieversorger schon seit geraumer Zeit. Veränderungsprojekte mit brüchiger Zukunftsperspektive und übermäßiger Vergangenheitsverklärung haben einen Klotz am Bein. Wenig verheißungsvolle Aussichten können das Topmanagement sogar dazu bringen, dass die Risikobereitschaft bei Transformationen steigt: wacklige Fremdfinanzierung, Akquisition von Problemfirmen, Produktionsverlagerung in Risikoregionen, Kostensenkung bis auf die Knochen der Organisation.

Stakeholder

Bei jeder Transformation verstärken sich die Konflikte im Vergleich zum normalen Dissens im Alltag. Der Change-Leader muss die sogenannten Stakeholder berücksichtigen, um ein Veränderungsprojekt erfolgreich umzusetzen. Stakeholder sind sämtliche internen und externen Akteure, die beim Wandel ein spezifisches Anliegen haben und es durchsetzen wollen. Der Begriff stammt von „to be at stake" und bedeutet, dass für jemanden etwas Wichtiges auf dem Spiel steht.

In demokratischen Gesellschaften gibt es bei jedem Thema mindestens zwei Meinungen: dafür und dagegen. Dies trifft für Positionsthemen zu, bei denen es wegen unterschiedlicher persönlicher Interessen gegenläufige Sichtweisen gibt. Aber auch bei Wertethemen, die an der Oberfläche einvernehmlich erscheinen, kommt es beim Zielbild und bei dessen Verwirklichung zu vielfältigen Auffassungen. Um die politische Konstellation einschätzen zu können, ist eine Analyse der Stimmungen sämtlicher Betroffenen ratsam. Daraus entsteht eine Kartografie der Machtverhältnisse (siehe Infobox „Stakeholder Mapping"). Klaus Endress, Chef der gleichnamigen Schweizer Unternehmensgruppe, rät dazu: „Wenn jemand das Gefühl hat, durch Veränderungen an Einfluss oder Bedeutung zu verlieren, hält derjenige möglicherweise stark dagegen. Deshalb muss man sich mit dem Denken der wichtigsten Beteiligten auseinandersetzen: Welche Bedenken, Befürchtungen und Ängste könnten sie haben? Dafür muss man nahe bei den Menschen sein, die Hand am Puls der Beteiligten haben." (Changement 8/17, S. 17)

215 Claßen, M.: Change Management aktiv gestalten, 2013, S. 131–134

Stakeholder Mapping

Im ersten Schritt des Mapping werden die Stakeholder identifiziert. Leitfrage: Wer hat ein irgendwie geartetes Interesse an der Transformation? Dieser Auftakt listet sämtliche Akteure innerhalb und außerhalb der Organisation auf, wobei ähnliche Player zusammengefasst werden können.

Der zweite Schritt analysiert die Stakeholder entlang dreier Aspekte.
1. *Betroffenheit von der Veränderung (Change Relevance):*
   Leitfrage: Wer ist vom Wandel konkret und direkt betroffen?
Dabei wird untersucht, ob die Transformation für die Stakeholder eine wichtige Hauptsache oder lediglich eine beiläufige Kleinigkeit ist. Wie diverse Studien[215] zeigen, gibt es zwei Tendenzen. Die Betroffenheit von einer Veränderung sinkt mit der hierarchischen Position – das Topmanagement muss sich weniger an das Neue anpassen als mittlere Führungskräfte und einfache Mitarbeiter – sowie mit der Entfernung vom Kern des Unternehmens – die Belegschaft ist stärker von der Veränderung berührt als externe Akteure.
2. *Bedeutung für die Veränderung (Change Impact):*
   Leitfrage: Wer hat Einfluss auf den Wandel und spielt dabei eine gewichtige Rolle?
Bei dieser Analyse dreht sich das Bild, anders als bei der Betroffenheit gilt bei der Bedeutung das Top-down-Prinzip. Trotz partizipativer Trends ermöglicht eine hohe hierarchische Position tendenziell die größten Gestaltungsmöglichkeiten. In Unternehmen resultieren Standing und Power eines Stakeholders zudem maßgeblich aus seinem wirtschaftlichen Erfolg. Große Sales und hoher Profit sind starke Argumente. Manager aus Verlustbereichen, kleineren Einheiten und Querschnittsfunktionen spielen nur Nebenrollen, es sei denn, sie beherrschen die mikropolitischen Spielregeln.
3. *Einstellung zur Veränderung (Change Readiness):*
   Leitfrage: Wie wird der Wandel aus der persönlichen Perspektive beurteilt?
Nun wird analysiert, wie jeder Stakeholder zur Veränderung steht und welche Position er auf der Stimmungskurve einnimmt. Dabei ist es ratsam, realistische Einschätzungen vorzunehmen und nicht davon auszugehen, dass viele Akteure zustimmen.

Im dritten Schritt werden die Stakeholder einzeln und möglichst detailliert charakterisiert. Leitfrage: Wie kann der Stakeholder für die Veränderung gewonnen werden? Dabei fallen in der Praxis immer wieder Begriffe wie „Einzelmassage", „aufgleisen" oder „einnorden". So etwas klingt manipulativ und verdeutlicht, dass der Faktor Macht bei der Durchsetzung des Wandels von erheblicher Bedeutung ist.

Das Stakeholder Mapping liefert eine Momentaufnahme, die am besten ganz am Anfang des Wandelvorhabens vorgenommen wird und dann im Verlauf des Veränderungsprojekts regelmäßig fortgeschrieben wird. So wichtig das Mapping ist, so heikel kann es werden, da sensible Informationen und eine durchaus delikate Taxierung bedeutsamer Akteure auf den Punkt gebracht werden. Es besteht die Gefahr, sich ordentlich die Finger zu verbrennen. Daher sollte die Analyse nur im kleinen Kreis und unter dem Siegel der Verschwiegenheit stattfinden.

Artikel zur Vertiefung:
» Stakeholder Mapping: hbfm.link/c11
» Mikropolitik: hbfm.link/c12

Umgang mit Spannungsfeldern

„Ich stehe jeden Morgen auf, hin- und hergerissen zwischen dem Wunsch, die Welt zu verbessern, und dem Wunsch, die Welt zu genießen. Das macht es schwer, den Tag zu planen." E. B. White, US-amerikanischer Schriftsteller

Keine App, noch nicht

Bei den Vorgesprächen zu diesem Buch entstand die Idee, eine App zu entwickeln, mit der die jeweils beste Lösung auf Knopfdruck angezeigt wird. Das geht (noch) nicht! Mit Spannungsfeldern als Denkfigur löst man sich aus der digitalen Welt mit ihren binären Codes. Weil der Raum zwischen den beiden Polen viele Möglichkeiten bereithält und die Auswahl, Gewichtung und Ergänzung der zahlreichen Aspekte (Wenn-Fragen) besser noch dem Menschen überlassen bleiben. Ohnehin ist bei Transformationen das Schwarz-Weiß-Denken nur etwas für unerschütterliche Dogmatiker, die sich dem bunten Zwischenraum der beiden Extreme verschließen. Denn bei der besten Lösung kommt es, liebe Leserinnen und Leser, Sie kennen diesen Satz inzwischen zur Genüge, auf die Umstände an.

Digitale Systeme sind derzeit noch nicht besonders gut darin, den Kontext einer spezifischen Situation zu erkennen und zu bewerten. Die automatisierte Urteilskraft künstlicher Intelligenz, die es für die Einschätzung bräuchte, scheitert bis auf Weiteres an der Komplexität von Veränderungsprojekten. Der App müssten ganz viele Regellogiken („wenn x, dann y") einprogrammiert werden, die aber weitgehend fix bleiben, selbst wenn heute mittels maschinellen Lernens „künstliche" Erfahrungen erzeugt werden können. Dem technisch erzeugten Kontextverständnis geht es aber ähnlich wie dem Spurhalteassistenten im Fahrzeug: Auf der Autobahn hat er es leicht, auf kurvigen Landstraßen fällt es ihm schon schwerer und innerorts gerät er rasch an die Grenzen seiner Leistungsfähigkeit. Und der Kontext von Wandelvorhaben ist noch weitaus verworrener. Veränderungsprojekte sind voller Schlaglöcher, verlaufen auf unbefestigten Pfaden, die in keinem Navigationssystem verzeichnet sind. Bei einem organisatorischen Wandelvorhaben kämen selbst die weltbesten Roboter schnell vom richtigen Weg ab. Weil Change-Leader, wenn sie sich nichts vormachen, die Situation besser einschätzen können, Abhängigkeiten bemerken und Unmögliches ausschließen, sind sie gegenwärtig allen technischen Lösungen überlegen.

Der künstlichen Intelligenz fehlt noch etwas Zweites: ein ethischer Kompass. Die meisten Spannungsfelder werden wesentlich von normativen Urteilen bestimmt. Daher müsste man der App die moralische Einschätzung von Entscheidern (bzw. das übergreifende Unternehmensleitbild) einprogrammieren oder mittelfristig über Userfeedback anlernen. Mit dem ethischen Kompass von Menschen und Organisationen ist das aber so eine Sache, nicht immer liegt der sogenannte Nordstern, der die Richtung vorgibt, im Norden. Erfahrungsgemäß zeigen Change-Leader und ihre Firmen bei der Auslegung von normativen Grundüberzeugungen eine gewisse Flexibilität.

Bewältigungsstrategien

Jedem Change-Leader sollte klar sein: Vor der Transformation braucht er ein Ziel. Was soll in der Zukunft besser werden? Die Spannungsfelder ergeben sich erst beim Wandelvorhaben, das zur Zielerreichung angestoßen wird, meist als Veränderungsprojekt. Wer sich schon bei der Begründung seiner Neugestaltung in Zielkonflikte verheddert, sollte es zunächst bleiben lassen.

Spannungsfelder per se bringen keine unüberwindbaren Probleme, selbst wenn jedes von ihnen zur Knacknuss werden kann. Die weitaus größere Schwierigkeit ist, dass sie von vielen Managern und Organisationen als gewaltige Probleme empfunden werden, die unter allen Umständen vermieden werden müssen. Dabei gehören Spannungsfelder zu den unvermeidbaren Fakten im (Berufs-)Leben.[216] Und sie zeigen, dass man lebt. Erst das Lebensende, der Tod, ist kein Spannungsfeld mehr, sondern unvermeidlich und ohne Gegenpol. Spirituelle Menschen glauben allerdings an die Zeit danach, übrigens wieder als Spannungsfeld aus Himmel und Hölle. In den vielen Jahren davor sollte man jedoch keinem Dogmatiker Glauben schenken, der eine unumstößlich und unverrückbar beste Lösung für ein Spannungsfeld parat hält. Morgen könnte der Kontext schon wieder anders sein. Dann passt das angepriesene Allheilmittel womöglich nicht mehr. Denn es kommt darauf an!

216 Luhmann, N.: Zweckbegriff und Systemrationalität: Über die Funktion von Zwecken in sozialen Systemen, 1973, S. 73; Neuberger, O.: Führen und führen lassen, 2002 (6. Aufl.), S. 337–370; Remer, A.: Management: Systeme und Konzepte, 2004 (2. Aufl.), S. 447–454; Martin, R.: The Opposable Mind: How Sucessful Leaders Win Through Integrative Thinking, 2007, S. 41–48

Abbildung 21:
Strategien im Umgang mit Spannungsfeldern

Je nachdem, ob ein Dilemma erkannt wird oder nicht und ob es angepackt wird oder nicht, gibt es vier grundsätzliche Bewältigungsstrategien *(siehe Abbildung 21)*:

1. Ausleben (Spannungsfelder weder erkennen noch anpacken):
Ausleben bedeutet, sein Dasein ohne Widersprüche zu genießen und einfach so zu tun, als ob das Leben keine Zwickmühlen bereithielte. Warum denn nicht, selbst wenn die Ignoranz von Spannungsfeldern als naive Strategie erscheinen mag? Sie erfolgt beispielsweise, wenn der Change-Leader beim Spannungsfeld 12 lediglich auf qualitativ-emotionale Ansätze setzt, deren Grenzen ausblendet und damit nur die softe Karte zückt. Für ihn bleibt der quantitativ-rationale Gegenpol unerheblich, obschon viele Manager kognitive Lösungen vorziehen. Unbewusst bleibt das Spannungsfeld beim Veränderungsprojekt ohne Belang. Übrigens: Diese Bewältigungsstrategie ist auch am Beginn von Modewellen zu beobachten, wenn der jeweilige Hype absolut gesetzt wird, sich viele Akteure auf den tonangebenden Pol des Spannungsfelds stürzen und relativierende Argumente zunächst keine Beachtung mehr finden. Bald schon aber bedienen sich die ersten Kritiker des Hypes bei den schlagkräftigsten Argumenten des Gegenpols, ihrerseits bemüht, durch schrille Töne Aufmerksamkeit zu erzielen.

2. Ausblenden (Spannungsfelder erkennen, aber nicht anpacken):
Dabei wird das Dilemma zwar gesehen, aber gegenwärtig als bedeutungslos erachtet und zumindest vorläufig ausgeklammert. Diese Vogel-Strauß-Taktik kennt die katholische Kirche bereits seit Jahrhunderten durch das Prinzip „nihil esse respondum" (Es soll keine Antwort gegeben werden). Damit kann die Lösung eines unlösbaren Glaubensstreits um „Wahrheiten" (bzw. um des Kaisers Bart) eine Zeit lang recht bequem vertagt werden, indem die gegenläufigen Sichtweisen weiterhin legitim bleiben. Wobei aufgeschoben nicht bedeutet, dass sich der Umgang damit erledigt hat. Dies ist etwa dann der Fall, wenn das Spannungsfeld 11 am Beginn einer Transformation keine Rolle spielt, weil noch keine heiklen Beschlüsse anstehen. Auch wenn vom Change-Leader die beiden Beteuerungen „Sachzwänge" oder „alternativlos" eingesetzt werden, ist die Ausblendung nicht weit. Wobei dies bei Veränderungsprojekten meist nur behauptet und selten begründet wird.

3. **Ausschalten** (Spannungsfelder nicht erkennen, aber anpacken):
Auf den ersten Blick erscheint dies unmöglich. Wie kann ein Dilemma nicht gesehen, aber dennoch bewältigt werden? Doch ein Dogmatiker macht genau dies, indem er von vornherein eine Festlegung trifft und – blind für das Spannungsfeld – einen der beiden Pole absolut setzt, ohne den Gegenpol mit seinen Argumenten einzubeziehen. Ideologien neigen zu dieser prinzipiellen, pauschalen und puristischen Bewältigungsstrategie. Sie beharren auf ihrer unanfechtbaren „Wahrheit" und lehnen den Plural dieses Begriffs ab. Zum Beispiel wird ein neoliberaler Fundamentalist beim Spannungsfeld 2 den Shareholdern sein uneingeschränktes Augenmerk widmen. Etwas anderes als das Credo der Wertschöpfung kommt für ihn nicht infrage. Deswegen immunisieren Dogmatiker ihre Weltsicht gegen Kritik, wie es der Religionswissenschaftler Thomas Bauer aufzeigt: „Ein angenehmer Nebeneffekt besteht darin, dass man jede noch so berechtigte Kritik als erzkonservatives Banausentum abtun kann, ohne selbst inhaltliche Argumente anführen zu müssen."[217]

4. **Aushalten** *(siehe nächste Seite)*

[217] Bauer, T.: Die Vereindeutigung der Welt: Über den Verlust an Mehrdeutigkeit und Vielfalt, 2018, S. 69

Immer wieder werden Spannungsfelder im ganzen Unternehmen ausgelebt, ausgeblendet oder ausgeschaltet. Als Beispiel sei auf ein Alltagsdilemma in Firmen verwiesen: die Nutzung von Mobilgeräten in Meetings (einerseits: Ablenkung und Störung der Teilnehmer; andererseits: Bedeutung des Weltgeschehens außerhalb des Workshops). Mitarbeiter zeigen alle drei Bewältigungsstrategien, falls sie gerade mal wieder daddeln: Spannungsfeld ausleben („Oh, fühlt sich jemand gestört"), Spannungsfeld ausblenden („Erst wenn es eine offizielle Verpflichtung gibt") und Spannungsfeld ausschalten („Muss für den Vorstand erreichbar sein").

Mitunter werden Spannungsfelder apodiktisch zur abwägungsfreien Zone erklärt, womit die Eindämmung oder sogar Vernichtung von Ambiguität versucht wird. Bei ästhetischen Fragen gibt es etwa den Glaubenssatz, über Geschmack lasse sich nicht streiten, er sei per se subjektiv und liege allein im Auge des Betrachters. Daher gäbe es kein Spannungsfeld „schön versus hässlich". Dass dies nicht stimmt, muss jeder Besucher einer deutschen Kleinstadt zugeben, selbst wenn er heimatliche Gefühle besitzt. Spätestens in der Fußgängerzone, beim Spaziergang zwischen Mobilfunkläden, Friseursalons und Dönerbuden wird klar, dass dort bei weitem nicht alles schön ist und es gewisse objektive Maßstäbe gibt, denen man sich nur mit großen Verrenkungen entziehen kann. Abwägung ist also auch bei geschmacklichen und weiteren unsachlichen Einschätzungen möglich! Zu einem der größten Verneiner der Abwägung wird übrigens der überzeugte Sportfan. Wer beim Fußball ein Anhänger von Borussia Dortmund ist, dem ist es völlig unverständlich, wie man überhaupt darüber nachdenken kann, ob Bayern München oder Schalke 04 bei guten Spielen beklatscht werden. Vermutlich ist gerade das der Reiz, sich endlich einmal nicht mehr erklären zu müssen, sondern aus „guten" Gründen ständig einseitig sein zu können.

Spannungsfelder aushalten

Für den Managementdenker Henry Mintzberg gibt es ein ultimatives Dilemma:[218] Jeder Change-Leader muss mit dem Monstrum aller Spannungsfelder umgehen, die oft sogar gleichzeitig auftreten, wenn auch nicht immer alle mit derselben Brisanz. Was also tun? Für die Bewältigungsstrategie „Aushalten" gibt es mehrere Substrategien:

» (bewusstes) Aussitzen:
Diese Vorgehensweise unterscheidet sich am wenigsten von den drei bereits vorgestellten Basisstrategien. Anders als das lässige Ausblenden ist das Aussitzen jedoch eine absichtsvolle Taktik, bei der auf Zeit gespielt wird, weil die Hoffnung besteht, dass sich das Spannungsfeld auf irgendeine Weise von selbst erledigen wird. Das englische „wait and see", das bayrisch-österreichische „schaun mer mal" und der Spruch „abwarten und Tee trinken" sind volkstümliche Ausdrücke dieses Prinzips. Übrigens: Manche Change-Leader verfallen dem Irrglauben, dass allein schon die Kommunikation samt freundlicher Lippenbekenntnisse das Spannungsfeld aus dem Weg räumt: „Wir haben ja darüber geredet." Das wird nicht gelingen.

» Dialektik (Synthese):
Diese Strategie stammt aus der Philosophie und sucht die Lösung auf einer Ebene, die auf höherem Niveau liegt als das Spannungsfeld. Vereinfacht (und nach Hegel) gesprochen, wird die These (der eine Pol des Spannungsfelds) mit der Antithese (ihrem Gegenpol) konfrontiert, woraus sich mittels Reflexion ein neues Verständnis ergibt, die sogenannte Synthese.[219] Mit ihr soll das Spannungsfeld, dies ist zumindest der Silberstreifen am Horizont, nicht nur ausgehalten, sondern sogar aufgelöst werden. Was eine sehr elegante Lösung wäre. Für Wandelvorhaben sind freilich – genauso einfach gesprochen – für die hier vorgestellten Spannungsfelder zumindest bisher keine breit akzeptierten Synthesen gefunden worden. Weshalb der Change-Leader weiterhin mit diesen Widersprüchen umgehen muss – oder Einzelfall für Einzelfall und damit situativ doch die Auflösung auf einer bislang unbekannten Metaebene sucht und findet.[220]

» Umdeutung (Reframing):
Diese Strategie zielt auf eine neue, bisher nicht in Erwägung gezogene Interpretation der Situation. Über die faktische bzw. normative Umdeutung soll zunächst ein anderes Empfinden und dann ein anderes Verhalten ermöglicht werden. Die Methode stammt aus der Psychotherapie[221] und wird – mit Konzepten wie Beschreibungen zweiter Ordnung, Perspektivenwechsel und Musterbrüche – besonders von systemisch geprägten Change-Experten eingesetzt.[222] Wie beim Austausch eines Bilderrahmens, daher der Begriff, wird der bisherige, einengende Kontext frisch betrachtet und durch einen neuen, geeigneteren Kontext ersetzt. Im Business-Slang: „Thinking out of the box." Der Ansatz eignet sich jedoch nicht zur Überwindung von Spannungsfeldern. Er kann aber nützlich sein, um den auf einen Pol fixierten Change-Leader vom

[218] Mintzberg, H.: Managen, 2010, S. 207

[219] Röd, W.: Der Weg der Philosophie. Zweiter Band: 17. bis 20. Jahrhundert, 1996, S. 255

[220] Riel, J./Martin, R. L.: Creating Great Choices: A Leader's Guide to Integrative Thinking, 2017
[221] Levold, T./Wirsching, M.: Systemische Therapie und Beratung – das große Lehrbuch, 2014, S. 167–171; Zeig, J. K.: Einzelunterricht bei Erickson: Hypnotherapeutische Lektionen bei Milton H. Erickson, 2009 (3. Aufl.), S. 73–116
[222] z. B. Luhmann, N.: Die Form „Person", in: Soziale Welt, 42. Jg., 1991, H. 2, S. 166–175; Krizanits, J.: Einführung in die Methoden der systemischen Organisationsberatung, 2013, S. 32–44; Kaduk, S. u. a.: Musterbrecher: Die Kunst, das Spiel zu drehen, 2013

Charme des Gegenpols zu überzeugen. Dieses Reframing gelingt besonders dann, wenn glaubhaft vermittelt wird, dass in einer spezifischen Situation die neue Betrachtungsweise eine größere Erfolgswahrscheinlichkeit besitzt.

» Verschiebung (Shifting):
Die Verlagerung von Spannungsfeldern gilt im Management als geschickter Schachzug. Warum muss DIESES Dilemma JETZT, HIER und SELBST gelöst werden? Diese Strategie bietet sich auch für Finten an, weil nicht immer streng logisch argumentiert wird.

1. Sachliche Verschiebung: Sie wird dadurch möglich, indem auf ein wichtigeres und meist vorgelagertes Spannungsfeld verwiesen wird, das ein vermeintlich weniger bedeutsames Spannungsfeld dominiert. Beispiel: „Bevor wir die Art und Weise der Kommunikation festlegen, muss erst einmal klar sein, wie Entscheidungen getroffen werden."
2. Zeitliche Verschiebung: Geschwindigkeit ist bekanntlich ein Spannungsfeld *(siehe Kapitel II.8)* und kann zum eigenen Vorteil genutzt werden. Die Festlegung zum weiteren Vorgehen wird auf ein späteres Datum verschoben, es wird auf Zeit gespielt. Beispiel: „Gemach, gemach! Der Projektplan zeigt doch, dass die Fragestellung einer offenen Kommunikation derzeit überhaupt noch nicht ansteht."
3. Räumliche Verschiebung: Besonders in inhomogenen Organisationen kann ein (möglichst weit entfernter) Bereich als ideal dargestellt werden, um neue Ansätze im Spannungsfeld versuchsweise auszuprobieren. Beispiel: „Partizipation ist die beste Idee seit langem. Um mehr praktische Erfahrung damit zu gewinnen, probieren wir es einfach aus. Unser Inkubator in Berlin ist geradezu prädestiniert für die Pilotierung."
4. Persönliche Verschiebung: Die Verantwortung zur Lösung von Spannungsfeldern bei Transformationen ist wie der Schwarze Peter im gleichnamigen Kartenspiel, den man am besten schnell wieder loswird. Die Entledigung erfolgt meist auf dem Tummelplatz der mikropolitischen Spiele. Es gibt drei Taktiken der persönlichen Verschiebung: nach oben, zum Vorgesetzten (Eskalation), nach unten, zu den Mitarbeitern (Delegation) und nach nebenan, zu den „lieben" Kollegen. Diese dritte Taktik, mit der das Problem abgewälzt wird, ist eine der häufigsten Machttaktiken. Beispiel: „Wenn die Pilotierung in Dänemark erfolgt, dann wird die Frage am besten in Kopenhagen beantwortet."

» Unterscheidung (Differing):
Mit dieser Bewältigungsstrategie werden heterogene Lösungen in den Teilbereichen einer Organisation hingenommen und eine homogene Unternehmenslinie als entbehrlich angesehen. Gelegentlich wird sogar offiziell auf eine Corporate Policy verzichtet, womit der Wildwuchs zu einem gewissen Grad legitimiert ist *(siehe Spannungsfeld 7)*. Beispiel: „Okay, wenn in der Schweiz eine quantitative Begründung erforderlich ist, werden wir diese liefern. Für Österreich ist dies nicht nötig, es reichen qualitative Argumente aus; harte Zahlen würden dort eher Verwirrung stiften."

» **Mittelwege (Balancing):**
Dabei wird mit Augenmaß eine Hybridlösung zwischen den beiden Polen eines Spannungsfelds gewählt, ohne ein Dogma zu favorisieren. Dieser Mittelweg liegt selten genau in der Mitte, sondern ist mal näher beim einen und mal näher am anderen Pol, abhängig von der jeweiligen argumentativen Stärke *(siehe Abbildung 22)*. Bildlich gesprochen wird das Für und Wider ausbalanciert. Sind solche Mittelwege ein fauler Kompromiss? Nur dann, wenn eine oder gar beide Sichtweisen kleingeredet und damit verniedlicht werden. Nicht aber, wenn der Change-Leader den jeweiligen Argumenten ihr angemessenes Gewicht zugesteht. Wobei seine situative Entscheidung stets eine Momentaufnahme bleibt. Spätestens übermorgen wird er schon wieder neu überlegen müssen.

Abbildung 22: Mittelwege und Balance mit Augenmaß (schematisch)

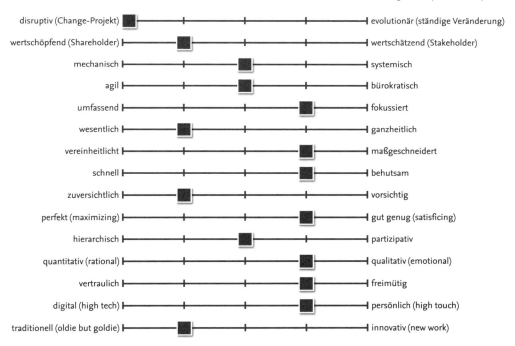

» **Kompensatorische Konstrukte (Counteracting):**
Die gerade gelobten Mittelwege bedeuten für den Change-Leader eine ständige Herausforderung. Auf die Dauer eines Wandelvorhabens gesehen, kann diese Anstrengung zu groß werden. Es wächst die Gefahr, dass die Spannung beider Extreme nicht mehr ausgehalten, sondern heruntergespielt wird und übereilt Scheinkompromisse eingegangen werden. Oder dass doch eine Perspektive die Oberhand gewinnt und sich ungezügelt entfaltet. Um solchen Effekten vorzubeugen, kann sich der Change-Leader durch sogenannte kompensatorische Konstrukte bewusst in die Pflicht nehmen.[223] Zur Selbstdisziplinierung werden systemische

223 *Remer, A.: Management: Systeme und Konzepte, 2004 (2. Aufl.), S. 452–454*

Gegengewichte eingebaut. Beispiele bei Veränderungsprojekten:
- » selbstbewusstes Sounding Board als zweites Machtzentrum zum hierarchischen Lenkungsausschuss
- » toughes Risikomanagement als Rückendeckung eines zweckoptimistischen Change-Leaders
- » formelle Projektmanagementprozesse (Project Management Office) als Absicherung gegen allzu agile Projektmitarbeiter
- » obligatorische Beurteilung des Business Tracking aus unabhängiger Warte als Rückversicherung
- » systemische Organisationsentwickler als Irritationseffekt für mechanistisch geprägte Business Manager

Ambiguitätstoleranz

Dieser Zungenbrecher gehört zu den großen Tugenden bei Transformationen: Multiperspektivität zulassen! Diskrepanzen aushalten! Rollenkonflikte bewältigen! Balanceakte wagen! Und trotz der Unvereinbarkeit vieler persönlicher Wahrheiten mit ihren jeweils „einzig richtigen" Zielen und Wegen weiterhin entscheidungsfähig bleiben und lösungsorientiert handeln, weil emotionale, politische und rationale Teufelskreise ohne allzu belastende Schmerzen beendet werden. Demut und Gelassenheit, die Bereitschaft, etwas auszuprobieren, samt der Fähigkeit, aus den stets möglichen Fehlern zu lernen und es dann besser zu machen, sowie die Resilienz beschreiben wichtige Facetten der Ambiguitätstoleranz.

Spannungsfelder haben deshalb kein gutes Image, weil meist nur ihre belastende Seite gesehen wird. Sie erzeugen aber zunächst einmal nur einen gewissen Stress, individuell und organisatorisch, weil die beste Lösung anfangs nicht klar ist und sich im gesamten Spektrum des Entscheidungs- und Handlungsraums zwischen den beiden Polen befinden kann. Diese Anspannung kann einerseits als Eustress konstruktive Wirkungen haben, wie Konzentration, Engagement und Kreativität. Sie kann aber andererseits als Disstress auch destruktive Folgen haben, wie Überforderung, Abstumpfung und Eigennutz. Die Denkfigur der Spannungsfelder wird damit selbst zum Spannungsfeld mit den beiden Polen Überspannung und Unterspannung. Change-Leader sind gut beraten, wenn sie sich meistens in einem mittleren Spannungszustand bewegen.[224] In gleicher Weise erfahren überspannte Unternehmen eine deutliche Bedrohung durch den sogenannten Organizational Overstretch.[225]

Nun gibt es einzelne Führungskräfte und Mitarbeiter, aber auch ganze Firmen wie etwa Lego in Dänemark *(siehe Abbildung 23)*, die über eine größere Ambiguitätstoleranz verfügen als andere. Womöglich ist sie in einigen Berufsgruppen (etwa Soziologen) durchschnittlich höher als in anderen (etwa Ingenieure), wo das Eindeutige zur mentalen Programmierung in der Ausbildung gehört. Wie alle Persönlichkeitseigenschaften bzw. Kultur-

[224] Hohagen, F./Nesseler, T.: *Wenn Geist und Seele streiken: Handbuch psychische Gesundheit*, 2006, S. 68–83
[225] Argyris, C.: *Knowledge for Action: A Guide to Overcoming Barriers to Organizational Change*, 1993

merkmale ist die Ambiguitätstoleranz freilich insgesamt normalverteilt. Und sie lässt sich individuell und systemisch durch diverse Entwicklungsmaßnahmen steigern – zumindest in kleinen Schritten (Changement 3/18, S. 15–19). Dennoch wird sich ein Manager, der Ordnung und Klarheit liebt, mit der VUCA-Welt schwertun und nicht besonders „vuca-ble" werden. Besonders große Hürden haben Führungskräfte vor sich, die stets die Deutungshoheit für sich beanspruchen, auf ihren Logiken beharren und in ihren mentalen Rastern gefangen sind *(siehe Infobox „Kein einfacher Lebensweg")*. Andererseits ist in stabilisierenden organisatorischen Rollen, in denen Eindeutigkeit zum Erfolgsfaktor wird, wie etwa bei Buchhaltern, IT-Programmierern und Vergütungsspezialisten, ein Übermaß an Ambiguitätstoleranz problematisch. Bei ihnen stößt der Spruch „Es kommt darauf an" auf keine Gegenliebe.

To be able to build a close relationship with one's stuff, and keep a suitable distance
To be able to lead, and to hold oneself in the background
To trust one's staff, and to keep an eye on what is happening
To be tolerant, and to know how you want things to function
To keep the goals of one's department in mind, and at the same time to be loyal to the whole firm
To do a good job of planning your own time, and to be flexible with your schedule
To freely express your view, and to be diplomatic
To be visionary, and to keep one's feet on the ground
To try to win consensus, and to be able to cut through
To be dynamic, and to be reflective
To be sure of yourself, and to be humble

Abbildung 23: Leadership-Paradoxien von Lego

Kein einfacher Lebensweg

Von nicht wenigen Wissenschaftlern und (systemischen) Beratern wird die Ambiguitätstoleranz überschwänglich gelobt.[226] Für den renommierten Organisationspsychologen Karl Weick führt das gleichzeitige Wissen und Zweifeln sogar zur „attitude of wisdom".[227] Wer bei Wandelvorhaben nur eine begleitende Rolle einnimmt, hat es natürlich leichter als ein Change-Leader, der beim Veränderungsprojekt in der Verantwortung steht und auf den die extremen Sichtweisen innerhalb und außerhalb der Organisation einprasseln. Zwar können die diversen Formen der Bewältigungsstrategie „Aushalten" tragfähige und meist sogar überlegene Resultate bringen, wie eine aktuelle Studie zeigt.[228] Wohingegen homogene Gruppen zu Echokammern, immer lautstärkerem Gegröle und einer Radikalisierung in ihre einzig wahre Richtung neigen. Es lebe also die Ambiguitätstoleranz! Da sie die gegensätzlichen Wahrheiten einer polarisierten Meinungslandschaft ausgleicht und überschäumende Eiferer bremst.

In der eben erwähnten Studie ist allerdings auch deutlich geworden, dass das auf eine Abwägung von Spannungsfeldern angelegte Vorgehen einen schalen Nachgeschmack hinterlässt, da Mittelwege zu einem Ausgleich zwischen den extremen Polen führen. Kein Dogmatiker wird zufrieden sein, wenn seine Grundüberzeugungen nicht vollumfänglich zur Geltung kommen. Für ihn sind Auseinandersetzungen unnötig, weil sie nur Zeit und Nerven kosten. Die Annäherung an situationsabhängige Wahrheiten wird einen Verfechter unzweideutiger Positionen niemals beglücken. Zumal es für die eindeutige Betonung eines Pols im Spannungsfeld vermeintlich stichhaltige Gründe gibt (aber eben auch bestechende Einwände von Seiten des anderen Pols). Die Illusion vom Durchblick bleibt ein unausrottbares und bei vielen Menschen erschreckend hartnäckiges Lebensgefühl.

Mit dieser Unzufriedenheit mancher Führungskräfte und Mitarbeiter muss ein ambiguitätstoleranter Change-Leader zurechtkommen. Kaum jemand wird ihn dafür lieben. Vor dem ständig mitschwingenden Vorwurf, er sei ein sogenannter Jenachdemer (Wilhelm Busch), der sein Fähnchen in den Wind hängt, keine klare Linie zeigt und ein Weichling ist, werden ihn selbst seine guten Gründe nicht bewahren, weil ihm ein Teil der Andersgläubigen nicht mehr zuhört. Dies alles muss der Verantwortliche eines Wandelvorhabens aushalten. Für das Lob von Akademia und Consultants kann er sich nichts kaufen. Vielleicht deswegen sind dogmatische Manager (und Politiker) sogar mehr mit sich im Reinen als die auf den Mittelwegen.[229]

---

226 Martin, R.: The Opposable Mind: How Sucessful Leaders Win Through Integrative Thinking, 2007, S. 41; Foerster, H. von: KybernEthik, 1993, S. 73
227 Weick, K. E.: Making Sense of the Organization, 2000, S. 361–379
228 Shi, F. u. a.: The Wisdom of Polarized Crowds, in: Nature Human Behavior, April 2019, S. 329–336, https://rdcu.be/bpp7A (aufgerufen am: 03.06.2019)
229 Hacke, A./di Lorenzo, G.: Wofür stehst Du? Was in unserem Leben wichtig ist – eine Suche, 2010

Heute so und morgen unter Umständen anders

Es kommt darauf an! Ein Change-Leader, der den Kontext über das Dogma stellt, macht weniger falsch als diejenigen, die auf die Extreme von Spannungsfeldern setzen und einfarbige Statements von sich geben. Wer – etwa im Spannungsfeld 7 – den Argumenten für ein einheitliches, zentrales Konzept in gleicher Weise zuhört wie denen für angepasste, dezentrale Ansätze, der braucht Ambiguitätstoleranz und muss „vuca-ble" sein. Weil er sich in der Endlosschleife von Gründen für das eine und das andere entscheiden muss, so oder so, und dies dann auch umsetzen muss. Es sei denn, eine andere Situation erfordert das erneute Nachdenken.

Wer aber – beispielsweise im Spannungsfeld 13 – urplötzlich eine „brutalstmögliche Aufklärung" als Devise ausgibt und die „Überkommunikation" verspricht, gibt damit drei Dinge zu: Erstens, er hat es bisher völlig anders praktiziert und sich damit unglaubwürdig gemacht. Zweitens, er ist opportunistisch und neigt dabei zur Übertreibung. Drittens, er weiß nicht, wie das Spannungsfeld Offenheit richtig gespielt wird. Für einen Change-Leader wären dies keine Erfolg versprechenden Eigenschaften.

Spannungsfelder bleiben jedenfalls eine unabänderliche Realität im Business, weshalb bei Wandelvorhaben zahlreiche Zielkonflikte erkannt, abgewogen und angepackt werden müssen. Dass Zwickmühlen auch in anderen Lebenssphären emotionale Friktionen und kognitive Dissonanzen erzeugen, wie etwa in der Liebe, besang Mary MacGregor im 1976er-Hit

„Torn between two lovers". Ihr Fazit: „Feeling like a fool." So weit muss man es im Change Management nicht kommen lassen. Ich finde, der Verantwortliche eines Veränderungsprojekts kann – anstatt nachts wach zu liegen und zu grübeln – fünf Prozent seiner Arbeitszeit im Terminkalender blocken und sich mit den gerade heißen Dilemmas beschäftigen, zunächst allein und dann umgeben von konstruktiv-kritischen Ratgebern. Spannungsfelder bleiben für den Change-Leader Lust und Last zugleich. Aber ihre Wahrnehmung und eine situativ stimmige Herangehensweise bringen das Wandelvorhaben voran. Der Kontext schlägt jedes Dogma.

Der Autor

Martin Claßen berät seit 30 Jahren Unternehmen bei Change-Projekten und coacht deren Change-Leader. Er hat vier Bücher und zehn Studien zum People Management verfasst, war Chefredakteur eines Fachmagazins und wird als Autor und Redner geschätzt, der vielschichtige Themen auf den Punkt bringt und kein Blatt vor den Mund nimmt.

Danke!

Für den Autor eines Buchs gehört dieser Abschnitt zu den besonders wichtigen. Denn er erlaubt es, sich bei allen zu bedanken, die geholfen haben, dass das Opus fertig geworden ist. Es wäre jedoch übertrieben, an dieser Stelle die vielen Menschen aufzuzählen, die mir bei Veränderungsprojekten begegnet sind, selbst wenn ich im wirklichen Organisationsleben am meisten erfahren habe.

Daher fasse ich mich kurz: danke an Christian Gärtner für die wertvolle Kommentierung des gesamten Manuskripts. Danke an Dieter Kern, Karl-Heinz Reitz, Andreas Remer, Jörg Schmülling und Felicitas von Kyaw für die fachliche Widerrede über viele Jahre und zu diesem Buch. Danke an Annette Jünger-Fuhr und Phil Wenzel für die konstruktive Begleitung durch den Verlag und an Corina Alt für die bewährte Zusammenarbeit beim Lektorat.

Und das allergrößte Dankeschön bekommt meine Familie.

Jetzt zusätzlich das eBook sichern und vom günstigen Vorzugspreis profitieren!

Vielen Dank, dass Sie sich für das Buch Spannungsfelder im Change Management entschieden haben.

Sichern Sie sich zusätzlich die eBook-Version:

Als Käufer des gedruckten Buches profitieren Sie vom günstigen Vorzugspreis von 11,70 € (statt 39 €).

Sichern Sie sich gleich Ihr eBook zum vergünstigten Preis:
Handelsblatt Fachmedien Kundenservice
Fon 0511 96781-068
eMail hbfm-kundenservice@de.rhenus.com

changement!
Veränderungsprozesse aktiv und erfolgreich gestalten

Veränderungen sind längst vom befristeten Projekt zum dauerhaften Thema geworden. Fach- und Führungskräfte sind mehr denn je gefordert, Wandelprozesse anzustoßen und umzusetzen – ohne dabei das Tagesgeschäft aus den Augen zu verlieren. Das Fachmagazin changement unterstützt Sie bei der Planung und Umsetzung Ihrer Veränderungsprozesse.

Jetzt kostenlos bestellen:
www.changement-magazin.de/kostenlo

Handelsblatt
FACHMEDIEN